中世、ロワール川のほとりで聖者たちと。

宮松浩憲 訳

九州大学出版会

友浩へ

はじめに

本書出版の目的は、表題からもお分かりのように、紀元一世紀のパレスチナに誕生したキリスト教がそれから数百年経った、そして生誕の地から数千キロも離れたフランスの中世社会において、人々の日常生活の中でどのような形で浸透していたかを読者の皆さんと一緒に学ぶことです。それにはいろいろな方法が考えられますが、ここでは中世の人々が日々接触したり目撃したりしていた聖者たちと、人々が体験していた聖者や聖遺物を通して起きていた奇蹟に注目することにしました。そして、この主題に応えてくれるのが、本書で邦訳されている聖者の行状や言葉を記した伝記や奇蹟の話を集めた奇蹟譚といった聖者文学であります。

ところで、聖者伝を邦訳する場合、それらが聖性と徳行にみち溢れた著作であることから、当然のこと、格調高い文章が要求されるでしょう。しかし、訳者には元から文才がなく、何とかしなくてはと努力はしてきましたが、今では、その努力もなくなりはしませんが相当に薄れてしまっています。従って、このジャンルの翻訳に適格でない者がそれを行なうことになります。しかし、言い訳にしかなりませんが、訳者の気持ちを、少しではありますが、楽にしてくれる事実もなくはないのです。その一つはここに収められた聖者文学は文章家として名をはせた大家からまったく無名の者までと実に様々な素性と経歴の作家たちによって執筆されていまして、文章の洗練度に大きな差異が認められることです。もう一つは読みやすい現代文よりも、出来るだけ原文に忠実に邦訳することを心がけたことです。さらに、この欠陥を少しでも補おうとして、訳者は少し長めの解説という余分なものまで加えてしまいました。その結果、聖者文学の純然たる邦訳なのか研究書なのか、はたまた啓蒙書なのか区別のつきにくいものになってしまっています。しかし、こういったジャンルを厳しく限定しない著作もありうることを認めていただき、寛大な気持ちでご一読していただけるなら、訳者にとっては望外の喜びであります。また、訳者はラテン語の専門家ではありません。後述される如く、これは専門の歴史研究の過程で生まれた副産物のようなものです。もちろん誤訳はあってはならないのですが、ないと言い切る自信はありません。その場合は、大意を汲み取ってほしいとお願いするしかありません。そして、最後まで読み切ってもらうために、各話毎に、少しずつですが、文体を変えていることも付記しておきましょう。

西欧においては、有名な聖者であれば、すぐれた現代語訳が刊行されています。[1] しかし、地方の聖者たちとなると、現代語訳があったとしても、それはその地方の学識者によるものに限られています。さらに、有名無名の聖者文学の邦訳となると、管見の限りではありますが、数えるほどしか見つかりません。[2] 従って、本書に収録された伝記と奇蹟譚のすべては初の邦訳であるのみならず、その多くは世界で最初の現代語訳版となる可能性が非常に高いことになります。以下が、本書に収録されている聖者文学作品であります。

二　聖オバン（四六九－五五〇年）
伝記（五三〇－六一〇年編纂）
奇蹟譚（十一世紀末編纂）
三　ヴェルトゥの聖マルタン（五二七－六〇一年）
伝記（一〇〇〇年頃編纂）
奇蹟譚1（同上）
奇蹟譚2（同上）
四　聖レザン（五三〇－六一八年）
伝記1（七世紀編纂）
伝記2（十二世紀編纂）
五　聖マンブゥフ（五七四－六六〇年）
伝記（十二世紀編纂）
六　アルブリセルの聖ロベール（一〇四五－一一一六年）
伝記（一一一七－一一二〇年編纂）
七　聖ジロー（？－一一二三年）
伝記（十二世紀前半編纂）
奇蹟譚（十二世紀前半編纂）

iii　はじめに

本書では、上記の如く、中世フランスの聖者たちの中から、ロワール川流域で活躍した、アンジェの町とゆかりのある七名が選ばれています。そのうち四名はアンジェ司教、二名は修道院長、一名は分院長でありま す。これらの聖者たちは、特にフランスの中西部を占めるロワール川中流域に位置するアンジェ地方を主たる活動の場とし、四世紀から十二世紀初期にかけて活躍しました。他方、ここに掲載された彼らに関する伝記と奇蹟譚からなる作品(伝記九編と奇蹟譚五編)は七世紀から十二世紀前半にかけて作成されたもので、さらに少し細かく見ますと、七世紀が四編、十世紀が五編、十一世紀が一編、十二世紀が五編となっていま す。残念ながら八、九世紀の作品が欠落しており、それらは必ずしも年代的には均等な分布を示していませんが、聖者文学の様式、内容などの変遷を知るうえで、偶然ではありますが、都合のよい配置になっていると言えるのではないでしょうか。

前口上はこれまでとし、早速、聖なるものと俗なるものとが仲よく共存した、中世ロワール河畔の人々の日常生活を覗いてみることにしましょう。

註

（1） 最近のものに限定するならば、Th. Head, *Medieval Hagiography*, New York/London, 2000; R. Van Dam, *Saints and their Miracles in Late Antique Gaul*, Princeton, 1993; Gregory of Tours, *Glory of the Confessors*, transl. by R. Van Dam, Liverpool, 1988; Id., *Glory of the Martyrs*, transl. by Id., Liverpool, 1988; Id., *Life of the Fathers*, transl. by E. James, Liverpool, 1986; Venance Fortunat, *La Vie de sainte Radegonde*, traduit par Y. Chauvin, R. Favreau, Y. Labande-Mailfert et G. Pon, Paris, 1995 などがある。

（2）　J・デ・ウォラギネ『黄金伝説』（前田敬作・今村孝訳、平凡社、二〇〇六年）、合阪學『エウギッピウス『聖セウェリーヌス伝』の研究』（『大阪大学文学部紀要』三〇、一九九〇年）、佐々木克巳『『聖ゴドリクス伝』部分国訳嘗試』（『成蹊大学経済学部論集』三八（二）、二〇〇八年）、二九三－三二四頁、網代敦「エルフリックの『聖人伝』――翻訳と注解――（1）－（8）」（『大東文化大学紀要・人文科学』三四（一九九六年）、三四九―三六五頁、三五（一九九七年）、一四五－一五三頁、三六（一九九八年）、六五－八三頁、三七（一九九九年）、七五－九二頁、三八（二〇〇〇年）、三〇三－三一七頁、三九（二〇〇一年）、三五一－三五九頁、四〇（二〇〇二年）、一八一－一九八頁、四一（二〇〇三年）、一一三－一二〇頁）、宮松浩憲「聖ギラルドゥス伝」（『久留米大学比較文化研究所紀要』九、一九九一年）、四九－七七頁など。

なお、聖者文学を扱った、または利用した邦書としては、渡辺昌美『中世の奇蹟と幻想』（岩波書店、一九八九年）、青山吉信『聖遺物の世界――中世ヨーロッパの心象風景――』（山川出版社、一九九九年）、多田哲『ヨーロッパ中世の民衆教化と聖人崇敬――カロリング時代のオルレアンとリエージュ――』（創文社、二〇一四年）などがある。高橋理「フィンチャルの聖ゴドリクスとその時代」（『立正史学』九三、二〇〇三年）、九－二六頁、小野賢一「聖レオナール崇敬の創出と奇蹟」（『歴史評論』七三〇、二〇一一年）、六四－七七頁、杉崎泰一郎「聖人伝の作成、伝承、解釈とその背景――ロベール・ダルブリッセルの伝記を例に――」（『上智史学』四六、二〇〇一年）、二五－二九頁、田中美穂「七世紀アイルランドの聖人伝研究――主張・プロパガンダの記述の解釈をめぐって――」（『西洋史学』一九九、二〇〇〇年）、六一－七四頁、田中真理「中世初期アイルランド聖人伝にみられる奇蹟の型」（『社会文化史学』四〇、一九九九年）、七二－八九頁などがある。

目次

凡例

一　地名、人名は現地語読みに従ったが、古代の人名、教皇名、皇帝名に関しては慣例に従ってラテン語読みを用いた。

一　『聖書』などからの引用は、文中に（　）を付して記入した。但し、正確でない引用に関しては、出典を註で処理した。なお、『聖書』は日本聖書協会発行の一九七九年版に依った。

一　フランスの行政区に関しては、県＝dép.、郡＝ar.、小郡＝cant.、市＝cne、県・郡・小郡・市庁所在地＝ch.-l.といった略記号を使用した。

一　各話の冒頭に、訳者による解題を置いた。

中世、ロワール川のほとりで聖者たちと。

解説

一　中世の人々と聖者文学

聖者文学は、大別すると二つ、生前に焦点を当てた聖者伝 Vita と死後の出来事に関する奇蹟譚 Miracula に分けられ、更に前者には殉教録 Passio, Acta martyrii、後者には遺骸発見記 Inventio、遺骸発掘記 Elevatio、遺骸奉遷記 Translatio などが含まれる。(1) 古代末期、デキウス帝（在位二四九－二五一年）やディオクレティアヌス帝（在位二八四－三〇五年）による大迫害を経て、三一三年にキリスト教の公認にいたる時期に書かれた聖者文学の多くが殉教録である。(2) ここでは、殉教者が体験した迫害が繰返し描かれ、そのクライマックスで聖者が棄教を拒んで死を選んだ状況が力強く描写されている。当然、ここには奇蹟は出てこない。しかし、いつの時代においても殉教録には奇蹟が含まれていなかったかというと、そうではない。トゥール司教聖グレゴワール（在位五七三－五九四年）は幾つかの聖者文学を残しているが、その中には殉教者の伝記が含まれていて、多くの奇蹟が語られている。(3) 殉教者はその後も現われつづけており、殉教録は古代末期に限定されたものではなかったことは言うまでもない。つまり、殉教録は時代によってその内容を変えていったことになる。

聖者の伝記には、通常、当人が生きていたときのことが記される。奇蹟譚には、上述の如く、聖者の死後のことが記される。更に、後者のジャンルに属する発見記には遺骸が発見された時に発生した奇蹟、発掘記には遺骸が発掘された時に起きた奇蹟が記載される。遺骸奉遷記には、後述される如く、遺骸が移動させられる時──境内のような近距離もあれば千キロを超えるような遠距離もあるし、古い櫃から新しい櫃へ移される時も含まれる──に起こった奇蹟が記される。従って、聖者の遺骸が発見されると、少なくとも三種類の聖者文学が作成され得たことになる。そして、奇蹟に関する話が伝記から独立し、独自のジャンルを形成するに至るのは、後述される如く、人々の間に奇蹟への関心が高まり、奇蹟が急増するなかでその話をキリスト教徒の間で共有するために奇蹟譚の作成が各地で開始され、そして聖遺物収集の動きも活発化したことと深く関係している。

四世紀には既に聖遺物崇拝が定着している。三九七年トゥール司教聖マルタンが臨終を迎えたとき、トゥールとポワティエの市民が集い、同聖者の遺骸の帰属をめぐって争っている。(4) 聖遺物信仰者は国王の中にもに現われる。洗礼によって古くからの癩病を克服し、心身ともにキリスト教の王となったメロヴィング王朝の開祖クローヴィスの息子クロテール一世（在位五五八－五六一年）はパリ司教聖ジェルマンのマントに接吻し罪を告白することで、熱病から回復している。(5) そしてこのような奇蹟を記録しようとする最初の試みは五世紀初期の聖アウグスティヌスが『神の国』に挿入するために収集した聖エティエンヌ（ステファノ）奇蹟譚などに求められる。(6) そして奇蹟譚としての文学ジャンルを確立したのが、聖マルタン信仰の拡大を背景とした、上述のトゥール司教聖グレゴワールによる一連の作品である。(7) 同司教は司教を輩出し、親族の中にも聖者をもつ元老院議員家系に属し、聖者信仰の中で育ち、自らも奇蹟に頼ることも少なくなかった。(8) そして、フランスにおいて奇蹟譚の編纂が最盛期を迎えるのが中世後半、特に十一、十二世紀である。[10]

死者の市中埋葬を禁じた『十二表法』（第十表）を含むローマ法にある如く、古代ローマ人の間では死骸への接触は法律によって禁止されていた。[11] しかし、この不可触の原則はキリスト教の影響で例外が設けられ、七世紀中葉、そして特に八、九世紀からこの原則は徐々に力を持たなくなっていった。[12] そして、これに関しては、古代ローマにおいて死者は市内へ入ることを拒否されたが、中世になると死者は市内に入り、近代になると再び死者は市外へ追いやられたとするPh・アリエスの主張[13]を思い出していただきたい。当初、聖遺物の探索・収集は聖職者によって行なわれていた。メロヴィング王クロテール一世の妻、聖ラドゴンド（五八七年没）はポワティエに創建したサント・クロワ修道院のために、エルサレム主教のもとに使者を派遣して聖マムの指を持ち帰らせ、東ローマ皇帝ユスティヌスからは「真の十字架」の断片を手に入れている。[14] しかし、そこに商人が加わるようになるのは時間の問題であった。異教徒に征服された土地――早くは八世紀からイスラム教徒の支配下に入っていたイベリア半島、そして十一世紀からトルコ人によって征服された中東の諸地域など――に眠る聖者の遺骨収集であれば、たとえそれが商人たちによるものであったとしても、信者たちによって称賛されたであろう。[15] これに聖遺物崇拝の熱波が加われば、信仰行為から商売を隔てる垣根は簡単に取り払われてしまったであろう。聖遺物商人の初例で有名なのが、八二八年ヴェネツィアの港を出発し、北アフリカのアレクサンドリアから聖マルコの遺骸を持ち帰った二人の商人たちである。彼らは、総督と結託して、同聖者を町の守護聖者に祭り上げることに成功している。[16] しかし、遺骨収集を斡旋していた人物はもっと早くから存在したであろう。その中の一人が九世紀前半に活躍したローマ大聖堂の助祭の肩書を持つデウスドナで、後述のフランスとドイツの修道院長による遺骨収集に深く関与していたし、それ以外の聖俗高位高官にも頻繁に聖遺物の話を持ち込んでいたようである。[17]

キリスト教の聖者崇拝、奇蹟信仰の普及を巡っては、その主たる役割を大昔からつづく民間信仰に求める見解と、教会上層部の強力な教導に求める見解とが対立している。[18] しかし、キリスト教は一神教で異教の存在を認めないが、建物、神聖な樹木や泉などの具体的なものに関しては、それらを完全に無にしてしまうのではなくて、再利用する知恵を持っていた。その証拠に、司教座聖堂は異教の寺院の上に建てられていた。[19] カロリング時代に頻繁に企てられたイタリアへの聖職者による、盗掘を含む聖遺物収集旅行は教会主導型であるのに対して、奇蹟を祈願して聖遺物のそばで寝る行為は古くからの民間伝承であった。[20] 従って、両者を対立的に捉えるよりも、協力関係にあったとみるか、民間信仰を出発点として後から教会組織が加わって慣習化させたとするほうが実情により近かったと考えられる。今日伝わっている奇蹟の話は宗教組織が把握したものに限られ、しかも全体のほんの一部でしかない。それ以外の、教会の介入なく、信者の間で毎日起きていた奇蹟は忘れ去られてしまっているのである。

奇蹟はどのようにして起こされていたのか。聖者が生存中は聖者自身によって起こされているが、死後は聖遺物がその代わりを果たした。奇蹟はどこで起きていたのか。聖者が生きている間は、奇蹟は聖者の移動中、聖者が立ち寄った教会や宿泊した家で起きている。[21] 奇蹟を起こす際の聖者の動作は祝福をしながらの手かざし（または十字切り）、手触れ、唾吐きと祈禱などから成っていた。そして間接的には、祝福されたパン、ブドウ酒、水が使用されていた。[22] 四、五世紀からは、聖遺物による奇蹟が登場してくる。[23] 遺骸は時代とともに頭、手、腕、歯などの部位に細分化される一方、墓の石や埃や覆布、聖遺物櫃といった遺骸と関係するものはもちろん、聖者文学の写本、御守などの遺骸と関係ないものも聖遺物とみなされるようになる。[24] 聖エロワ奇蹟譚の作者が、本題に入る前に、サン・テロワ修道院を訪れる巡礼者たちが聖遺物の少なさに不満をあらわにしていたと述べている如く、持っている聖遺物の多さが宗教組織の評価を決定するようになる。[25]十三世紀末までは墓や聖遺物の所在地が奇蹟の主たる発生場所であったが、十四世紀以降は図像の普及から遠隔地における奇蹟の発生が多くなり、聖地主義に自宅主義が加わることになる。[26]また、聖者が生存中であれば、彼の動作の開始と同時に奇蹟は起きているが、死後となると、奇蹟の発生までには時間の経過が必要であった。[27]

奇蹟を願う信者は供物をささげて祈願を行なうが、そこにはお礼が必ず含まれていて、ここでも聖者と信者との間に互恵関係が確認される。[28]祈願者は聖界に入る、禁欲を守る、巡礼をする、贈り物をするなどを約束するが、これらが奇蹟発生後にも行なわれることがある。[29]供物はロウ、ロウソク、ロウ・鉄・銀・金で作られた人形《ひとがた》またはその一部（患部）など、また贈り物も貴金属、貨幣、穀物などから成っていた。[30]祈願者は、通常、聖所や聖遺物のそばで寝て、夢や幻視の中で神や聖者によって回復の指示が出されるのを待つことになる。[31]奇蹟が起こると、直ちに鐘の音によって住民や巡礼者に知らされた。もちろん、祈願者は常に個人とは限らず、集団でも奇蹟は求められた。そのため人々は雨乞い、害虫対策、豊作祈願、鎮火、戦勝祈願にも、奇蹟を頻繁に利用していた。[32]

聖者またはその聖遺物の奇蹟を起こす力には有効期限があった。一乃至二月が平均的で、特に最初の一、二週間に奇蹟は集中している。[33]この間何れも少なくとも、フランス北部、ランスの聖ジブリアンは百二、西部のアンジェの聖ジローは七十三、そしてベルギーの聖トロンは約百と、そしてイギリスの聖トマス・ベケットは約七百の奇蹟を起こしている。[34]その期間を過ぎると、聖地はその評判を落とすことになる。それは聖地の名声はもちろんのこと、収益の減少につながったことは言うまでもない[35]。そこで、宗教機関は関係する聖者の掘り起こしを行なう必要があったし、そのため境内での新しい聖者の遺骸の発見・発掘・奉遷が繰り返された。その結果、四八一年から七五〇年にかけてのフランスとドイツにおいて三百五十人以上の列聖が確認される一方、六世紀初頭から七世紀中葉のベルギーにおいては七十五名以上の聖者が誕生している[36]。次に、具体例としてアイルランド出身で前出の聖ジブリアンの例を紹介しよう。同聖者の遺骸は九世紀末からフランス北部のサン・レミ修道院の境内に埋葬されていたのであるが、その名前はほとんど忘れさられていた。一一四五年修道院長オドンは修道院への巡礼者の数を増やすために、同聖者の遺骸の奉遷を計画する。周辺の村落に聖者の名前が伝えられ、奉遷の日時が復活祭の日と決定されると、それが町中に触れて回られる。当日ランス大司教が町のすべての聖職者、地域の修道院長、大勢の市民を前にミサを祝した後、遺骸を旧《ふる》い棺から新しい櫃に移した。本来であれば、ここで奇蹟が起きるのであるが、その日は奇蹟は一つ、三日後も一つしか起きなかった。しかし、一週間後に奇蹟が連続して起きるようになると、それを契機に大勢の巡礼者が修道院に押し寄せるようになり、院長は記録係を指名し、彼に奇蹟譚の編纂を命じたのである[37]。こうして、修道院に大量の富が流れ込んできたのであるが、このような宗教機関側の都合による遺骸奉遷の企てはすでにカロリング時代から過熱しており、諸王は法令を発し、また司教は監視を厳しくして、その行き過ぎを取り締まらなければならなかった[38]。さらにそれに限界があった場合、余所から聖者を連れてくる必要があった。そのために、遺骸奉遷が繰り返された。これらは偶然のものもあったが、大半は宗教機関によって周到に計画されたものであった。宗教組織はイタリアやイベリア半島に頻繁に遺骨収集団を派遣している。例えば、パリのサン・ドゥニ修道院長イルドワン（在位八一四－八四一年）は、ローマ教皇の許可をえて、ローマに何度も聖遺物の収集団を派遣している。[39] フランス西部、ル・マンの司教で同時代人のアルドリクは少なくとも六名の聖者の遺骨を持ち帰らせている。[40] フランスの東隣スイス、フルダ修道院長ラバン・モール（在位八二二―八四二年）はイタリアから持ち帰らせた聖遺物を含め、約五十名の聖者の遺骸を移送させ、本院、分院、教会の礼拝堂に安置させている。[41] 他方、シャルルマーニュ帝の宮廷高官エジナール（アインハルト）も上記修道院長イルドワンと共同でローマに使者を派遣し、聖マルスランなどの遺物を持ち帰らせている。[42] 奇蹟譚によると、ローマを発った一行がドイツに入り、安置されることになる修道院に近づくにつれ、聖遺物を取り囲む人々の輪は大きくなり、奇蹟の数は増え、最終的には時の皇帝の来訪を引き出したのみならず、荘園の寄進を勝ち取っている。再びフランス中部に戻り、ポワティエの南方に位置する八世紀後半創建のシャルー修道院を十一世紀に訪れると、そこには主イエス・キリストの聖遺物十一点、使徒の聖遺物三点、殉教者の聖遺物二十六点、証聖者の聖遺物三十三点が安置されていたほか、身元不明の聖遺物を加えると、その数は倍以上にのぼっていたとのことである。[43] イエスの聖遺物は彼がアブラハムと一緒にいたマンブラ谷に生えていた樫の木の根、彼が生まれた厩舎、彼が自分の手で播いた小麦、彼がユダヤの子供たちを出迎えたときのオリーヴの枝と葉、彼が拷問にかけられたときの足枷、彼の衣装、彼の口に当てられた海綿とそれを包んでいた葦、彼の頭に置かれた汗拭きと彼の墓、彼が弟子たちに与えたパンの小片、聖母マリアの乳と衣装からなっていた。上記の殉教者はユダヤ人の王ヘロデによって虐殺された幼児たちsancti Innocentiを意味したが、ここにはそうでない者たちも含まれている。聖遺物が宗教施設に到着すれば、当然のこと、大勢の人々が噂を聞いて集まり、露店が出て市が立ったことであろう。また、奇蹟には季節性があり、復活祭、聖霊降臨の主日といった春の大祭日に起きることが多く、また日曜日とその前後の三日間に集中的に起きている。このように、大勢の人々が集まる日が計画的に選ばれていたのである。[44]

聖者が存命中は彼と同行していた聖職者が奇蹟の目撃者となるので、彼が奇蹟譚を作成するか、そうでなければ情報を作家に提供したであろう。死後に関しては、彼の遺物が埋葬されている墓を守る係の者たちcustodesが同じことを行なっていた。[45]彼らは偽の奇蹟を防ぐために、本人や証人への尋問、試験、聴取り調査を行った。奇蹟発生地が遠隔の場合、真偽を確かめるために調査団を派遣することさえあった。[46]

P・A・シガルは十一、十二世紀フランスの二百五十三編の聖者文学に登場する五千人余の奇蹟体験者に考察を加えた。それによると、奇蹟による治癒者の出身地は百~二百キロ、更には五百~七百キロを超えることもあるが、その大半が奇蹟地点から六十キロ、そしてとくに三十キロ圏内に分布していた。[47]そして、彼らの多くは宗教組織が所有する荘園の領民であった。また、遠隔地の場合、ヨーロッパを縦断するスペインのサンティアゴ・デ・コンポステーラやローマといった大巡礼路沿いに位置していることが多かったようである。[48]この距離は司教座都市管区の半径と大体において重なる一方、司教座都市に住む市民の出身地や司教座都市にある病院の入院者の居住圏とも一致している。[49]これを超える場合、奇蹟発生後時間がかなり経過していたと考えられる。多分、評判の拡散速度と関係していたのであろう。

奇蹟は「既知の自然法則を超越した不思議な現象で、宗教的真理の徴と見なされるもの[50]」とあるが、奇蹟の大半が健康の回復と障害の解消に関わるものであった。奇蹟譚には身体の一部が新しく生まれるといった荒唐無稽な話が確かに出てきているが、それは例外中の例外でしかない。[51]対象となる二千七百八件（全体の約六〇%）を分類すると、病気と障害に関しては視覚疾患（一七・五%）、聴覚疾患（一一%）、精神疾患（八・八%）、身体麻痺（三六%）、発熱（四・一%）、腫物・潰瘍（四・五%）、出血（三・八%）、壊疽（二・

二％）、癩病（〇・五％）などが注目される。上位の疾患に関しては、聖アレクシスの死に際して、奇蹟を信じて集まった信者たちの病気・障害と完全に重なっていることから、どこの聖地でもこれらの病気・障害を持った人々が大勢集まっていたことになる。[52]それ以外に関しては、危険回避（九・九％）、囚人解放（六・六％）、蘇生（水死）（二・五％）、不妊（一・二％）、特定不能（六・九％）となっている。[53]癩病が非常に少ないが、同時代のイギリスにおいては奇蹟経験者の三位を占めている。中世後期において大都市の資格として癩病院を持っていることが主要な条件となることから、[54]フランスにおいては癩病者がこのような施設に隔離され、市中を徘徊する患者の数が急減していたのかもしれない。視覚疾患、聴覚疾患、身体麻痺は特に庶民に特徴的に現われている。また、奇蹟体験者には成人男性が非常に多く、若年層と女性が非常に少ないことは、移動に必要な体力や財力と関係していたと考えられる。略奪、瀆聖、祝日労働などに対する罰（九・七％）は当時宗教機関が被害を被っていた領主層に向けられたものであることは明らかである。[55]しかし、十三世紀から聖性の概念が変化し始める。それは、人々は聖者の奇蹟を起こす力から彼らの生き方へと重点を移していったからである。[56]

一人の聖者に一編の伝記または奇蹟譚が書かれていたのではなかった。例えば、フランス西部で四世紀末から最も崇拝されていた聖者の一人、聖マルタンに関しては、五世紀前半から少なくとも五編の伝記と十二編の奇蹟譚が伝存している。[57]他方、一一七〇年教権と俗権の関係をめぐってイギリス王ヘンリ二世と争って暗殺されたカンタベリ大司教、聖トマス・ベケットに関しては、少なくとも二十四編の伝記と八編の奇蹟譚が作成されているのみならず、近代以降も十九世紀後半の詩人A・テニスンの『ベケット』、二十世紀を代表する詩人T・S・エリオットの詩劇『聖堂における殺人』や一九六四年の映画『ベケット』など、詩や劇に題材を提供し続けている。[58] また、二度十字軍を率い、北アフリカのチュニスで病死したフランスの聖ルイ王（在位一二二六－一二七〇年）に関しては、最近フランスの有名な中世史家三名がそれぞれの思いを込めて伝記を執筆している。[59]

しかし、なぜ一人の聖者に複数の聖者文学が伝存しているのであろうか。伝記に関しては、上述の如く、作者の中に有名な文筆家が確認されており、尊敬する人物の伝記を書き記したいと思ったに違いない。なかには、同一人物が短期間に二人に執筆を依頼している場合もある。[60] 伝記の中には、どうして新しい伝記を書く必要があったかを序論で明らかにしている場合もある。[61] 他方、奇蹟譚に関しては、遺骸が発見、発掘、奉遷される度に奇蹟が起きていたので、新しいものを書くか、古いものに新しい奇蹟を追加する必要があった。また、新しくなくても、書きもらしていたものを書き加える必要が生じていたに違いない。また、奇蹟に関する考え方も時代によって異なっていたようで、前作では割愛されていたが、十分信頼されるので記載されたものもあった。[62]

聖者文学は中世社会においてどのように利用されていたのであろうか。これまでは聖職者が文字（ラテン語）を独占しており、聖者文学は彼らを介して字の読めない庶民に伝えられていたということになっていたが、かなり前から異論が唱えられている。聖者文学の作者は「田舎言葉 sermo rusticus」で書いたことを序文でしばしば告白している。これまでは古代ローマ古典期の洗練された作品との関係から、作者の謙遜した表現と捉えられてきた。しかし、カロリング期においてもラテン語がまだ話されていたと考える研究者たちは上記の表現は「一般信者でも理解できるラテン語」と解釈すべきだと主張する。[63] また、聖者文学は「読まれるもの」「聞かれるもの」または「朗読されるもの」といった表現とあちこちで出会う。何れも聖者文学が主語になっていて、動作の主体が特定できる表現にはなっていないが、聖者文学が聖職者のみならず、一般信徒を対象に執筆されたものであったと結論づけている。以下、そのことに関して、簡潔に見ていくことにする。

聖職者には在俗聖職者と修道士がいた。聖者の祭日には彼の聖者文学が教会で常に朗誦されていた(64)。トゥール司教グレゴワールも、聖マルタンの祝日に読師によって同聖者の伝記の中から奇蹟譚が読み上げられていると、稲妻に似た光が盲人たちの上でぱっと輝いた(65)と語っている。従って、上記のシャルー修道院には七十三名以上の聖者たちの聖遺物が安置されていたことを想起するだけで、一年に何日聖者文学が朗誦されていたかが分かるであろう。また、教会では在俗聖職者が信者と関わるのは公的礼拝としての典礼と教会付属の学校においてであろう(65)。典礼――日曜日のミサもこれに含まれる――は聖書朗読、礼拝、説教、聖歌などで構成されて定式化されていたが、その式次第は地域によって早くから差異が生じていた。南フランスでは六世紀から、洗礼志願者のための典礼の日が殉教者の祝日と重なった場合、『旧約聖書』、使徒書簡、福音書からの三つの朗読が続いていた式次第の第一と第二は殉教録の朗読に代えられていた(66)。十、十一世紀のスペインでも、第一朗読が『旧約聖書』から遺物発見記に取り換えられている(67)。同じく、スペインのレオン聖堂教会においては、晩課と朝課の間に聖マルタン伝が朗読される長時間の儀式が挿入されていた(68)。そして、説教の中でも聖者文学が引用されていたに違いない。事実、六世紀以降、多くの説教者が題材の借用元を聖書から聖者文学へシフトさせていることが確認されている(69)。

他方、修道士は生涯本院で生活するのではなくて、定期的に分院へ派遣されていた。九世紀前半のフルダ修道院に所属する六百人の修道士のうち本院で生活していたのは約百三十五人で、残りはスイスやドイツに散在する分院に派遣されていた。[70] 分院に駐在した修道士は荘園の経営と教会における聖務に従事して、農村生活の中心を形成し、彼らの教養や知識は農民を教化するのに役立ったことは言うまでもない。

巡礼者にとって奇蹟の証拠として最も訴えるのは患部を模した供物、残された杖、車、ベッドなどの眼で見て確認できるものであったであろう。しかし、聖遺物管理係は巡礼者たちの奇蹟を物語ってもいた。[71] そのために、奇蹟譚が使用されていたことは想像に難くない。彼らはこの種の聖者文学を作成するに際して、どのような目的を持っていたのか。信者を教化するためか。もしそうであれば、懲罰が占める割合が高かったはずであるが、それは全体の一割にも満たないほど非常に低く、土地・家畜・収穫物の横領、瀆聖、祝日労働といった宗教組織と強く関係するものに限られている。[72] 信者の日常生活一般との結びつきが希薄であったことが窺われる。奇蹟体験者の願いが、上述の如く、健康回復と身体障害の解消に集中しており、真の目的は神の偉大さを知らしめるためであった。従って、その中の何を取り出すかは作者ではなくて、それを利用して民衆を教化する役目を担っていた司教や司祭といった聖職者の判断に委ねられていたことになる。

他方、修道院での生活は戒律によって厳格に定められている。中世前期の西ヨーロッパにおいてほとんどの修道院が採用していた、ローマの北、ノルチーア出身のベネディクトゥス（五五〇年没）によって作成された戒律を見てみよう。[73] 都市の公共広場に時計塔が建設され、「市民時間」が登場する十四世紀世紀以前のヨーロッパにおいては、古代ローマの計時法を継承した「教会時間」が市民生活を規定していた。[74] それによると、一時間は日の出から日没までを十二等分したもので、春分と秋分を除き、時刻や季節によって長さが大きく異なることがあった。例えば、冬至の昼の一時間は約四十五分であったのに対して夜は約一時間十六分、夏至ではこの昼と夜の関係が逆転していた。修道院内の毎日の生活もこの計時法に従い、一日八回の聖務日課、つまり暁課（一時）、朝課（二時）、一時課（六時）、三時課（九時）、六時課（正午）、九時課（午後三時）、晩課（午後六時）、終課（午後九時）からなる八つの時刻によって区切られていた。第四十二章には、夕食後直ぐに修道士は全員一箇所に坐り、一人が教父たちの問答集、聖者伝 Vita patruum を読み上げなければならないとある。[75] この戒律には奇蹟譚の文字はないが、それはまだ伝記から独立しておらず、すでに伝記の中に奇蹟に関する話が含まれていたことは上述の通りである。実際、『カルデーニャ聖徒殉教者受難記』はスペイン南部のコルドバで十世紀中葉に編纂されたものであるが、五十二編の伝記が聖アシスクルの祝日（十一月十七日）から翌年のサラゴサ殉教者の祝日（十一月三日）にかけてカレンダー形式で配置されている。[76] 他方、南フランスにおいても、六世紀に編纂されたカレンダー形式に並べられた聖者伝集成が幾つか伝存している。[77]

しかし、読書とは今日では黙読が主流であるが、西ヨーロッパでは十世紀以前は音読が広く行なわれていたことは注意しておく必要があろう。[78] 第三十八章では食事する間、書物の朗読が行なわれるとある。[79] 毎日の作業を規定した第四十八章では、朝課と一時課の間に食前二時間の読書の義務が設けられている。[80] これ以外にも、各時課の中またはそれらの間にも読書が義務づけられており、読書が修道士の重要な仕事を構成していたことを窺わせている。また、上記の戒律の第四十八章には「四旬節中は、各人は図書室から一冊の本を借り受け、そのすべてを順を追って読み通さなければならない。[81]」とある如く、修道院には通常図書室が備わっていた。[82] さらに写本を作成する写字室も併設されており、ここから大量の写本が生み出されていくことになる。[83]

このように、西ヨーロッパが中世に入ると、生者と死者の共存が始まった。平和領域としての墓地には市場が立つ一方、大勢の商人や手工業者が集住するようになった。農閑期に入ると、多くの信者たちは奇蹟を求めて遠近の聖地を訪れるようになった。聖地の教会では聖者を祝う典礼が定期的に催され、聖遺物の前で奇蹟について身振りを交えて語る聖職者の周りには巡礼者たちの輪ができていた。修道士たちも熱心に聖者文学を読み、各地の荘園へ派遣されていた。しかし、このような聖者文学は聖職者のためだけに書かれたのではなくて、広く一般信者のために書かれていた。古代ローマ帝国が滅亡すると、西ヨーロッパの文化活動の中心も地中海沿岸地域から北上、中世前期のフランク王国における文学活動が聖者文学によって代表されるようになったと言っても過言ではなかろう(84)。

二　史料としての聖者文学

聖者文学はこれまで宗教の分野に限定されることなく、はじめにの邦語文献にもあるように、その他の分野においても実に多岐にわたったテーマで利用されてきたことは周知のことである。訳者もこれまでの研究で、ある時期から聖者文学を積極的に利用するようになった。ここではそのような自身の利用例を振り返ると同時に、特に社会経済史の分野において今後どのような活用方法があるのか、訳者の考えに従ってではあるが、簡潔に述べることにする。

一般的に言って、フランスの中世史研究では、社会、経済、政治に関しては、地域史研究から始まる。訳者の場合はポワトゥから始まり、その周辺のアンジュー、メーヌ、そしてブルターニュへと拡大し、今ではフランス西部、更には西ヨーロッパ全域を研究対象にしている。研究手段も拡大していったが、基本は変わっていない。地域を特定し、ある時代に書かれた、可能な限り多くの類型を異にする史料に目を通すことを心がけ、関係する年代記や聖者文学などは邦語訳を作成してきた。従って、本書に収められた聖者文学の邦訳はその一部である。この時代の研究者はもっぱら文書集に当たることが多いが、それだけでは不十分で、その結果偏った理解が生まれる危険性があると考えるからである。

聖者文学を積極的に利用したのが犂《すき》の種類と土地制度との関係を扱った研究(85)で、ここではヨーロッパにおける古典荘園制度の分布域を調べる手段の一つとして、使用されていた犂の種類に注目した。通説によれば、ラテン語で重量(ゲルマン)犂は「カルッカ carruca」、軽量(ローマ)犂は「アラトゥルム aratrum」と呼ばれ、古典荘園と重量犂の分布域は重なっていて、ロワール川を南限とするとされてきた。一一〇〇年頃に起きた奇蹟を記した『聖ジル奇蹟譚』もこの通説を証明しており、そこではロワール川の北に位置する重くて粘着力のある土地に住むある農夫が八頭から十二頭の牛が曳く、「カルッカ」と呼ばれる犂を使って領主の土地を耕作している姿を見ることができる。しかし、ここは小経営が一般的であったとされるボカージュ(帯状林)地域に属しているうえに、この農夫は仲間を伴わずに一人でこの農具を操って耕作している。更に、別のいくつかの聖者文学では「アラトゥルム」の語が重量・軽量の区別なく、犂の総称として使用されているのである。従って、「カルッカ」の語が知られていない地域では、重量犂も「アラトゥルム」の語で表現されていたことになる。このように、小経営が普及していた地域でも、人々は土壌に応じて重量犂を使用していた一方、言葉のみから荘園の形態を速断することには大きな危険を伴うことが判明した。

次に、中世前期の交換経済をテーマにした研究(86)では、宿駅制度に関する用語(parada, mutatio, mansio)の使用頻度の推移から、中世の人々は古代ローマの宿駅制度を継承せず、新しい宿駅制度が現われるのも中世後期に入ってからのことであった。役畜の背による運搬が思った以上に多く、荷車との関係に限定されたこれまでの視点は修正を余儀なくされる。運搬には牛が広く用いられていたが、ラバの使用は地中海沿岸に限定され、専門の商人たちは専らロバに商品を運ばせていた。四頭以上の牛が使用されるのは農地・石切り場・森林伐採地といった特定の場所か近距離に限定されていた。従って、重量物資は主として川船によって運ばれていたことになる。このようにしてロワール川とその支流のマイエンヌ、ロワル、ヴィエンヌ、セーヴルといった河川で運ばれた大量の物資は港をもつ定住地（ポルトゥス portus）で一旦降ろされたあと、人力・荷車・役畜の背によって大市や屋敷に運ばれていたようである。また、聖者文学は地域の特産物も明らかにしてくれている。他方、距離記載は中世人の距離観念の変遷を明らかにしてくれる。当初、彼らは古代人と同様に遠く離れた都市への関心を持ち続けるが、次第にその関心は薄れていき、十世紀には地域を超えた距離記載はほとんど見られなくなる。と同時に、地域内の開墾によって生まれた、まだよく知られていない新開地への距離記載が多くなってくる。

中世フランスの行政区を扱った研究[87]でも、フランス西部に固有の、コンディタ（condita）とよばれる管区は主として文書史料において所在表記書式の一つとして使用されているが、その詳細な分布図を完成させるに際して、聖者文学の助けが必要であった。同じことは、完全に解明されてはいない非自由人とされるコリベルトゥスの研究[88]にも妥当し、その分布図の空白を埋めるためにも役立つであろう。

近代的な姓名制度の成立に関する研究[89]でも、その成立期におけるあだ名と中世人との関係で聖者文学を大いに活用させてもらった。あだ名は文書の証人リストから簡単に採取することができるが、あだ名の由来となると、記述史料などに当たらなければ出てこない。姓の起源はあだ名に求められているが、今日では想像もつかないものを含んだ、多種多様なあだ名からは成立期における人々の混乱の様子が窺われる。これに関しては、出版を予定している『「セーヌ川を飲み干す」――中世フランスの人名と心思――』[90]で集大成されることになろう。

最後になるが、聖者文学に最もお世話になったのが、キリスト教によって断罪された金持ちが自身を表す新しい言葉（richus）と共に、如何にして中世盛期に再生したかを探究した拙著『金持ちの誕生――中世ヨーロッパの人と心性――』[91]においてである。まず、聖者の特性として、貴族の属性（家柄、聖性、勇気、学問、性格、容姿、富）の中の学問、性格、富の三つが強調されているが、特に最後の富の表現に注目し、そこでは聖書で断罪された、金持ちを意味するラテン語 dives の使用が敬遠されていることを突きとめた。同じく断罪された金持ちの蓄財行為に関しては、人々は正面からその行為を取り上げて論争をしかけるのではなくて、聖書が奨励する労働行為から自然に生まれた成果に過ぎないとして、力点を労働にシフトさせることが起きている。そして、十一世紀から金持ちは聖者を輩出することになるが、十二世紀末期に転換期が訪れ、それ以降聖者は生業を放棄することなく在俗のままであり続けるようになる。

しかし、期待を裏切られたこともあった。奇蹟譚の中ではなによりも神の力が称揚され、奇蹟体験者が苦しみを経験することになった原因（＝罰）が明記されることは非常に少ない。従って、この種の聖者文学は悪徳に対する信者の態度の変遷を長期にわたって追跡する史料としては適していないことになる。

次に、訳者がこれからの研究で考えている聖者文学の利用法について簡単に述べておくことにする。カンシュ川河口に位置したカントヴィクは中世前期西ヨーロッパにおける最大の商品集積地の一つであった。その研究は今から五十年ほど前に出版されたJ・ドーントの詳細な論文によって大きく進展したが、その立地に関しては結論はまだ出ていない[92]。他方、地中海沿岸のマルセイユ、フォスにはメロヴィング時代に税関所が置かれ、東方や南方からの産物が陸揚げされていた[93]。ロワール川以北に位置する宗教組織の多くは上記の奢侈品を手に入れるために大勢の人々を派遣していて、フランク王国の北部と南部の、少なくとも商業における緊密な関係を読み取ることができる。訳者はこれまでカントヴィクという地名を聖者文学の中で追ってきた。まず、ロワール川流域以南の史料には現われないことを確認したが、同様の調査を北と東に拡大していくことも可能である。このようにしてカントヴィクの影響圏を確定することによって、フランク時代の前期と後期における王国の北部と南部の関係がより鮮明に見えてくるのではなかろうか。

人物描写、とくに外見描写に関しても興味ある成果が得られるに違いない。訳者は拙著『金持ちの誕生』の執筆のために、イングランド東部で生まれた、フィンチェルの聖ゴドリクの伝記を閲覧した。十二世紀のダラムの修道士の手になるもの二編が伝存するが、そのうちの一つの作者は主人公の容貌について「広い額、青灰色の目、ほとんど繋がろうとしていた剛毛の眉、長い顔、長い鼻、…、上品な口、赤く染まって膨れた唇、幅広い肩、荷車が喰い込んで硬くなった、引っ込んだ腹、身体のその他の部分もそれぞれ均整がとれた状態にあり、力も備わり、卓越した俊敏さによって、背の低さよりも威厳に満ちた外観を目立たせた[94]。」とある。これはルネサンス期以降の彫像や絵画に通じるような身体描写になっている。十二世紀の時点で、このような外見描写、身体描写ができる人間がいたことは何を意味するのであろうか。更に、驚かされるのは古代ギリシア・ローマの英雄伝などに見られる英雄に関してではなくて、商人の外見描写で、加えて、職業との関係性が強く前面に打ち出されていることである。アナール学派の「中世の身体」とは異なる世界が展開されている。

三　ロワール川とアンジェ

フランスで最長の川、ロワール川は中央高地《マシフ・サントラル》に源を発し、北上したあと、パリの南二百十キロのオルレアンで西に向きを変え、トゥールを流れてナントで大西洋に注ぐ。最近人気の高い「ロワール古城《シャトー》巡り」はルネサンス以降に建てられた、オルレアンからトゥールにかけての「ロワール河谷《ヴァル・ドゥ・ロワール》」に点在するシャンボール、ブロワ、アンボワーズ、シュノンソーなどのシャトーを巡る小旅行のことである。この「ロワール河谷」はブドウ酒の生産地として有名であるが、ここでは古代ローマ帝国末期から既にブドウ栽培が広く行なわれていた(95)。ブドウ酒の需要は十一世紀から急速に増加するが、ブドウ酒はキリスト教の儀式に不可欠のもので、教会は自ら栽培するか市場で購入するかしてその確保に最大の注意をはらっていた(96)。また、ロワール川河口以南の大西洋沿岸では製塩業が発達した。このあたりは塩田による製塩業の北限に位置するため、ヨーロッパ各地の教会や修道院もこの一帯に自身の塩田を競って所有するようになった(97)。本書に掲載された聖者文学にもたびたび出てくるように、塩とブドウ酒を積んだ大小の舟がロワール川とその支流を昼夜ひっきりなしに航行していたようである。

古代ローマ帝国においては、「すべての道はローマに通ず」と諺にもあるように、ローマ街道がイタリア半島の南端からベルギーにかけて帝国を縦断していた(98)。しかし、街道は軍事優先で造られており、物資運搬や人の移動には必ずしも適していなかった(99)。四世紀初頭中部フランス、オタンの匿名作家はコンスタンティヌス帝に「ローマ街道はでこぼこで、山が来るたびに急な上りと下りを繰り返すため、二輪の荷車は積み荷を半分に減らすか、時には空のままで通過しなければなりません。」[100]と訴えている。さらに、帝国滅亡により街道は寸断され、物資の主要な輸送手段は河川へと移った。[101]本書に掲載された聖者たちが活躍したアンジューAnjou（アンジェ地方のこと）はトゥール市とナント市の間に位置し、その中心都市がロワール川から八キロ離れた、その支流のメーヌ川沿いにあるアンジェAngersである。地名はこの地域に居住していたケルト人の部族名アンディAndiまたはアンデカヴィAndecaviに由来する。[102]前五一年ゴール（ガリア）がジュリウス・カエサルによって征服されると、古代ローマ人は防衛と渡河の観点から、ここにカエサルを記念して命名された都市ジュリオマグスJuliomagus（「ジュリウスの市場」の意）を設置した。[103]三一三年のミラノ勅令によってキリスト教が公認されたのち、遅くとも三七〇年頃この都市にも司教座が置かれることになる。[104]そしてゲルマン民族の侵攻を経て帝国が滅ぶと、都市名も旧名のアンジェに戻っていた。

中世前期の西ヨーロッパを鳥瞰したならば、広大な森の中に司教座都市、ヴィクス、荘園などの定住地が点在するというイメージが現われるであろう。[105]聖ジローの伝記にある如く、定住地の傍には狐が住んでいたのである。古代の宿駅制度は早くから廃れており、都市と都市を結ぶ古代道と新たに現われた中世道では、小教会を中心に持つヴィクスと呼ばれる町々が物資や旅人を受け入れていた。[106]

教会や修道院といった宗教組織の存在を無視しては、この時代の社会を正しく理解することはできない。フランス内の大聖堂の数は、その所在地と今日の県庁所在地とが大体において一致することから、九十五前後であったと計算できる。そして、アンジェ司教管区は約百八十の小教区によって区分されていた。[107]他方、修道院やそれらの分院の数を知ることは非常に困難である。アンジューを例にとると、中世前期では修道院は最低で八つを数え、さらにここで対象とする時代に範囲を広げると、それは十九にまで膨らむであろう。[108]

地図1　都市アンジェ

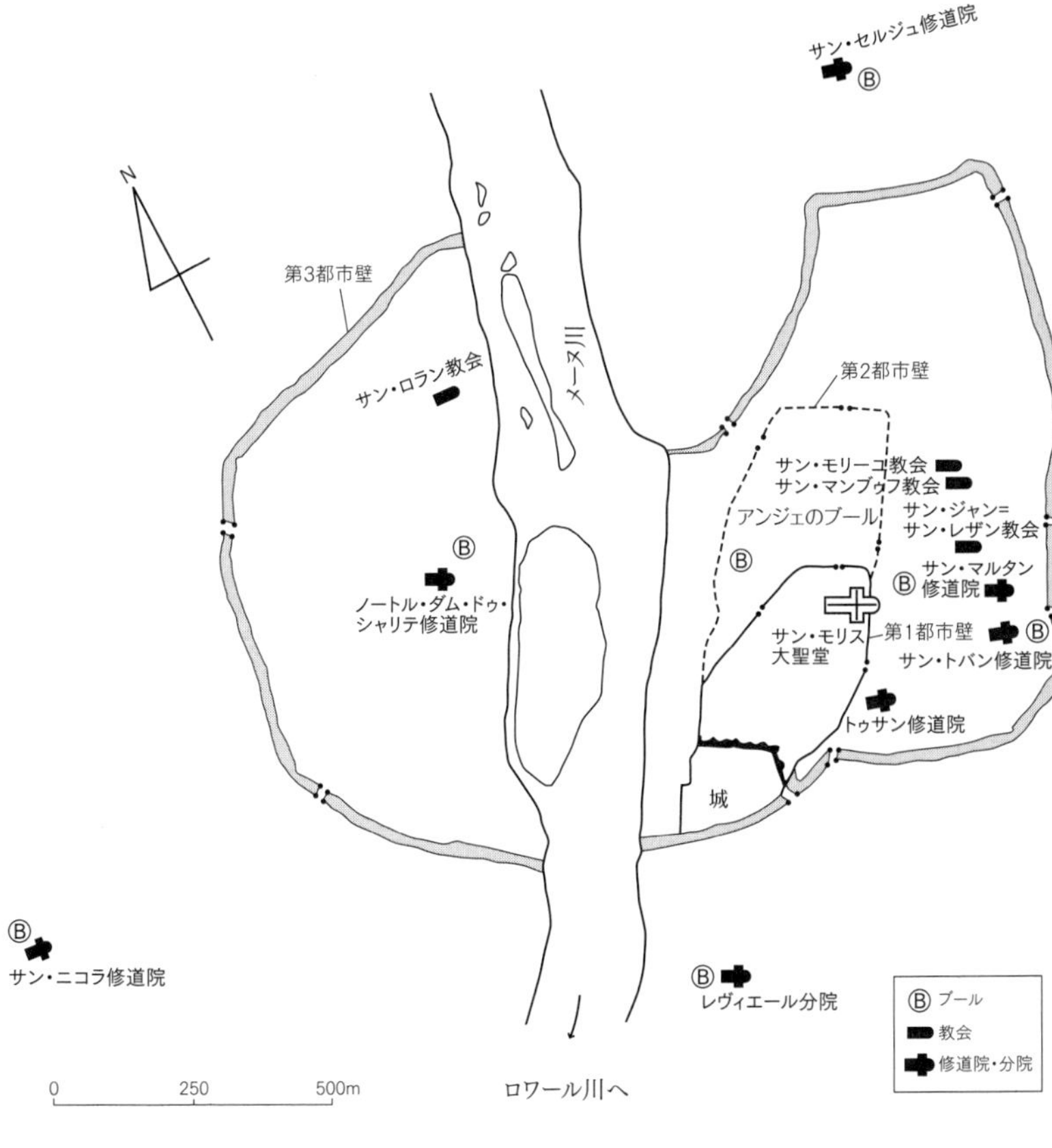
サン・セルジュ修道院
Ⓑ
N
第3都市壁
サン・ロラン教会
メーヌ川
第2都市壁
サン・モリーユ教会
サン・マンブゥフ教会
アンジェのブール
サン・ジャン=
サン・レザン教会
Ⓑ
Ⓑ
ノートル・ダム・ドゥ・
シャリテ修道院
Ⓑ
サン・マルタン
修道院
サン・モリス
大聖堂
第1都市壁
Ⓑ
サン・トバン修道院
トゥサン修道院
城
Ⓑ
サン・ニコラ修道院
Ⓑ
レヴィエール分院
Ⓑ ブール
教会
修道院・分院
0
250
500m
ロワール川へ

これらの修道院にはどれほどの人々が生活していたのであろうか。フランス西部、ノルマンディのジュミエージュ修道院には九百人の修道士と千九百人の下僕がいたと伝えられている。[109] 同じくフランスにおいては、六百人の修道士を擁していた七世紀のリュクスーイユ修道院に、三百人の修道士が共住していたサン・リキエ修道院、ランのサン・ジャン修道院、サン・ヴァンドリーユ修道院、アニアーヌ修道院、コルビー修道院などが続いている。[110] 南フランスにあった、九〇九年創建のクリュニー修道院は本院だけで三百人の修道士を抱えていたうえ、最盛期にはヨーロッパ全域に千二百余の娘修道院を所有し、二万人の修道士を養っていた。[111] スイスのフルダ修道院も九世紀前半において、六百人を超える修道士を抱えていた。[112] 他方、アンジューにおいても、本書に収録されている、ヴェルトゥのサン・マルタン修道院では三百人、十一世紀末のサン・トバン修道院では百五人の修道士の存在が確認されているほか、十二世紀のフォントヴロー修道院には実に三千人の修道士が生活を共にしていたとある。[113] ジュミエージュ修道院の例から、各修道院には修道士の数の三倍もの人々が生活していたことになり、彼らの日常生活を充足させるためには膨大な量の食糧などの物資が必要であったことは容易に推測される。

当初、コロセウム、大競技場、円形劇場などを含む都市区域は東西南北がそれぞれ数キロに及ぶ比較的広大なものであったが、四世紀後半にゲルマン民族の大移動が始まると、防衛のために市街地は東西南北数百メートルにまで縮小する。[114] アンジェも例外でなく、その市街地は、地図1の第一都市壁が示すように、八ヘクタールに縮小され、人口も約九千人に減少する。[115] 市街地が拡大を開始するのは十〜十一世紀で、ほぼ同じ面積の商人や職人が住みついた「アンジェのブール」が隣接される。[116] 以後ローマ囲壁を取り巻くように、今日の商工業団地のような、「ブール」と呼ばれる小さな定住地が七つ出現する。[117] 二十万人近くの人口を擁した

地図2　西ヨーロッパの地図

首都のパリでは、少なくとも十二のブールの存在が確認されている。[118] 十二世紀初頭にはこれらのブールに住むブルジョワ（「ブールの住民」の意）が、アンジュー伯の失政に乗じて連帯を結成し、都市の自治権を獲得して、「ブルジョワ革命」を成功させる。[119] そして一二四二年頃、彼らブルジョワの資金援助によって、メーヌ川両岸地域を一体化する、全長四キロの第三都市壁（百二十七ヘクタール）が完成する。[120]

この町には、司教と並んで、早くから俗人の支配者がいたが、今日では、九世紀末ヌストリ侯ロベール・ル・フォール（フランス、カペー王家の祖）によってアンジュー副伯に任命されたアンジュルジェールに伯家の起源を求めるのが通説となっている。[121] 九三〇年彼の息子フルク一世は父を継いだのみならず、「アンジュー伯」と名乗るようになる。[122] 彼の曾孫で、「黒伯《ネラ》」とあだ名され、後世の人々に「築城者」と呼ばれている伯フルク二世（在位九八七―一〇四〇年）が伯領内に二十余城を築き、支配を確実なものとする。[123] こうして、十二世紀初頭までに約三十の城が伯領内の平野部に出現することになる。同黒伯は東方のソミュール地方を征服したのち、南方のモージュ地方も併合する。[124] 一〇四四年彼の息子で「鉄槌《マルテル》」とあだ名されるジョフロワ二世はソミュール地方の東隣トゥレーヌを征服すると、北隣のメーヌ伯領へ進出しようとしたが、南下するノルマンディ公と対立することになる。[125] 同伯の死後、彼の領地は二人の甥、ジョフロワ三世とフルク四世の間で分割される。[126] 二人を継承したフルク五世は一一〇九年からメーヌ伯を兼ねるようになる。[127] 彼の長子ジョフロワは一一二八年、イングランド王ヘンリ一世の唯一の後継者であるマティルドと結婚し、十一年かけてノルマンディ公領を征服すると、新しい運命が待っていた。[128] 一一三五年同ヘンリ一世が男子相続者を残さずに亡くなると、国内の複雑な事情から同王の甥でモルタン・ブローニュ伯のエティエンヌ（英語名ではスティーヴン）がイングランド王位を継承する。[129] しかし国内情勢は不安定で、同王はマティルドを国王に推す勢力を抑え込むことができなかった。その間マティルドと上記ジョフロワとの間に生まれ、ノルマンディ公になっていたアンリはフランス王ルイ七世と離婚していた、アキテーヌ公の相続人アリエノールとの結婚によって、さらにフランス西南部一帯をも獲得する。(130) 一一五三年王スティーヴンが王位継承者に予定していた長子が亡くなることによって、翌年アンリがヘンリ二世としてイングランド王位を継承することになる。(131) ここにイングランド国王が大陸に広がるアンジュー伯領、メーヌ伯領、ノルマンディ公領、アキテーヌ公領などのフランスの西側半分を統治する、強大なアンジュー王朝（伯ジョフロワが帽子に付けていたえにしだ《プランタジュネ》の小枝から「プランタジュネ王朝」とも呼ばれる）が姿を現わす。(132)

註

（1）聖者文学やそれに依拠した研究に関する基本的な著書としては、J. Dubois et J.-L. Lemaitre, *Sources et méthodes de l'hagiographie médiévale*, Paris, 1993; R. Aigrain, *L'Hagiographie. Ses sources, ses méthodes, son histoire*, Paris, 1953 などがある。後者は少し古いが、その価値は今日でも失われていない。

（2）Cf. A. Molinier, *Les sources de l'histoire de France des origines aux guerre d'Italie (1494)*, 6 vol., Paris, 1901-1906, 1, p. 15-34.

（3）彼の主要な聖者文学としては、*Liber in gloria martyrum*（『殉教者の栄光に関する書』）、*Liber de passione et virtutibus sancti Iuliani martyris*（『殉教者聖ジュリアンの殉教と諸徳に関する書』）、*Libri I-IV de virtutibus sancti Martini episcopi*（『聖マルタン伝』）、*Liber vitae patrum*（『諸教父の伝記』）、*Liber in gloria confessorum*（『証聖者たちの書』）といったものが伝存している。Cf. *MGH.SSRM*. 1-2.

（4）Grégoire de Tours, *Histoire des Francs*, 2 vol., traduit par R. Latouche, Paris, 1975-1979, 1, p. 68-69.

（5） *Ibid.*, 1, p. 120-121. Cf. R. Van Dam, *Saints and their Miracles in Late Antique Gaul*, Princeton, 1993, p. 97-98.

（6） Fortunatus, *Vita s. Germani*, chap. 68-70, *MGH.AA*, 4(2), p. 16.

（7） アウグスティヌス『神の国』二二巻、一一－二三章（『アウグスティヌス著作集』一五巻、教文館、一九九四年、三〇五－三一三頁）、T. Head, *Hagiography and the Cult of Saints. The Diocèse of Orléans, 800-1200*, Cambridge, 1990, p. XVI. この著書の中でT・ヘッドは四世紀からの聖者文学の流れを追った後、それを使った研究の歴史を簡潔にまとめている。Cf. *ibid.*, p. XIII-XXXVIII.

（8） R. Van Dam, *Saints and their Miracles in Late Antique Gaul*. その他の作品については、Cf. G. Philippart, *Les légendiers latins et autres manuscrits hagiographiques*, Turnhout, 1977, dans L. Genicot (ed.), *Typologie des sources du Moyen Âge occidental*, fasc. 24-25, p. 37-48.

（9） *Ibid.*, p. 50-81 et 91-93.『フランク人の歴史』の中でも同グレゴワールは自身が著した奇蹟譚に何度も言及しているのみならず、聖者と聖遺物の奇蹟が随所で重要な役割を果たしている。Cf. Grégoire de Tours, *Histoire des Francs*, 1, p. 67, 83, 87-88, 143, 153, 161-162, 169-170, 181, 202, 223, 238, 258-259, 285; 2, p. 25-26, 86-87, 107-108, 122, 145-146 etc. 従って、著者自身が第二巻の序文でも述べている如く、この歴史書は長大な奇蹟譚でもある。

（10） P.-A. Sigal, *L'homme et le miracle dans la France médiévale (XIe-XIIe siècle)*, Paris, 1985, p. 11; T. Head, *Hagiography and the Cult of Saints*, p. 58 et 95.

（11） Codex Theodosianus, IX, XVII, dans *Codex Theodosianus cum perpetuis commentariis Iacobi Gothofredi*, 3, Leipzig, 1738, p. 146-173.

（12） N. Herrmann-Mascard, *Les reliques des saints. Formation coutumière d'un droit*, Paris, 1975, p. 49.

（13） Ph. Ariès, *L'homme devant la mort*, Paris, 1977, p. 37-316.（成瀬駒男訳『死を前にしての人間』みすず書房、一九九二年、第二章－第六章、二三－二七五頁）.

（14） Baudonivia, *Vita s. Radegundis, reginae Franciae*, chap. 14 et 16, *MGH.SSRM*, 2, p. 386-387 et 389-390.

（15） N. Herrmann-Mascard, *Les reliques des saints*, p. 367-368.

（16） *Ibid.*

(17) *Translatio ss. Marcelii et Petri*, dans *MGH.SS*, 15, p. 238-264. これには幾つかの現代語訳があるが、本書では、少し古いが、J. Teulet, *Les œuvres d'Eginhard*, Paris, 1856, p. 243-340 を参照した。Ｐ・Ｊ・ギアリはこの人物を商人と見なしている。Cf. P. J. Geary, *Furta sacra. Thefts of Relics in the Central Middle Ages*, Princeton, 1990, p. 45-49.

(18) Cf. P. Brown, *The Cult of the Saints. Its Rise and Function in Latin Christianity*, Chicago, 1981. この論争においては、民間信仰（民間宗教、迷信）の内容の具体的な説明が不十分であるように思われる。R. Manselli, *La religion populaire au Moyen Age. Problèmes de méthode et d'histoire*, Monréal et Paris, 1975.

(19) Cf. G. Duby, France rurale, France urbaine: une confrontation, dans Id., *Histoire de la Frnce urbaine*, I, Paris, 1980, p. 18; P.-A. Sigal, *L'homme et le miracle*, p. 54-55.

(20) Cf. A. Taffin, Comment on rêvait dans les temples d'Esculape, dans *Bulletin de l'Association Guillaume Budé*, 1960 (n° 3), p. 325-366.

(21) P.-A. Sigal, *L'homme et le miracle*, p. 18.

(22) *Idid.*, p. 20-27.

(23) N. Herrmann-Mascard, *Les reliques des saints*, p. 28-30; P.-A. Sigal, *L'homme et le miracle*, p. 36.

(24) N. Herrmann-Mascard, *Les reliques des saints*, p. 41-49; Grégoire de Tours, *Histoire des Francs*, 2, chapt. 8, 15.

(25) *Inventio reliquiarum S. Eligii facta anno 1183 et a teste coaevo descripta*, *Analecta Bollandiana*, 9, 1890, p. 423-425.

(26) A. Vauchez, *La sainteté en Occident aux derniers siècles du Moyen Âge (1198-1431)*, Rome, 1981, p. 519-529; P.-A. Sigal, *L'homme et le miracle*, p. 60-68.

(27) *Ibid.*, p. 68-73.

(28) Cf. M. Mauss, *Essai sur le don*, Paris, 1924（森山工訳『贈与論 他二篇』岩波書店、二〇一四年）; M. Godelier, *L'énigme du don*, Paris, 1996（山内昶訳『贈与の謎』法政大学出版局、二〇一四年）.

(29) P.-A. Sigal, *L'homme et le miracle*, p. 107-108.

(30) *Ibid.*, p. 93-107.

(31) *Ibid.*, p. 126-144; Grégoire de Tours, *Histoire des Francs*, 2, p. 141.

（32） G. Gaier, Le rôle militaire des reliques et de l'étendard de saint Lambert dans la principauté de Liège, *Le Moyen Age*, 72, 1966, p. 235-249; T. Head, *Hagiography and the Cult of Saints*, p. 179.

（33） P.-A. Sigal, *L'homme et le miracle*, p. 188-196.

（34） *Ibid.*, p. 194; R. Forville, Les *Miracula s. Thomae Cantuariensis*, dans *Actes du* 97e *Congrès des Sociétés savantes* (Nantes 1972), Paris, 1979, p. 445. 但し、聖トマス・ベケットの場合は、一一七一年と一一七四／五年の特定の期間に起こった奇蹟の数である。本書に収められている聖ジローの奇蹟譚には、確かに、七十三件の奇蹟が記されているが、それらの発生の日時を確定することは簡単なことではない。「同じ日」「同じ頃」という表現が頻繁に使用されているが、夏と冬に起きた奇蹟が語られ、「時が経って」といった文言も見られることから、これらの奇蹟が短期間に起きた可能性は否定できないとしても、すべてが数日または一週間のうちに起きたとする証拠はどこにもない。P・A・シガルはそれらの各々の発生時期を、多分、聖者の祝日と曜日の重なりから計算したと思われるが、一一五三年七月五日から八月十日まで、八月十一日から十月一日まで、十一月一日から翌年の一月までの三つの時期に分けて特定している。しかし、その方法は言及されていない。Cf. P.-A. Sigal, *L'homme et le miracle*, p. 202-205.

（35） 遺物収集の原因として、教会の建設と宗教組織間の競争心とを挙げている。Cf. P. J. Geary, *Furta sacra*, p. 63-74.

（36） F. L. Ganshof, dans *Histoire du Moyen Age* de G. Glotz, 1, p. 623; E. de Moreau, *Histoire de l'église en Belgique*, Bruxelles, 1945, 1, p. 317.

（37） *Miracle sancti Gibriani*, AASS, mai 7, p. 619-651.

（38） N. Herrmann-Mascard, *Les reliques des saints*, p. 84-87.

（39） Cf. H. Miyamatsu, *Le Polyptyque d'Irminon. La terre et le commerce dans le monde franc*, Bécherel, 2015, p. 191-192.

（40） Cf. R. Charles et L. Froger, *Gesta domni Aldrici, Cenomannis urbis episcopi a discipulis suis*, Mamers, 1889, p. 124.

（41） 早川良弥「中世初期のフルダ修道士共同体」（『梅花女子大学文学部紀要（人文・社会・自然科学編）』二五号、一九九〇年）、三四頁参照。

（42） *Translatio ss. Marcelii et Petri*, dans *MGH.SS*, 15, p. 238-264.

（43） P. de Monsabert, *Chartes et documents pour servir à l'histoire de l'abbaye de Charroux*, Poitiers, 1910 (*Archives historiques du Poitou*, 34), p. 41-45.

(44) P.-A. Sigal, *L'homme et le miracle*, p. 188-196.

(45) Cf. R. Van Dam, *Saints and their Miracles*, p. 154. トゥール司教グレゴワールは一時この役職に就いていた。Cf. *ibid.*, p. 117. また、彼は自分の奇蹟譚に信を持たせるために、それらが奇蹟体験者本人や奇蹟を目撃した聖遺物管理係から直接訊いた話であることを強調している。Cf. *Libri I-IV de virtutibus sancti Martini episcopi*, 3, 45, dans *MGH.SRM*, 1-2, p. 193.

(46) P.-A. Sigal, *L'homme et le miracle*, p. 185-186; R. Forville, Les *Miracula s. Thomae Cantuariensis*, p. 444-445.

(47) P.-A. Sigal, *L'homme et le miracle*, p. 196-210; R. Forville, Les *Miracula s. Thomae Cantuariensis*, p. 448. D. Weinstein and R. M. Bell, *Saints and Society*, Chicago, 1982 でも十一－十七世紀のヨーロッパを中心とする二千名を超す聖者を幼年期・青春期・成年期の三時代、身分、性別などに分類して、多方面から考察を加えている。特に、子供時代を含めて、中世人の間においても各時代の観念が存在していたことを強調する。P・A・シガルの著作同様、添付されている豊富な統計資料は聖者と社会の関係を長期にわたって概観するうえで非常に有益である。

(48) P.-A. Sigal, *L'homme et le miracle*, p. 198, 205 et 210.

(49) Cf. A. Saint-Denis, *L'Hôtel-Dieu de Laon, 1150-1300*, Nancy, 1983, p. 115-119; 宮松浩憲「中世盛期西フランスの渾名から何が見えるか」(『産業経済研究』三二の一、一九九四年)、三二－三三頁。

(50) 『広辞苑』岩波書店、一九七一年、五三二頁。

(51) P.-A. Sigal, *L'homme et le miracle*, p. 255. 本書収録の聖者文学においても、聖レザンの伝記1、三一章と伝記2、二二章で、眼窩のない男が視力を回復した奇蹟が語られている。

(52) *Vita sancti Alexii confessoris*, *AASS*, Jul., 4, p. 251. 中世フランス語版の邦訳としては、新倉俊一・神沢栄三・天沢退二郎訳『信仰と愛と』(『フランス中世文学』1)(白水社、一九九〇年)、八－二八頁がある。この聖者の伝説は五世紀に東ローマ帝国内で生まれ、十世紀末にローマに亡命してきたダマスカス司教セルギウスによってラテン語に翻訳されたとの見解に従うならば、帝国の東西において奇蹟を信じて集まってきていた人々の構成はほぼ共通していたことになる。宮松浩憲『金持ちの誕生――中世ヨーロッパの人と心性――』(刀水書房、二〇〇四年)、七二－七三頁参照。

（53）P.-A. Sigal, *L'homme et le miracle*, p. 227-264.

（54）Cf. J. Imbert, *Les hôpitaux en droit canonique*, Paris, 1947, p. 64-65. Id., *Histoire des hôpitaux en France*, Toulouse, 1982, p. 36-47. 都市アンジェでは十二世紀初頭から、サン・ラザールとラ・マドレーヌの二つの癩病院が知られている。Cf. F. Lebrun, *Histoire d'Angers*, Toulouse, 1975, p. 22.

（55）P.-A. Sigal, *L'homme et le miracle*, p. 276-282.

（56）A.Vauchez, *La sainteté en Occident*, p. 449-478.

（57）*Bibliotheca hagiographica latina antiquae et mediae aetatis*, par Société des Bollandistes, Bruxelles, 1898-1899, p. 823-832.

（58）*Ibid.*, 1184-1193. A・ドナルド・アットウォーター、J・キャサリン・レイチェル・ジョン『聖人事典』（山岡健訳、三交社、一九九九年）、二五三頁参照。

（59）J. Richard, *Saint Louis, roi d'une France féodale, soutien de la Terre Sainte*, Paris, 1983; J. Le Goff, *Saint Louis*, Paris, 1996（岡崎敦・森本英夫・堀田郷弘訳『聖王ルイ――国際協力と子どもたちの未来――』新評論、二〇〇一年）; G. Sivéry, *Saint-Louis: Le roi Louis IX*, Paris, 2007.

（60）本書第六話、二四七頁参照。

（61）本書第四話、一九六頁参照。T. Head, *Hagiography and the Cult of Saints*, p. 68. 聖者文学の書き換えに関しては、cf. M. Goullet et M. Heinzelmann, *La réécriture hagiographique dans l'Occcident médiéval. Transformation formelles et idéologiques*, Ostfildern, 2003; J. Dalarun, *L'impossible sainteté. La vie retrouvée de Robert d'Arbrissel (v. 1045-1116), fondateur de Fontevraud*, Paris, 1985. 特にJ・ダラランは後世に書かれたフランス語の聖者文学に依拠して、同一の女子修道院長が聖ロベールに関する二編の伝記の執筆を連続して依頼したのみならず、後から書かれた伝記の聖者の死後に関する最後の部分を、彼女の意図に反しているとして大幅に削除して公刊したと結論づけている。

（62）本書第一話、六七頁参照。

（63）M. Van Uytefanghe, L'hagiographie et son public à l'époque mérovingienne, Papers presented to the Seventh International Conference on Patristic Studies held in Oxford 1975, *Studia Patristica*, 16, 1985, 54-62; P. Riché, *Éducation et culture dans* *l'Occident barbare, VI*^{e}*-VIII*^{e} *siècle*, Paris, p. 389（岩村清太訳『中世における教育・文化』東洋館出版社、一九八八年、四九三－四九四頁).

（64） Cf. P. Riché, *Éducation et culture*, p. 391; G. Philippart, *Les légendiers latins et autres manuscrits hagiographiques*, p. 112-117.

（65） P. Riché, *Éducation et culture*, p. 106-109 et 153 sq.

（66） Cf. *Libri I-IV de virtutibus sancti Martini episcopi*, 2, 29 et 49, dans *MGHSRM*, 1-2, p. 170, 176.

（67） B. Gaiffier, La lecture des actes des martyrs dans la prière liturgique en Occident. À propos du passionnaire hispanique, *Analecta Bollandiana*, 72, 1954, p. 146.

（68） Ibid., p. 156-157.

（69） P. Riché, *Éducation et culture*, p. 390-391.

（70） 早川良弥「中世初期のフルダ修道士共同体」、一一－一三頁参照。

（71） P.-A. Sigal, *L'homme et le miracle*, p. 185-186.

（72） *Ibid*., p. 276-279.

（73） A. de Vogüé et J. Neufville, *La Règle de saint Benoît*, 6 vol., Paris, 1971-1977 (*SC*, 181-187). 邦訳としては、ファン・ストラーレン訳『聖ベネディクトの修道戒律』（エンデルレ書店、一九五八年）と古田暁訳「戒律」（『中世思想原典集成』五巻、一九九三年）、二四五－三二八頁、同著『聖ベネディクトの戒律』（すえもりブックス、二〇〇〇年）がある。

（74） J・ル・ゴフ「教会の時間と商人の時間」（朝倉俊一訳『思想』六六三、一九七九年）、四〇－六〇頁参照。

（75） A. de Vogüé et J. Neufville, *La Règle de saint Benoît*, t. 2, p. 584.

（76） B. Gaiffier, La lecture des actes des martyrs, p. 134.

（77） Ibid., p. 150-151. フランス、オルレアン近郊のミシィ修道院における事情に関しては、cf. T. Head, *Hagiography and the Cult of Saints*, p. 124-125. 十世紀末イングランドのエインシャム修道院長エルフリクによって編纂された聖者伝も説教集の中で教会暦に従って配列されている。網代敦「エルフリックの『聖人伝』――翻訳と注解――（1）」（『大東文化大学紀要・人文科学』三四、一九九六年）、三四九、三五五－三五八頁参照。

（78） P. Riché, *Éducation et culture*, p. 101.

(79) A. de Vogüé et J. Neufville, *La Règle de saint Benoît*, 2, p. 572-574.

(80) *Ibid*., p. 598-604.

(81) *Ibid*., p. 602. « In quibus diebus quadragesimae accipiunt omnes singulos codices de bibliotheca, quos per ordinem ex integro legant ».

(82) Cf. P. Riché, *Éducation et culture*, p. 349-351; J. Vezin, Les *scriptoria* de Neustrie, 650-850, dans M. Atsma (ed.), *La Neustrie. Les pays au nord de la Loire de 650-850*, 2, p. 307-318; B. Bischoff, *Paläographie des römischen Altertums und des abendländischen Mittelalters*, Berlin, 2009, p. 270 sq.（これには優れた仏訳、*Paléographie de l'Antiqité romaine et du Moyen Âge occidental*, trad. par H. Atsma et J. Vezin, Paris, 1993 がある。）宮松浩憲「中世フランスの文書庫、文書集、文書――中世人の文書観――」（『産業経済研究〈久留米大学〉』三〇の二、一九八九年）、一－八六頁参照。宗教組織の蔵書目録の中にも聖者文学が記載されている。C・H・ハスキンズ『十二世紀ルネサンス』（別宮貞徳・朝倉文市訳、みすず書房、一九九一年）、六三－六四頁参照。

(83) P. Riché, *Éducation et culture*, p. 102 と前出註。

(84) M. Van Uytefanghe, L'hagiographie et son public, p. 54.

(85) 宮松浩憲「一一・一二世紀西フランスにおける重量犂と小経営」（『産業経済研究〈久留米大学〉』四七の三、二〇〇六年）、二一－三四頁、同上「古典荘園制地域とはどこですか――犂と繋駕法からの疑問――」（『産業経済研究〈久留米大学〉』四七の三、二〇〇六年）、八九－一〇九頁参照。

(86) 同上「中世前期西ヨーロッパにおける交換経済」（『産業経済研究〈久留米大学〉』五二の三、二〇一一年）、一－七二頁）。

(87) 同上「所在表記書式から見た、フランク王国の地方統治」（『経済社会研究〈久留米大学〉』五三の四、二〇一三年）、三一－一三五頁、同上「カロリング王権と地方統治――ポワトゥの管区制度――」（『産業経済研究〈久留米大学〉』四七の一、二〇〇六年）、一九七－三〇〇頁、同上「歴史のなかの古層――コンディタとファクトゥス――」（『産業経済研究〈久留米大学〉』四七の一、二〇〇六年）、三〇一－三二八頁。

(88) 同上「マルムティエ修道院の『セルヴスの書』――コリベルトゥスの研究（1）――」（『産業経済研究〈久留米大

学〉』四五の一、二〇〇四年）、一二九－一六二頁。

（89）同上「中世盛期西フランス人の渾名から何が見えるか――ブルジュワ像の復元に向けて――」（『産業経済研究〈久留米大学〉』三二の一、一九九一年）、二一－六八頁、同上「鉄とその象徴性――歴史人名学からの問いかけ――」（『産業経済研究〈久留米大学〉』四五の一、二〇〇四年）、二〇五－二二〇頁と註四。

（90）その一部は既に公刊されている。同上「セーヌ川を飲み干す――中世フランスの人名と心思――（1）」（『産業経済研究〈久留米大学〉』四六の二、二〇〇五年）、一二五－一六一頁、同上「セーヌ川を飲み干す――中世フランスの人名と心思――（2）」（『産業経済研究〈久留米大学〉』四八の一、二〇〇七年）、四七－九三頁。

（91）同上『金持ちの誕生――中世ヨーロッパの人と心性――』（刀水書房、二〇〇四年）。これには仏語版、H. Miyamatsu, *La naissance du riche dans l'Europe médiévale*, Bécherel, 2008 がある。

（92）J. Dhondt, Les problèmes de Quentovic, *Studie in onore di Amintore Eanfani*, vol. 1: *Antichita et alto medioevo*, Milano, 1962, p. 183-248.

（93）F.-L. Ganshof, Les bureaux de tonlieu de Marseille et de Fos, dans *Etudes historiques à la mémoire de Noël Didier*, Paris, 1960, p. 125-133; M. McCormick, *Origins of the European Economy. Communications and Commerce, A. D. 300-900*, Cambridge, 2001, p. 78-79.

（94）二編の伝記はレジナルド作のものと、ジョフリー作のものである。Cf. Reginald of Durham, *Libellus de vita et miraculis S. Godrici, heremitae de Finchale*, ed. J. Stevenson, 1847 (The publications of the Surtees Society), p. 21-332; *AASS*, Maji, 5, p. 70-85. 前者の表現は非常に長いもので、ここではそれを要約した後者のものを引用することになる。*Ibid*., p. 70. « Erat siquidem corpore permodicus, sed celsitudine mentis in caelum erectus. Et quidem in juventute coma nigra, in senectute vero canitie respersus Angelica; fronte lata, oculis glaucis, superciliis hirfutis et sibi invicem pene occurrentibus: facie producta, naso longo, barba prolixa, ore decenti, labris turrgentibus rubore perfusis, humeris distentis ventre compresso, quia cum jugis minuebat rigor; reliquis in ordine suo membris bene dispositis, viribus aptis, et agilitate praestabili venerabilem brevioris staturae praeferebat habitudinem ».

（95）R. Dion, *Histoire de la vigne et du vin en France des origines au XIX*^e^ *siècle*, Paris, 1977, p. 155.

(96) R. Doehaerd, Ce qu'on vendait et comment on le vendait dans le bassin parisien, *Annales・économie・sociétés・civilisations*, 2e année (nº 3), 1947, p. 268-280; J. Durliat, La vigne et le vin dans la région parisienne au début du IXe siècle d'après le Polyptyque d'Irminon, *Le Moyen Age*, 74, 1968, p. 387-419; J.-P. Devroey, Un monastère dans l'économie d'échanges: les services de transport à l'abbaye de Saint-Germain-des-Prés au IXe siècle, *Annales, Economes, Sociétés, Civilisations*, 3, 1984, p. 570-589.

(97) O. Bruand, Pénetration et circulation du sel de l'Atlantique en France septentrionale (VIIIe-XIe siècles), *Annales de Bretagne*, 115(3), 2008, p. 7-32.

(98) R. Chevalier, *Les voies romaines*, Paris, 1972.

(99) *Ibid*., p. 235; R. S. Lopez, The Evolution of Land Transport in the Middle Ages, *Past and Present*, 9, 1956, p. 17.

(100) *Panégyriques latins*, 3 vol., éd. et traduit par E. Galletier, Paris, 1952, 2, p. 95.

(101) J. Le Goff, *La civilisation de l'Occident médiéval*, Paris, 1964, p. 174（桐村泰次訳『中世西欧文明』論創社、二〇〇七年）; R. S. Ropez, *The Commercial Revolution of the Middle Ages, 950-1350*, Cambridge, 1971, p. 8（宮松浩憲訳『中世の商業革命』法政大学出版局、二〇〇七年）.

(102) M. Provost, *Angers gallo-romain. Naissance d'une Cité*, Angers, 1978, p. 18 et 31 sq.; J. Moreau, *Dictionnaire de géographie historique de la Gaule et de la France*, Paris, 1972, p. 14-15.

(103) M. Provost, *Angers gallo-romain*, p. 43 sq.; J. Moreau, *Dictionnaire*, p. 338.

(104) F. Lebrun, *Histoire d'Angers*, Toulouse, 1975, p. 15.

(105) J. Le Goff, *La civilisation de l'Occident médiéval*, p. 169; Ch. Higounet, Les forêts de l'Europe occidentale du Ve au XIe siècle, *Settimane di studio del Centro italiano di studi sull'alto medioevo*, 13, Spoletto, 1966, p. 343-398.

(106) M. Rouche, *L'Aquitaine des Wisigoths aux Arabes. Naisssance d'une région*, Paris, 1979, p. 221; 宮松浩憲「中世前期西ヨーロッパにおける交換経済――人とモノの移動を中心に――」（『産業経済研究〈久留米大学〉』五二の三、二〇一一年）、五三－六二頁参照。

(107) J.-M. Besse, *Province ecclésiastique de Tours*, Chevetogne, 1920 (Ch. Beaunier, *Abbayes et prieurés de l'ancienne France*, 8,

p. 106-126.

(108) *Ibid.*, p. 80-106 et J. Avril, *Le gouvernement des évêques et la vie religieuse dans le diocèse d'Angers (1148-1240)*, 2 vol., Paris, 1984.

(109) 宮松浩憲「古典荘園はロワール川を超えていた…。——王権か伝統か——」(『産業経済研究〈久留米大学〉』五一の二、二〇一〇年)一〇二-一〇三頁参照。

(110) 同上。

(111) G. Duby, Le budget de l'abbaye de Cluny entre 1080 et 1155. Économie domaniale et économie monétaire, dans Id., *Hommes et structures du Moyen Age*, Paris, 1973, p. 66.

(112) 早川良弥「中世初期のフルダ修道士共同体」、一三頁参照。

(113) 宮松浩憲「古典荘園はロワール川を超えていた…。」、一〇二-一〇三頁、本書第六話、二六六頁、B. de Broussillon et E. Lelong, *Cartulaire de l'abbaye de Saint-Aubin d'Angers*, 3 vol., Angers, 1903, n°s 27, 30, 31.

(114) Ch. Higounet, J.-B. Marquette et Ph. Wolff, *Atlas historique des villes de France*, Paris, 1982- ; F. Vercauteren, *Étude sur les civitates de la Belgique seconde*, Bruxelles, 1934, p. 353-374; F. Lot, Recherches sur la population et la superficie des cités remontant à la période gallo-romaine, 2 vol., Paris, 1969-1970; C. Brühl, *Palatium und Civitas*, 1: *Gallien*, Köln, 1975.

(115) M. Provost, *Angers gallo-romain*, p. 112. その他の都市の人口に関しては、cf. P. Bairoch, J. Batou et P. Chèvre, *La population des villes européennes*, Genève, 1988.

(116) 宮松浩憲「中世盛期アンジェの市民共同体とコミューヌ」(『久留米大学比較文化研究科紀要』一、一九九〇年)、二〇八-二〇九頁 (H. Miyamatsu, A-t-il existé une commune à Angers au XIIe siècle, *Journal de Medieval History*, 21, 1995, p. 117-152)。

(117) 同上、二〇九-二一一頁参照。

(118) J. Boussard, *Nouvelle histoire de Paris de la fin du siège de 885-886 à la mort de Philippe Auguste*, Paris, 1976, p. 155-195.

(119) 宮松浩憲「中世盛期アンジェの市民共同体とコミューヌ」、一九七-二五三頁参照。

(120) 同上、二〇六-二〇八頁参照。

(121) L. Halphen, *Le comté d'Anjou au XIe siècle*, Paris, 1906, p. 1-2; K. F. Werner, Untersuchungen zur Frühzeit des französischen Fürstentums (9.-10. Jahrhundert), dans *Die Welt als Geschichte*, 18, 1958, p. 265; B. S. Bachrach, Some Observations on the Origins of the Angevin Dynasty, *Medieval Prosopography*, 10, 1989, p. 1-23.

(122) L. Halphen, *Le comté d'Anjou au XIe siècle*, p. 3-4.

(123) C. Port, *Dictionnaire historique, géographique et biographique de Maine-et-Loire*, 3 vol., Paris, 1876-1878, 2, p. 191; L. Halphen, *Le comté d'Anjou au XIe siècle*, p. 9-10 et 17-48; O. Guillot, *Le comte d'Anjou et son entourage au XIe siècle*, 2 vol., Paris, 1972, p. 282-295; B. S. Bachrach, The Angevin Strategy of Castle Building in the Reign of Fulk Nerra, 987-1040, *The American Historical Review*, 88 (3), 1983, p. 533-560.

(124) L. Halphen, *Le comté d'Anjou au XIe siècle*, p. 40-42, 52 et 129-130.

(125) *Ibid.*, p. 46-49 et 71-80.

(126) *Ibid.*, p. 133-151.

(127) J. Chartrou, *L'Anjou de 1109 à 1151*, Paris, 1928, p. 1-35.

(128) *Ibid.*, p. 36-76.

(129) *Ibid.*, p. 41-49 et 56-61; 青山吉信編『イギリス史』1（山川出版社、一九九一年）、二二五－二三三頁参照。

(130) J. Boussard, *Le comté d'Anjou sous Henri Plantagenêt et ses fils (1151-1204)*, Paris, 1938; Id., *Le gouvernement d'Henri II Plantagenêt*, Paris, 1956.

(131) J. Boussard, *Le comté d'Anjou sous Henri Plantagenêt et ses fils*, p. 72.

(132) *Ibid.*, p. 72-86.

第一話　聖モリーユ

解題

聖モリーユは三三六年頃、イタリア、ミラノに生まれる。フランスに渡り、トゥールの町で司教聖マルタンの弟子となり、聖職者の道に入る。間もなくして、偶像崇拝の一大拠点となっていたロワール河畔、シャロンヌ・シュル・ロワールに居を移し、約四十年間異教の寺院を破壊し、神木を切り倒すなどして布教に専念し、小修道院と教会をそこに建立する。四〇七年頃聖マルタンの指名を受け、市民によってアンジェの町の司教に選ばれ、四三〇年頃没している。祝祭日は九月十三日となっている。彼は町の守護聖者で、とくに漁師と庭師によって崇敬されていた。従って、絵画では鍵をだき抱えた魚が鋤《すき》と一緒に描かれている。

聖者の名前のフランス語表記は Maurille、ラテン語表記はマウリリウス Maurillius となっている。

伝記1は六二〇年頃、アンジェ司教聖マンブゥフ——彼の伝記と奇蹟譚は本書に収録されている——によって執筆された。伝記2は九〇五年頃アンジェ司教レノンの要請を受けて、助祭アルシャナルによって編纂された。また、奇蹟譚は十世紀後半、アルメールによって編纂された。伝記1の底本には *AASS*, Sep. 4, p. 72-75、伝記2の底本には *MGH.AA*, 4 (2), p. 84-101、奇蹟譚の底本には *AASS*, Sep. 4, p. 76-78 を使用した。

聖モリーユの伝記は十世紀初頭までに四つあったと思われる。最初がジュスト版、次がそれを参照したマンブゥフ版、三番目がフォルテュナ版または偽フォルテュナ版——これらがマンブゥフ版であった可能性が残されているが——、最後が三番目を批判して書かれたがアルシャナル版で、このうち伝存するのは第二と第四である。伝記はどうして更新されたのか。伝存する二つの版を比較すると、新版での三箇所における節の組換えと一節の追加を除けば、両方とも三十節からなりそれらの順序もほぼ同一で、そこで扱われている題材も殆ど変わっていない。相違は節の追加と作品の分量が倍近く膨らんでいることの二点にある。新版の作者は旧版の作者を何度か名指ししているが、そのうちの一度は次の奇蹟の割愛を強く批判している。聖モリーユが不妊の女性に子供を授けた奇蹟は双方の版で語られているが、追加された長大な節では聖者が聖務に集中しすぎてその子供の夭折を放置し、七年間の苦しみの放浪のあと、奇蹟によって生き返らせたことが詳述されている。二点目の文章量の増加であるが、それにはそれなりの理由があったと考えられる。なぜなら、奇蹟の真正性を補強するために地名が加わり、病状が詳細になっているのに加え、遠隔地商人の目的地が記され、新しく発掘された諸事実が追記されているからである。従って、司教モリーユの聖性を高めるためにアルシャナルが採った方法は奇蹟の数を増やすことではなくて、先行する伝記の形式を尊重しながら、それぞれの出来事をより詳細な記述によって内容を豊かにすることで、同時代の読者により分かりやすいものにしようとしたのではなかろうか。他方、奇蹟譚には、不思議なことに、五つの奇蹟しか取り上げられていない。しかし、この作品は遺骸奉遷を中心に展開されていることから、全部で五つの奇蹟はそれとの関連で起きたと考えられる。

伝記からは、四世紀後半から五世紀初期にかけてのゴールの諸側面を知ることができる。まず、異教との戦いがキリスト教の大きな課題の一つであったようである。次に、ロワール川を始めとするフランス中・西部を流れる、三つの主要河川が言及され、それらを利用した人と物資の頻繁な往来、奴隷交易の広域的ネットワークの存在などが確認できた。これと関連して、五世紀初期の都市アンジェにおける潤沢な生活物資と物価の安定が強調されていて、ローマ帝政末期における大都市の混乱は確認できない。しかし、これらの繁栄は通説と対立しており、更なる検証が必要であろう。

伝記1

序文

キリストの名において、わたし、罪深い男ではあるが、アンジェの教会の司教マンブゥフは、司祭ジュスト[1]の書物を参考に、司教で証聖者である聖なる人モリーユの伝記を、わたしの司教叙任の十年、わたしたちの支配者であるシルペリク王[2]の息子、クロテール王[3]の在位三十六年、父の如き誠実さと兄弟の如き愛でもって、わたしの教養のなさがそうさせるのであるが、可能な限り簡潔にして平明に叙述することにした。

主の恩寵が主の敬虔な聖者たちにおいてなされるすべてのことをまったく無視して語らないでいることはできない。天上において永遠の富を得るため、心貧しい者たちはキリストのためにこの世の儚《はかな》い物事に重きを置くことなく、地上において神の賛美のなか信仰深き人々への称賛を高くする。それゆえ、彼らは涙の中で称賛し、喜びの中で畏怖するのである。

本文

1　それゆえ、福者モリーユ[4]はユリアヌス帝[5]治下キリストへの愛のために、地上の故郷を捨て、謙虚な、追放された者としてゴール[6]に到着した。彼はすでに読師[7]の役職に就いていたが、聖なる清貧の道を歩むことにした。つまり高貴の家柄の出で、父親は死んでしまっていたので、生き残った母親を、ミラノ[8]の町で所有していたすべての財産――これらは、彼が有名な家柄の出身であった証しであるが――と共に残した。そこで、徳性において非常に輝いていた、トゥール[9]司教の福者マルタン[10]の許に行くと、彼は喜んでモリーユを迎えいれ、彼を副助祭、助祭に叙任し、その後司祭の職務を委ねた。また同福者は常に一緒に教会の業務を監督するために彼を引きとめたかったが、その際彼から同意を得ることができなかった。そこで二人は互いに抱擁し合い、悲嘆に暮れながら別れた。そしてモリーユは何よりも孤独の居住を愛したので、自分の道を進んだ。

2　神の人モリーユはアンジェの都市管区内、ロワール川沿いにあるシャロンヌ・シュル・ロワール[11]と呼ばれる土地に非常に古い寺院があることを聞くと、その不信仰の火口《ほくち》を徹底的に破壊すべく、直ちにそこに赴いた。そこで長い間説教と禁欲を重ねたあと、彼は力に満ちた大いなる祈禱によって、明らかに天から降ってきた火がその寺院をそれに付属する礼拝所と共にたちまちのうちに食い尽くすことを主から獲得した。それは預言者聖エリヤ[12]の古い奇蹟と同じようで、神聖な祈禱によって神の熱意を不信心者の中に呼び覚ますべく、彼は神の火が天から送られてくるよう要請した。それゆえ神の力によってその地が浄められると、キリストの忠実な下僕はそこに教会を建て、同時に村を作った[13]。彼は司教の職に就くまで、そこで生活した。他方、主が彼を通してその後そこで如何に多くの奇蹟を行なったかをすべて明らかにすることは、貧弱な表現力から、わたしたちにはできないことである。しかし、わたしたちの非力でも十分可能であるならば、主の称賛といと聖なる証聖者に対する尊敬から、非常に多くの奇蹟の中からほんの一部を取り上げようと思う。

3　ポセ[14]のウィラ[15]に、長い間両手が痩せ細ったサテュルナンという男がいた。彼は健康を取り戻すために、神の福者モリーユの許を訪れた。そして、彼の徹夜の祈禱に一晩同席した。夜が明け、福者の足元にひれ伏し、自分の軽信が招いた行き過ぎた瞞着を悔い、十字の印を自分の手の上にしてもらうようお願いした。十字が切られるや、たちまち健康を回復し、長い間拒否されていた働く権利を獲得した。それから程なく、見るがいい、何年もの間悪魔に悩まされ続けていた、そしてその横暴な敵意によって盲目にされてしまっていた婦人が、信仰篤い人たちによって主の聖者のもとに連れてこられた。福者が自分の前に現われたこの婦人を見るや、悪魔は直ぐに彼女から逃げ出した。同時に健康な精神も戻り、そして彼女の両目も、敵の力が奪い取っていた光を取り戻すと、その女性は少し前に捨ててきた彼女が住む公領に帰っていった。

4　数名の牧者が徹夜しながら、草を食《は》む家畜の群れを熱心に見張っていると、その中の一人が知らないうちに蛇に咬まれた。やがて毒の力が身体の中に入りこみ、仮死状態に陥った時、すでに周辺地域で力をもつ医者として知られていた聖者モリーユのもとへ絶望状態で連れ行かれた。聖者は四肢が腫れあがっているその少年を見るや、彼の口の中に自分の唾を吐き出した。するとたちまち病毒は逃げ去り、健康を回復した。こうして、かつて蛇が使徒聖パウロを咬んだが、死にまでは追い込まれなかった如く(16)、使徒の人モリーユの不思議な力が功を奏し、蛇がこの少年も死へ追い込むことはなかった。

5　同じ地域に、長い間不妊の婦人がいた。彼女は以前貞潔のために母となることを遅らされたが、しかし必要に促されて、聖モリーユの許を訪れ、子供を授けてもらえるよう、自分のために主に祈って下さいと頼んだ。そして、その子供はこの教会で心から神に仕えることになるであろうと言った。主は自身の下僕モリーユの願いを聞きいれた。この女性は妊娠し子供を産んだ。その子は両親の希望に従い聖職に就き、長い間このシャロンヌ・シュル・ロワールの教会で仕えた。正しく、次の言葉は首尾一貫している。つまり、「主の恩寵によってハンナからサムエルが生まれ、彼は神の司祭と預言者として寺院で仕えた(17)。」と。その子もそ

うしたのである。彼は、さらに、福者モリーユを継いで司教になり、アンジェの司教座教会を指導したのである。(18)

6　このシャロンヌ・シュル・ロワール村の砦の傍に、長い間プランセ(19)と呼ばれる丘があって、いろいろな偶像を祀る祠《ほこら》で覆われていた。聖霊の啓示を受けた福者はその霊による悪行を打破する時が主によって自分に与えられたと判断するや、その場所に急いだ。彼がそこに着くと直ぐに、悪魔たちが銅像の中で、「モリーユよ。なぜお前はここにいる我々を追ってきたのか。お前から逃れる所はどこにもないのに。」と叫び始めた。これに対して、福者は仕事を速め、有毒な悪意の大抗議にまったく動揺させられることなく、そこにあるいろいろな偶像から集められたものすべてを火で焼き、その傍に修道院を建てたが、それは今日に至まで、わたしたちの主イエス・キリストの栄光と広く知られた証聖者モリーユの記念のために存続している。

7　クレマンという名の修道士は四日熱で三年間ずっと苦しんでいた。結局、彼はいと聖なる人に聖なるパンを求めた。福者が喜んでそれを彼に授けるや、その病気は煙の如くゆっくりと消えていき、そして彼は健康を取り戻した。

8　いろいろな商品のほかに、捕虜となった人たちも売り捌《さば》いていた大商人たちが、ある日このシャロンヌ・シュル・ロワール荘を通過していると、まるで商品の如く連れてこられていたその捕虜の中の一人が教会に逃げ込んできた。その哀れな者を買い戻すために、福者モリーユは謙虚な代願者としてその男の主人たちの許に赴いた。すると彼らはこのへりくだったお願いを尊大にも拒否し、この逃亡者を無理やり教会から連れ出そうとしはじめた。しかし、その逃亡者は一層興奮し、「神の下僕よ。この捕虜を助けてください。」と大声で叫んだ。その時高熱がそこにいた仲間たちの誰よりも強情な者を激しく襲ったため、もう少しでその男の命がなくなるところであった。しかし、福者モリーユは慈悲深かったので、この不敬な者のために主に祈ると、彼は健康を取り戻し、捕虜も隷属から解放され、奴隷から自由人になった。

9　慈悲深きキリストに護られ、人々の使用に必要な品物を運んでいた船が昼夜ロワール川を航行していた。ある時、大量の商品を満載したそれらの一隻は、南西の風が吹いたため突然揺れはじめ、聖者が住んでいた修道院の下で沈みはじめた。船頭たちは死の恐怖と悲しみに打ちのめされ、一斉に叫んだ。その時、福者モリーユは彼らの声を聞いて最初は動揺したが、直ぐに信仰の徹底さによって大胆になり、嵐に逆らった遭難者を救助すべく出ていった。神に祈るや、神の力によって、危険に瀕した人たちに平静が取り戻された。無傷の船頭たちは、それまで進んでいた航路を最後まで終えた。

10　人間の病気を治すために、神の人は仔ロバを持っていて、いつも謙遜な御者としてそれに乗っていた。ある夕暮れ、暗闇が昼間の明かりを包み込もうとした時、不届きな掠奪者はこっそりとその仔ロバを彼から盗んだ。しかし、このような神聖さを汚す行為を働いたこの不運な男に何が起こったというのか。悪魔に取りつかれて一晩中逃げ回ったが、何も成功せず、苦労は報われることなく、放浪者として軽蔑されてしまった。夜が明けるや、神の力によって、彼はその聖者のもとに仔ロバを連れてきた。神の聖者が彼を見ると、悪魔は彼から直ぐに去っていった。一旦泥棒は逃げたが、いと慈悲深き審判者はその犯人を泥棒とは見なさず、彼を仔ロバの番人として、金貨三枚を与えた。こうして動物を受け取ると、その男を罪から免れた者として、故郷に帰ることを許した。

11　高貴な元老院議員家系の出であるアメリアという婦人が長患いに罹り、十二年間病気は毎日重くなる一方であった。そこで彼女の両親は彼女を訪ね、天上での報酬を得るために、彼女のもとにやって来てもらいたいと頼むために、福者モリーユに会いに出かけていった。司祭は「お前たちは、わたしが病気のときに見舞わなかった。」[20]との、審判者である主の言葉を恐れて、両親と共に彼女のもとへ走った。そして家に入ると、祈りながら自分の手でオリーヴの油をその病人に注いだ。たちまちこの婦人は自分の足で立ち、無傷の者として神に感謝した。なぜなら、彼女は聖モリーユを介して最も速く健康を回復したのであるから。彼女はそれまで自分の財産の多くを薬に注ぎ込んでいたが、それからは如何なる救済も得られなかったのみならず、より一層悪くなり、いつも病気の悪い影響のもとにあったのである。

12　主の人モリーユがシャロンヌ・シュル・ロワール村でこのような生活と奇蹟によって輝いていたとき、アンジェの町の司教職に、司牧者を欠く事態が発生した。そのため、慣例に従って、司祭たちが一箇所に集められ、市民全員が集合し、代わりの司教を立てるべく一丸となって、彼らの中の誰が司教職を引き受けることができるかについて、相互にあれやこれやと言いはじめた。しかし、好みの有害な不一致によって種々の意見に分かれ、話はまとまらず、一つに落ち着くことができなかった。なぜなら、預言者が「人間の計らいをそれがいかに空しいかを。」（詩篇、94・11）と言っている如く、それは神によるものではなかったから。それは真の司牧者が選ばれてきたのではなくて、その役職にイエス・キリストのではなくて、彼ら自身の利益が求められてきたからで、滅びてしまうため、主の仔羊の群れとして一体化することができなかったから。

13　それゆえ、彼らは黙り、対立した状態で会議が続けられていると、見よ、キリストにおいていと聖なるトゥール大司教聖マルタンがこの選挙のために心配して駆けつけ同席した。と言うのも、彼には神聖さの徳と首座大司教の特権とによって、司教を選出する権限が備わっていたのである。そして彼は彼らに「兄弟諸君。わたしの言うことを聞いてもらいたい。神によって選ばれるので、その人はあなた方にとって不快な人ではないでしょう。シャロンヌ・シュル・ロワールの教会の司祭モリーユが、神が命じており、あなた方の司教になるでしょう。」と言った。審判者のかくもの権威によって、諸派の要求は押さえ込まれ、遅滞のすべては後回しにされ、好むと好まざるとに拘らず、町に連れてくるようにとの伝令を受け取るや、使者はモリーユのもとに向かった。一方、モリーユは殊のほか温和で、その他の徳性と同様、聖なる従順の贈り物にも恵まれていたので、命令を無視せず指示に従った。アンジェの町に入り、教会の中で大勢の市民が見守る前で、主の恩寵を明らかにすべく、彼の頭上に一羽の鳩が舞い降りてきた。これを見て、すべての群衆が福者マルタンの膝下に平伏し、モリーユは人々によって選ばれたのではなく、神によって明示された司教であり、彼こそが司教職に相応しいと大声で叫んだ。これに対して、神の人マルタンは聖なる祝別を与えるために彼の頭の上に手をかざすと、再び鳩が旋回してその祝別の開始を祝した。その後のことであるが、福者マルタンは確かに聖霊と天使の一隊がモリーユの祝福に駆けつけたことを喜びのうちに何回も思い出したのである。

14　こうして、モリーユは仔羊たちの牧者、主の使徒である聖職者の一人として選ばれ、そして主の使徒を介してそれまで行なわれた奇蹟に劣らない奇蹟が彼を介して行なわれたほど、多くの徳性の力を備えていた。すなわち、言葉のみによって悪魔を追い出し、病気に苦しむ人々を祈禱だけで癒したのみならず、盲人には光を返してやり、身体が麻痺している人たちには身体の安定を取り戻してやった。このほか、彼の奇蹟には、記録されてはいないが今日でも人々の口にのぼって祝されているものが沢山ある。従って、彼は、生活における使徒的簡素さと心の純真さによって、主の教会の中で光り輝いていたのである。古くからの敵が彼に委ねられた仔羊のどれをも、その群れの中にいる限り、致命的な攻撃によって傷つけることがないように、彼はすべてキリストに仕え、昼夜とも間断なく彼に委ねられたキリストの仔羊の群れのために、徹夜の祈禱と慈悲の中に身を置き、天の武器に身を捧げていた。

15　使徒聖ペテロの教会堂でいつものように徹夜の祈禱をしていると、母親の胎から光を奪われて生まれてきた盲人が、神の下僕によって光を取り戻してくれるよう涙まじりに懇願してきた。そこで福者モリーユは生命を与える十字の印を彼の目の上でするると、血液が現われ、たちまち光が入っていった。この男はこの教会堂に身を捧げ、終生心から仕えた。そして、神の下僕モリーユの奇蹟の見事な証人となった。

16　公衆の面前で起きたことも、看過されるべきでない。人間の欲望はあちこちに存在するものである。ある農夫は日曜日に斧を握って、傲慢にも自分の手を使って農作業を始めた。たちまち天の罰が彼を罰し、手はその斧から離れなくなった。五月後、彼は聖モリーユのもとに駆けつけ、自分が受けた苦しみを示し、自分の罪を白状した。聖者は斧の把手から離れない手を哀れみ、それを自分の手の上にのせると、呪われた手は解かれ、以前そうであった様に、健康な使用へ戻された。この男は神によって罰せられ、神の下僕によって浄められて帰って行った。

17　次のことも、わたしたちが黙過するという怠慢によって忘却の中に追いやられてはならない。それは別の機会に、同じような形態をとって、奇蹟が行なわれるからである。ベルジクという名の男が自分の奴隷たちに対して、非情と貪欲に唆《そそのか》されて、復活祭の初日に自分の耕地を整えるよう命じた。無情な命令に従わされたその家僕たちが有害な草を取り除きはじめると、すでに貪欲によって心は盲目になっていたのであるが、直ちに彼らの主人は失明に襲われた。やっとのこと、自分の不敬と不遜の悔悛者として、耕地から外に出てくると、もう臨時の仕事をして耕地を整えなくてよいと奴隷たちに言った。この不幸な者は自分が何をしたのか合点がいかず、また何に違反したのかも分からず、結局家に戻るために、手探りして帰り道を探しはじめた。三年間この失明の状態で過ごしたが、聖モリーユが人々の祝福のために司教管区を巡回していた時、ベルジクは長い間罰を科され、すでに信仰の火で少しは熱くなっていたので、司祭の服に触れることができるかと尋ねた。そうすると、彼は神の司祭を介して自分の怠慢によって失っていた目の光を取り戻した。

18　いと聖なる司教の地上における存在から、アンジェの市民全員に大いに役だったことも人々の間で忘れ去られてはならない。聖モリーユの司教叙任から死に至るまで、かくもの豊穣がアンジェの町を満たし、そのため中央広場において食品の価格が小さくなったり大きくなったりすることはなかった。すべての人々の倉庫は小麦とブドウ酒の豊かさで一杯であった。なぜなら、戦争はなくなり、平和がこの土地の繁栄を増していたので。そしてその他の徳性と良き習慣のお陰で、また良き牧者が使徒の忠告と手本でもって彼らを教導したことで、慈善がすべての市民を満たした。

19　コモニクス地方[21]に、雑多な種類の木々が茂る突き出た一つの岩山があった。そして、そこではこれまで異教徒の祭りに関する習慣が維持されていて、毎年大勢の愚かな人たちが集まっていた。そして、七日間そこで酒宴が催され異教の歌隊が連れてこられ、瀆聖の儀式が繰り広げられていた。しかし、ブドウ酒と食事の後、人々が頻繁に立ち上がると、斬り合いが起こり、多くの人々の血が流れた。これを嘆いた司教モリーユは、ある日彼の忠実な仲間たちと一緒にそこへ赴き、一晩中祈禱に没頭した。神の人が彼の仲間たちとそこに住むことが殆どできないほど耐えられない悪臭が、ゴール人たちの歌によってその場所から出ていたのである。しかし、すべての者が彼の印に触れると、異教徒と悪魔の悪臭は明らかに追い出され、そして農村に住む人々の群れがその迷信を破壊すべく動いたため、夜が明けるや否や、聖なる司教は木を切り倒させ、それを火で燃やすよう命じた。そして、そこには栄光に満ちた聖母マリアの教会が建てられ、迷信の遵守から使われていた旧《ふる》い地名は廃止され、その地は自然の景観からカストルム・ペトラエ[22]という名前を頂いた。

20　福者モリーユが兄弟たちへの訪問のためにル・マン[23]の町に呼ばれ、平和のうちに会議を済ませてそこから帰る途中、ポンリュウ[24]と呼ばれる所に子供がいて、その両親は彼をここを通る聖なる司教に会わせた。その子供は四肢の関節すべてを、ぐるぐる巻きの糸毬の如く覆っていて、硬直した状態で置かれていた。哀れな両親は福者である司教に向かって、不幸な子供のために、自分たちを哀れんでくださいと大声で訴えはじめた。思い遣りの心がなかったわけではないし、市民の願いにせき立てられても、いつもの慈悲が要求し、主の意思が指し示すこと以外のことを、司祭はすることができなかった。平伏して長い間祈禱した。彼は祈禱しつづけ、それが始まって間もなく、硬直した四肢が徐々に伸び始めた。血管がその流れを知覚し始めた。その子は司教の手を握って、直ぐに立った。喜んだ両親は元気になった子供と一緒に、主を讃え、栄光に満ちた司教の力を説きながら、家路に就いた。

21　福者がロワル川[25]に到着すると、そこには如何なる船も用意されておらず、すべての船が向こう側の岸に繋がれているのを知った。ぐずぐずしていなかった。人間の導きなしで、全員が同時に川を渡って対岸に着いた。神は万物の見事な統御を通して、かくも迅速に船による運送を彼に準備してくれたので、神の人は神に感謝した。他方、遅れてやってきた船頭たちは起こった出来事を知って茫然としていたが、神の人は彼らに自分たちの役目を果たさなかったが、運賃を与えた。

22　聖者はゲルキアクス[26]という荘園を、捕虜、寡婦、孤児と同時に彼の兄弟たちである聖職者に食料を提供するために、母教会の財産としてお金を出して購入した。ある日その荘園を巡回していると、狂った雌の仔牛がいて、出会うすべてのものに狂った角を向けて襲いかかり、聖者に向かっても恐ろしい唸り声を上げて、ぐるぐる回りながら突進してきた。神の聖者は大胆にも彼の右手を伸ばすと、悪魔がその仔牛の頭からカラスの姿をして、まるで霧が消えるかの如く、その場に居合わせた人たちの多くが自分の目で見ている前で、逃げ去った。やがて馴らされた若い雌牛は、まるで仔羊の如く狂暴性が鎮まると、牛の群れの残りのものたちの仲間に戻った。

23　ある時、福者モリーユがマイエンヌ川(27)を船に乗って流れに沿って下っていると、水嵩が増して船が沈みはじめた。そして、徹夜によって疲れていた神の聖なる司祭を眠気が襲った。仲間たちがやってきて、「これは何ということですか。あなたは何をしているのですか。やがてわたしたちは死ぬのですよ。」と言いながら、彼を起こした。彼は慈悲深く答えて、「兄弟たちよ。あなたたち自身でこのようにすることができたのに。」と言った。聖なる液体が入っていた小瓶を受け取ると、祈禱しながらそのオリーヴ油を流れに撒いた。すると波は鎮まり、たちまちにして静けさが戻った。

24　ある日、たまたま司教の聖モリーユが留守をしていると、教会の家僕の一人が激しい熱病に罹った。彼は教会の至聖所に運ばれた。そして、そこで仲間たちの目から、嘆息と喘ぎを伴った涙が彼の上に流れ落ちた。彼は洗礼志願者であった。神の意思に従って直ぐに駆けつけた福者モリーユは、彼が死の最後の瞬間に臨もうとしていることから、全員に外に出るよう命じた。福者はただ独りその子供と残ったが、最後の息でもって辛うじて脈を打っていたに過ぎなかった。神の下僕は一時間一緒にいたあと、見よ、神からの素早い贈り物によって完全な健康を取り戻して喜ぶ子供を連れて教会から出てきたではないか。

25　哀れむべき傷で醜くなっていた二人の癩病者[28]を、神の聖なる告白者モリーユは言葉だけによって治した。すなわち、信仰篤き牧者は食物の施しを要求する彼らを、彼らが求めるよりも遥かに大きな慈悲で哀れむと、たちまち皮膚の傷は元通りになり、彼らを望めなかった健康な状態に戻した。

26　魂の救済と清貧の手本のために行なわれることを誰が進んで聞こうとはしないであろうか。神聖な四旬節の日が来たが、彼には食べものとして、彼が自分で粉にした大麦パンが少しだけあったに過ぎなかった。それは善行への意思がそうすることを要求していたからである。塩と水を加えただけで、彼はそれを最高の食事と考えていた。だからと言って、痩せた人の顔色をしてだらだらすることはなく、顔色も青白くなく、身体を酷使するが言うのも不思議なくらい頑強で、顔色も赤みがかっていて輝いていた。精神の健全さは、ある程度、強壮な身体に宿るということである。それゆえ、彼が乗る船の疲れを知らない帆は、彼が生きている間、その帆脚索を大衆に向かって張っていた。彼は粗布で自分の肌を熱心に擦った。しかし、言われている如く、活発な身体の魂はキリストにおいてより一層強くなるのである。

27　神の教会の創建に際してなされた奇蹟は、近隣諸地域のすべてに知れわたった。神の選ばれた人聖モリーユがある冬、彼の仔羊たちの要請で、いつもの様にサヴォニエール村[29]に向かっていると、死の現場に出くわした。遠い所から追放されたある巡礼者が突然死んだのだ。彼は棺に入れられ、すでに用意された墓に埋葬されて横たわっていた。哀れな人たちの群れが彼のために涙を流して悲しんでいると、司教が通りかかった。彼は、神の力がその下僕を介して不思議な結果をもたらすに至ったこと以外のことは何もしなかった。他の者たちは悲しんでいたが、慈悲深い牧者は死者の身体の傍に行った。一同が葬式のことについて話していると、主の司祭はより深く慈悲心に打たれ平伏して祈禱し、生命の源である神の名を長い間呼んだ。

一心に祈禱を捧げていると、まるで慈悲によって蘇った死んだ子供に関する預言者聖エリシャの奇蹟(30)の如く、死から蘇った遺体が起き上がったのである。

28　この聖なる司教は彼の司教在位の初期から死に至るまで、汚い食器、粗末な食事しか口に当てなかった。それはすべてにおいて、教会の掟を守るためであった。人間には不可能と思われることでも、信じる人々には、神が立ち会って下さることによって、可能となる。彼はすでに九十歳に達していたが、胃を悪くすることも、内臓の障害で苦しめられることもなかった。乾燥した地面は、その上に横たわる彼の四肢を痛めることはなかった。彼は身体において健全で、精神においてはより健全で、粗食と孤独を何物にも代えがたいご馳走と考えていた。つまり、この上なく賢明な人は町の雑踏の中に修道士たちの隠遁所を見いだしていた。彼の固くなった膝は、まるでラクダの膝の如く、自分の信者のためにいつもそれを曲げて祈禱するため、そのように固くなったと考えられる。わたしたちは、可能な限り、特に彼自身によって行なわれた、そしてこれまで隠されてきた彼の数えきれない善行についてほんの少しを、わたしたちが知り得たので、述べることにする。加えて、彼は自分の心の中で選び、取り、持ち続けたものを始め、そしてそれらをやり終えた。生活以外の共通の習慣の中で、厳しさ以上に喜びとするものはなく、喜び以上に厳しくするものはなく、笑い以上に悲しいものはなく、悲しさにおいてより甘美なものはない。彼は節制を説き、自慢の様子を外に見せず、言葉では何も言わず、黙ることでより雄弁になった。速く歩むことも、遅く歩むこともなかった。いつも同じ服装で、飾りを嫌い、服は質素であった。つまり、彼の服装は飾り気のないものであった。彼の規則正しい生活はそれだけで、謙遜でいることが不幸である華美、放縦、快楽に満ちた町において、善人が彼を称賛し、悪人は彼を傷つけようとはせず、聖職者は彼を限りない敬意をもって受け入れるに十分であった。

わたしたちが伝記を始めたその場所へ戻ることにしよう。

29　すでに福者モリーユはかなりの老齢で衰弱していて、望ましい死期が近くに迫っているのを感じると、わたしたちの族長である聖なるアブラハム(31)にならって、彼の墓地に二重の地下墳墓を作らせた。こうして、四十年間聖職の第二品級(32)にあって教会を監督し、三十年間司教の位にあった、敬虔な牧者は聖なる洗礼によっていただいた生命を九月十三日、キリストに返し、聖なる天使たちは歓喜し、天上の喜びの中に彼を迎え入れた。地上の谷間に住んだままで彼が残した子供たちは彼の欺きに悲しんだが、しかしいと敬虔な父は、彼の死に際して、いつもの力を見せることで、彼らを慰めると、たとえ死んだとしても、愛の表現を通して、見捨てることはなかったことがはっきりした。

30　こうして、聖者の小さな遺体が彼の墳墓に横たわらせられるために運ばれていくと、二人の視力を奪われた兄弟がその遺体に近づいてくるや、途端に目が見えるようになり、直ぐに他人に助けられずに、賛美しながら、聖なる葬列の先頭を進んだ。ある男が二十八年間重い病気でベッドに寝たっきりであった。尊い葬儀の時間に、やがて賛美歌を歌う人たちの声を聞くと、まるで鹿のように素早く、全くの不具であることを忘れて跳び上がり、聖者が運ばれていたその棺に達すると、以前の健康を取り戻すことができて驚いた。そして聖者が埋葬されると、神の力が彼の死の尊い墓を多くの奇蹟の印で輝かせた。そしてそこでは頻繁に奇蹟が起き、神慮により、キリストの聖なる告白者の力を介して、いくつもの精神的で肉体的な健康がもたらされた。栄光と賛美をもって生ける神の名前が、その人において、永遠の父と聖霊と共に、永遠に栄光がありますようにと祈るわたしたちの主イエス・キリストを介して、祝福された。アーメン。

伝記2

1（1）[33] 従って、モリーユはミラノ[34]の町の住民で、この上なく光輝に満ちた両親から生まれ、そしてその頃ミラノに修道院を創建した福者マルタンから、ほとんど赤ん坊のころから、聖書と自由学科についての教えを受けた。しかし、福者マルタンがアリウス派[35]キリスト教徒の裏切りによってその町を追放されると、聖モリーユは愛と、以前マルタンについて行くことを熱望した偉大な両親の命令で、その地の司教聖アンブロワズ[36]から読師の役職を引き受けるまでそこに留まった。その間、高貴さと勇気をもってイタリアのほぼ全域を統治していた彼の父は、人間共通の運命に先んじられてこの世を去った。他方、殊のほか誠実なモリーユは「わたしの名のために、家、兄弟、姉妹、父、母、子供、畑を捨てた者は皆、その百倍もの報いを受け、永遠の命を受け継ぐ。」（マタイ、19・29）という福音書の尊崇者で、母とそのすべての財産を取得する欲望を捨てて、その時皇帝であったユリアヌス[37]の御世にマルタンの許を訪ねた。このマルタンはまず同皇帝の文書作成に従事していたのであるが、その後彼の徳がローマ帝国のほぼ全域に広まり、人々に乞われてゴール[38]にあるトゥール[39]首座司教座教会を監督していた。モリーユは出来る限り彼と共にいて、常に神の奉仕に没頭し、その間マルタンに促されて、その他の聖職を引き受け司祭の喜びを味わった。司祭の職に就くと、修道士の間で誰よりも緊張した生活を送った。一人が一人の主人に従うことができたのであるが、マルタンの教義を完全に知り尽くし、祝福によって固められていたので、互いに抱擁し大いに泣き、望まないことではあったが、マルタンの許を去った。

2（2） それゆえ、神の貴い司祭モリーユはトゥールの町を離れると、もし可能であれば、彼が何よりも望んでいた孤独の生活を選び、アンジェの町に近づいていった。その町からほど遠くない、ロワール川沿いのシャロンヌ・シュル・ロワール[40]という名がその古さを想起させた村で、偶像崇拝に捧げられたとても古い寺院があって、非常に多くの人々に危害が加えられているのを聞くと直ぐに奮い立ち、そこでは土着の迷信が少なくなく伝承されていたので、その寺院を破壊すべくそこに赴いた。この寺院が修道院の地位を保っていたので、人間の力では取り除くことはできず、その寺院を破壊するには神の力しかなく、その昔預言者エリヤの求めで、天上から火を送り、五十人の不信心者たちを一、二度取り除いた[41]ことのある主に全神経を集中させて、いろいろな間違いによって人々の心が惑わされていた、悪魔に捧げられた寺院を、自分の力ではできないので、ご自身で破壊してくださるよう祈願した。やがて神の火が天から降って、彼がそこで見つけだしたすべての偶像と穢れたものをたちまちにして焼き尽くした。それゆえ、すべての穢れが取り除かれると、彼はそこにキリストのめでたい教会を建てた。そしてこの教会の奉献を確かにし、この地が後に村へと昇格することを定めた[42]。老年期に入って二度ほどそこで過ごし、多くの断食と祈禱に没頭し、熱心に主に仕えた。そこで主が彼を通じてどのような奇蹟をどれほど行なったかについて話すことは、わたしたちの能力を超えている。つまり彼が彼自身である限り、彼のすべての徳を秘密にしておくほうが良かった。しかし、全能者が自身の聖者たちを介して行なうことが人々の前で明らかにされ光り輝くことを命じられたので、モリーユが秘密にすることを望んだとしても、完全に隠すことはできなかった。それゆえ、わたしたちは神に帰せられる、彼の奇蹟の中から、少しではあるが、神が立ち会われ、間違いなく真実であるものをここに集めた。

3（3） 事実、ポセ(43)という名の荘園にサテュルナンという名の男がいた。彼は、自然の定めにより、彼の母親の胎から乾燥して痩せた両手をもって、この死すべきこの世に生まれてきた。彼は手の機能を奪われていたが、献身的な人々の変わらぬ手厚い養育によって成人に達すると、ある晩幻視を通して知らされ、「神の人モリーユのもとへ行け。そして彼に、聖なる十字の印をあなたの手の上で切るよう頼め。そうすれば、直ぐに健康を取り戻すだろう。」と言う声を聞いた。次の日、太陽が昇るや、彼は起き上がり、自ら急いでその神の人のもとへ向かった。この証聖者の足許に平伏し、全身涙で濡れながら自分の上に手をかざすよう哀願すると同時に、自分が見た幻視について彼に語り聞かせた。すると聖モリーユは、この上なく控え目な人であったので、長い間顔を赤くし、その日は夜も断食をし、地面に伏し、祈禱の中に主を捕らえ続け、この病人のために心をこめて祈った。やがて朝が来、この尊敬すべき司祭が十字の印を病人の手の上で切ると、血管は赤みを帯び、神経は真っすぐに伸び、彼はたちまち治った両腕を動かそうとして伸ばした。

4（3） それから程なくして、ナント地方(44)に住むある婦人が悪魔によってひどく悩まされていた。悪魔は彼女の身体を単に麻痺させただけでなく、ずっと前から光を奪って盲目にもしていた。彼女は二本の鎖に縛られて、信者たちの誠実さと献身によって、福者の教会に連れてこられた。次の日、この証聖者が彼女に聖なる光を向けると、やがて悪魔は彼女から逃げ出した。そして、聖なる十字の印を切ることに証聖者の信が加わることで、敵の力が奪っていた光をその婦人に戻した。鉄の鎖でくくられて、福者の教会に連れて来られたこの婦人は、悪魔から解放され、綺麗になって故郷へと戻っていった。

5（4） これと同じ時代に、ナント地方に住む羊飼いたちは彼らの領主の家畜を放牧し、何日間か寝ないで番をしたあと、いつも家に帰っていた。そのうちの一人が夜通し家畜を見張ることになっていると、夕方から苦しみだした。家畜の病気がたちまちこの子供の羊飼いのすべての血液の中に入り込み、身体も膨れ上がってしまった。彼に関しては、死以外のものは何も用意されていなかった。なぜなら、彼はすでに半死の状態で仰向けに横たわっていたからである。そこで残りの羊飼いたちは、信仰に動かされ、この病人を証聖者の前に運んで行った。これに対して、聖モリーユはこの病人を見つめ、使徒聖パウロが垂れさがった蛇を自分の指で火の中に引きずり落とし、如何なる不幸も経験しなかった[45]その信仰で満たされると、子供の身体全体をよく調べた。そして、彼の眼を天に向けさせ、蛇が自分の唾液に含まれた毒液を注入した小さな傷口に十字を切った。するとたちまち、身体のあらゆる部分から集められた毒液が、浸入したその箇所に流れてきた。こうして完全な健康を回復すると、意に反して遠ざかっていた、自分の領主のための奉仕へと無傷の状態で戻っていった。

6（5）アンジューのある非常に高貴な婦人は結婚の絆で結ばれていたが、結婚した時から不妊のままであった。子孫を得るために彼女は熱心に主に祈ったが、彼女の願いは決して叶えられず、年をとってもう子供を持てないのではとの絶望の年月を生きていたある日、全霊を込めて福者に頼ることにした。そして、自分はもう資格がないので、福者がその徳と執り成しによって自分の願いを叶えてもらえることを熱心に切望し、もし彼の願いによって年とった女が子供を産むことができたならば、自らを主に捧げ、永遠の願いとして、また全霊を込めて主にお仕えすることを約束した。福者はこの婦人の心と信仰と豊穣さを確かめ、主においては如何なるものも不可能ではないと確信した。主は願いを叶えてやるために、年老いたサライに子孫[46]を、そして祭司エリヤの希望で、後に預言者となる子供サムエルを、願いが叶えられたとして、不妊のハンナに授けたのである[47]。福者はその婦人に代わって主に祈禱することを承諾した。主はこの福者の願いを聞き届け、祈願する女性に胎児を授け、そして彼女は、約束していた如く、主に仕える者としてその子供を捧げた。福者モリーユがアンジェの聖なる教会の司教職に就いたあと、信者の信仰心を強固にすべく、主が彼を介してこの子供にどのような奇蹟を行なったかについて、福者フォルテュナは人々が余り信用しなかったので省いたのであるが、わたしたちはこれが真実で人々が長く記憶するに相応しいものと判断し、黙ってすませることをしなかった。しかし、彼が司教職に就いてから、主が彼のためにしたことなので、より相応しい箇所に掲載した。(48) 以下では、司教になる前に主が彼を介して行なった奇蹟を、順序だてて叙述することにする。

7（6） この福者が監督していた、そして誰もが勤勉に生活していた、上記のシャロンヌ・シュル・ロワール村からそう遠くないところに、プランセ(49)と呼ばれる丘があり、文字が刻まれた偶像が至る所に立っていた。これに対して、モリーユは、そこで数多くの魂の破滅が生じていると信じられていたその迷信がこれ以上長く残り続けるのを嘆き、ある日少人数の信者を集めて、この場所に向かった。偶像を倒すためにその前に着くと、そこに隠れていた悪魔たちは直ぐに、「モリーユよ。なぜお前は我々をここから追い出そうとするのか。この地方においては、我々がお前から逃れる場所はなくなってしまうではないか。」と叫びはじめた。敵対していた悪魔たちは、聖なる十字架を見せられると、たちまち大きな吠え声を上げ、悪臭を撒き散らすこともなく、逃走した。これに対して、モリーユはすべての偶像が集められるよう命じ、そして火を放ち、それらを灰にしてしまった。その場所をきれいに浄め、そこに立派な修道院を建立したのであるが、それはキリストの栄光と自身の証聖者の称賛のために、今も存在している。

8（7） クレマンという名の修道士は三年間ずっと四日熱に苦しめられていた。その病気は悪寒を伴った熱で彼を大いに弱らせていた。そして、彼には食物に対する恐怖心があった。熱で疲れはて、苦痛から胃の力が衰えていたのである。このような苦痛によって体力が衰え、この世での生活にまったく絶望していると、友人に忠告されて、福者の所まで運んでもらうよう命令した。福者に会ってよかったと思うために、彼は福者から救済の贈り物を授けてもらいたいと真剣に頼んだ。福者である司祭はいつものように祝福された贈り物を彼に差し出すと、その修道士を長い間苦しめていた病気が煙の如く消えてしまった。そしてやがて力をすべて取り戻した修道士は、他の人々に抱えられて福者のもとにやってきたのであるが、自分の足で帰っていった。

9（8）この出来事が起きた直ぐあと、大商人たちが運んでいたいろいろな香料や商品の山の中に、上等の若い男女の奴隷たちがいた。[50] そして大商人たちは彼らと共にスペインを目指していたが、ここを通る必要からか司祭に会うためにか、一行はシャロンヌ・シュル・ロワール荘を横切っていた。祝福された証聖者の居所の傍を通過していると、売るために連れてこられていた奴隷の一人が物凄い勢いで突進してきて教会の中に入り、涙を流して証聖者の足許に平伏し、神の愛のために祈禱かお金で、捕虜となって売られるためにこっそりと自分の国から別の国へ連れてこられる自分を取り戻し、傍に置いてくださいと祈った。彼の言葉と悲嘆に動かされた福者は彼の保護者になることを認め、司祭は敬虔な心から間を置かずに、捕虜に代わってその主人に頼もうと教会を出て、彼を隷属から解放して自由の身で故郷に返してやりたいので、自分に売ってくれるよう丁重にお願いした。しかし、奴隷の主人はこの上ない頑強さでそうすることを拒否した。そして、その奴隷を教会から直ぐに引きずり出すよう手下に合図した。手下はそれに応えて暴力を行使し、彼らの主人の命令を実行しようとしたとき、捕虜は大きな声を上げて、「神の下僕よ。あなたが自由の身にすべく、心からお願いしたこの私を哀れみ助けて下さい。」と叫びはじめた。これに対して、司祭は少しの間地面に跪《ひざまず》いていたが、再び立ち上がって天に向かって両手を広げ、「全能の神である主よ。苦況の中に置かれ、あなたの慈悲を信じている者たちを救うために、迅速な愛でもって来られ、私が膝を折ってあなたにお願いしているこの捕虜を助けて下さい。」と言った。この司祭の声で、あらゆる熱の力がこの捕虜の主人を襲い、主が助けに来る前に、その男の生命を奪い取ってしまった。その時、このような信じがたい出来事に他の人々は恐れをなし、地面が生きている人々を吸い込んでしまうのではと動揺した。そしてすべての人々は司祭のところへ行き、悲嘆に暮れながら、司祭の徳によって自分たちに慈悲、死者に命を得させるようお願いした。これに対して、福者は少なからず心を動かされ、自身が彼の死の機会または原因を作りだしてはいなかったことから、地面に平伏して大きな声で泣き、死者に生命を返してもらうため、何度も喘ぎながらキリストの名を呼んだ。そして死者に生命、捕虜に自由を獲得させるまで、地面から起き上がらなかった。最後に、傲慢が押し戻され、寛大に処理されたので、大商人たちは多くの贈り物でその修道院を飾った。福者はこれらのほとんどすべてを貧者のために使った。

10（9）その上さらに、人々の必要に促されて、ロワール川を介して商品で一杯の船が行き交っていた。それらがシャロンヌ・シュル・ロワールまで遡航したとき、突風で突然甲板が動揺し、旋回しはじめた。そして帆桁は粉砕され、今や上向きになった船首は波の間に突き出て、船尾は波の間に沈んでしまった。一方、打ちのめされた船乗りたちはこの突風の恐怖に慄《おのの》き、この世での救済に絶望し、船のすべての船具を投げ捨て、ただ死を待つだけとなったとき、突然大きな声で「キリストの人モリーユ様、哀れんで下さい。我々を助けに来てください。葬式の後に死者に生命を得させてあげたあなたは、キリストと共にこれが出来るはずですから。」と叫びはじめた。彼らの声を聞いて祈禱から立ち上がったモリーユは急いで海岸に行き、海に向かって十字の印をかざし、嵐が鎮まるよう命じた。やがて冷酷さが弱まり、風がおさまった。膨れ上がった波も静かな海面に変わり、静けさが戻った。それゆえ、無傷のままの船乗りたちは航海を再び始めることで喜びを味わい、救ってくれた司祭の判断によって助けられた彼らは、喜びに満ちて目的の港に着いた。

11（10） 福者にはいつもすることがあった。それは福音の掟を常に守ろうとし、そして神の言葉のこの上なく忠実な執り成しとして、ある時は教会、ある時は病人を熱心に巡回した。極度に疲労して体力がなくならないようにと、謙虚な乗り手として仔ロバを飼っていて、それでよくあちこちに出かけていた。ある夜、泥棒が繋がれているその仔ロバを大胆にも盗もうとしたが、不運なことに、そのロバを盗もうとしていたとき悪魔に取りつかれ、正気を失って一晩中うろつき回って笑い者にされてしまった。しかし朝になって、彼は正気を失ったままその仔ロバを連れて福者の家の門の前に現われた。彼が犯した罪はまず呼ばれた人に告白され、次に取りつかれた悪魔から逃げようとしたが、果たされなかった。しかし、福者は最初に悪魔払いの力でこの狂人を悪魔から解放し、そして仔ロバを返してもらい、すべての罪からこの哀れな男を解き放した。しかしながら、この泥棒に襲いかかった罪のすべては困窮に迫られてのことで、彼が犯した夜の不法行為のために、それ以前の願いが取り消されることはないため、司祭は彼に三枚の金貨を与え、自由に立ち去ることを許した。

12（11） 高貴で、財産においてこの上なく富裕で、そして元老院議員の家系から生まれたアメリアという婦人が重い病気で悩まされはじめた。十二年間彼女は耐え、ほとんどすべての財産を薬代に注ぎ込んだが、治癒の薬を得ることができなかった。そして人々は彼らの技術のすべての力を彼女により一層熱心に注ぎ込もうとしたが、彼女はより一層ひどくその不都合に苦しんだ。彼女の健康に絶望していた彼女の両親は墓に必要な土地について相談していて、「薬の如何なる力も、我々の死ぬ運命の娘には役立たない。」と言ったとき、彼女は友人たちに、「行って。行って。今直ぐ福者モリーユのもとへ走って行って。そして、私を訪問してもらえる約束を彼から貰ってきて欲しいの。その人を介してきっと自分は健康を回復すると強く信じているの。」と言った。そこで、彼女の両親と友人たちは、その女性のために、飛脚を先行させたあと、福者モリーユの許に行き、敬虔な願いとして「長い間病気で苦しんでいる娘を哀れんで、訪問してやって下さい。」と頼んだ。福者はこれを聞くと、「お前たちは、わたしが病気のときに見舞い…。」（マタイ、25・36）と言う主の祝福を思い出し、彼らと一緒に直ぐに出発した。彼が家に着くと、いつもの様に、先ず祈禱のために跪き、それから病人をよく見て、祝福されたオリーヴ油を受け取ると、それを婦人の四肢に塗った。その塗油の儀式が終わると、その女性は治癒して立ち上がり、たちまちにして、そしてそれまで不都合に悩まされることが全くなかったと思われるほどに、健康を回復した。

13（12）他方、福者がシャロンヌ・シュル・ロワール荘でこのような力と徳で輝いていたとき、アンジェの町は自分たちの牧者を欠いていた。町の市民、田舎の住民、そしてすべての貴族、さらに至る所から司祭たちも集まって、宗教会議を開き、彼らの中から司教職に就くべき人を探した。しかし、正当なことか、またはは貴族の移ろいやすい同意によってか、または金銭によってか、かくも最高の職位に選ばれた人たちは互いに異なる人を推薦した。従って、預言者を通して「主は知っておられる、人間の計らいをそれがいかに空しいか。」（詩篇、94・11）とか、「人間から出たものなら、自滅するだろうし、神から出たものであれば、彼らを滅ぼすことはできない。」（使徒、5・38－39）とか書かれている如く、彼らは一つの決定に達することができなかった。(13・始) こうして彼らはこのようなことを繰り返し、決めかねていると、突如、トゥール大司教座のいと聖なる大司教マルタンが到着したと知らされた。アンジェ司教を選出する権限に関しては、彼の方がより有利であった。ほとんどすべての人たちがこの人の判定を待った。そこで、彼は「兄弟諸君。良識ある意見を聞こう。そして待とう。神によって選ばれた司教に、その司教職を受け取らせよう。シャロンヌ・シュル・ロワールの教会の司祭であるモリーユがあなた方の司教になるでしょう。」と言った。彼らはこれを聞いて最初は驚いたが、モリーユの徳と力をすでに知っていたので、直ぐに始めの無知は遠ざけられ、やがて心と願いを同じくして一つの意見にまとまった。大司教の命令が受諾されるや、信頼された司教の権威のために、自分の教会から引き離されるのを望まない福者をマルタンの前に出頭させるために、使者が直ぐに派遣された。彼らは福者マルタンと共に教会の中に入ると、かくの如き司祭の徳が明らかにされるべく、神によって放たれた真っ白な鳩が降りてきて、彼の頭の上に坐った。これを見ていた大勢の人たちは、福者マルタンの声で一斉に跪き、声を合わせて心からモリーユが単に人々によってだけでなく全能者によって選ばれ示された、司教として最適の人物であると歓呼した。他方、モリーユはこのような奇蹟または祈禱に同じく感動すると同時にそれに従い、彼は謙虚でこの上なく温和であったので、その命令を軽視することはせず、その命令を果たすべく司教の職を引き受けた。すなわち、多くの人々が見ることができた如く、祝福される司教の聖なる祝別に際して、福者マルタンが彼の頭の上に手を拡げる度に、上記の鳩がいつも彼に近づいてきた。このような奇蹟によって、アンジェの聖なる母教会の司教にモリーユが代わって就任し、福者マルタンは彼の座に戻った。このいと貴きキリストの証聖者であるマルタンは、聖職者モリーユを祝別するさい、単に鳩の姿をした聖霊のみならず、天使の軍団もやってきていたとよく語ったものである(13・終)。

14（14）　このようにして、司教座聖堂内で司牧の仕事とキリストの仔羊の守護のためにモリーユが司教に叙任されると、彼の中で主の恩寵が赤く輝き、そのため以前使徒を介してなされたと同じほどの印と奇蹟が彼を介してなされた。すなわち、言葉によって非常に多くの悪魔たちを追い出し、ただ祈禱のみで病人を治し、更に盲人に対しては十字を切ることによって視力を回復させた。足の萎《な》えた人に対しては、真の医者の如く、徳を薬として、それ以前の身体の強健さを取り戻させた。さらに、彼の非常に多くのその他の奇蹟は、それらについては書き物によって詳らかにすることはできないが、それらはすべて真実であるため、なかったこととして済ませることはできず、多くの人々の口を通して称揚されている。このような神の人である司教モリーユは使徒のような謙虚さを身につけ、心の純粋さで澄み渡り、自分に委ねられたキリストの仔羊の群れに間断なく、徹夜と祈禱と断食で、主に捧げると同様に、自分のすべてを捧げた。それはまるで獅子の如くうろつき回る、古くからの敵である悪魔が貪り喰おうとしていた教会の一体性を守るためであり、彼に託された仔羊の群れから誰も、悪魔によって誘惑されて傷つけられたり、攫《さら》われたりされないためであった。

15（15）　司教の職を引き受けて間もなく、徹夜で祈り続けて一晩明かして、使徒聖ペテロの聖堂から出てくると、仔羊の中にいたある母の胎内から光を失って生まれてきた一人の盲人に出会った。福者モリーユの徳を通して、主から光を授けて頂くよう心から祈願すると、この福者である司教はしばらく顔を赤らめた。しかし、彼の目の上で十字を切ると、やがて苦しみを伴いながら血が流れはじめ、これまで持てなかった光を持つことが許された。しかし、この男は福者モリーユへの愛から、このペテロの聖堂に自らを委ね、その後ずっとそこで生活し誠実に奉仕した。

16　次の日、同じ使徒である聖ペテロの聖堂で聖なるミサを祝していると、死にかけた子供を抱いた婦人がやってきた。かつて福者が司教になる前、この不妊の女性に子供が生まれるよう、その徳によって神においてその子供を得させたのであるが、今度は彼女は神において持つべきとして彼が授けたその子供に、彼が死ぬ前に、手をかざすことによって、聖霊を宿らせてくださいとお願いした。しかし、キリストの身体と血による聖なる祝別で時間をとられている間に、その子供は死亡した。彼の死去の七年後に、主が自身のこの貴い司教モリーユを通して、この子供のためにどのような奇蹟を行なわせたのか、わたしたちはすでに言った如く、フォルテュナはこれを割愛してしまった。しかし、それらが真実であることをわたしたちは知っており、キリストの栄光と司教の称賛のために記述されるべきであるため、それについて黙することをわたしたちは決してしない。すなわち、わたしたちは、預言者の言葉によって、「天において、地において、海とすべての深淵において主は何事をも御旨のままに行なわれる。」（詩篇、35・6）、そしてさらに「神よ、あなたは聖所にいまし、恐るべき方。」（同上、67・36）であることを知っている。もしわたしたちは、信を得て、一人の人の命令によって、地球、月、そしてその他の星辰が一日にして不動のものとしてあり続けたこと、そしてモーセによる杖の一叩きで紅海が二つに引き裂かれ、ホレブ山の乾いた岩が途轍もなく大きな波を吐き出したこと[51]、そして恐怖に襲われたロバが、自然に逆らって、人間に理解できる声を作り出し[52]、そしてエリヤの懇願によって三年半の間空が閉ざされ雨が降らなかったが、エリヤが望んだとき、彼の祈りによって閉じた空が再び開かれたこと[53]を信じるならば、そしてより恐るべきことであるが、もしわたしたちはそれをわたしたちが信じるならば、より不思議なことであるが、人類の贖罪《しょくざい》のために、不思議で言葉では表現できない聖霊の働きによって、真の神にして処女から生まれた方が父の言葉を成就し、そしてその方が十字架の力によって死者の帝国を破壊したこと、そしてさらに最初から死せる者すべての父である神がこの世の終わりに、灰に変えられていた身体を、栄光または終わりのない罰のために生きるものとして瞬時に復活させたこと、そしてその方の栄光ある司教福者モリーユを介して、死亡から七年目に死せる子供を蘇らせたことを信じるならば、教皇である福者グレゴリウス(54)が「人間の理性がその証しとなるような信仰は如何なる意味も持たない。」(福音書講話、II・26)と言っている如く、わたしたちはこれらを十分に信じることができるのである。それゆえ、この奇蹟を頑《かたく》なに信じようとはしない人は、主はわたしたちがこれまで話してきたもの以外の多くの奇蹟を、聖者たちにおいてと聖者たちを介して起こされるし、必ずそうされることを、決して信用することはなかろう。

それゆえ、最高の福者であるモリーユは荘厳ミサの一節が終わると、神の恩寵が授けられることなくしてこの世を去った子供の死について深く考え、その原因を自身が思い止まったことに求め、取り返しのつかない涙でもって自分の不従順を長い間悔やみつづけた。それでは十分でなかったと分かると、それまで行なったことを長い間いろいろと心を戦わせながら考えた結果、単独で抜け出し、自分の故郷と市民を捨てない限り、市民の間にいては、かくもの怠慢の罪を十分に償うことができないと悟った。このような考えを得ると、アンジェの聖なる母教会を飾っていた聖者の遺物からいくつかの鍵を持ってこっそり抜け出した。海に着くと、海岸で待っていた全能の神の神聖な慈悲に導かれて、自身の死の日付を石に刻み、そして眼を上げて、歩み出した道を急いで行く人として存在しはじめた。さらに進み、なぜ聖遺物の鍵を持ってきたのかを考えたとき、人間の敵によって唆され、聖なる人の苦しみに苦しみを加えるかの如く、突然それらの鍵は手からずり落ちて水の中に沈んでいった。そのときモリーユは涙を流して叫んだと言われている。なぜなら、後になってことの結末が証明したことを認識したからである。彼が言うには、それらの鍵を再び見ることができなければ、逃げ出してきた故郷と町を決して見ることができないということであった。海を渡ると、なんとかして自分の正体を隠そうと服装を変え、地方の有力者の一人に近づき、自分は菜園師であると告げた。全く食べないでいることはできなかったので、断食、徹夜、祈禱で矯正すると決めていた身体が労働することで自分を養うためであった。彼がこの仕事の長として働いていたとき、主はその徳によって沢山の野菜を供給したので、全員に必要なものすべてをその中から十分に分配して、野菜は決してこと欠かなかった。そのため、非常に多くの人に気に入られ、そして殆どすべての人々に愛された。その間、アンジューの人たちは、かつて神慮によって彼らに与えられた司教がいなくなったため、小さくない恐怖で落胆し、多くの不思議な現象によって脅され、さらにはしばしば自分たちの司教をあちこちで探すように、そしてモリーユが見つけだされ、自分たちの教会に連れ戻されない限り、アンジェの町は早晩破滅するであろうと警告された。そこでこの地方のすべての貴族のみならず庶民の大勢が一堂に会して、満場一致で市民の中から徳と信に厚い四人の男たちを選んだ。かくも長い旅行の苦しみを引き受けるに必要な人たちに対して、要望に応えて費用が集められ、自分たちの主人を見つけだすまでは戻ってくるなと命令された。彼らは使者の任を引き受け、命令に忠実に従い、すべての司教座都市、城下町、村を回った。ヨーロッパ中をほとんど回って、数年後にゴールに戻ったのであるが、彼らが探し求めていた人を見いだせないでいた。神慮によって、今度は彼らはより短いが必死の航海によって、ブルターニュ(55)にある大西洋沿岸の港に着いたが、それは海の向こう側で見つけ出せなかった人をこちら側で探そうとしたためであった。それゆえ、海岸に止まっている間、引き受けた仕事を成就することができる船を待っていたのであるが、その時わたしたちが上で話した碑文が石に刻まれているのを発見した。そこには、「ここからアンジェ司教モリーユが海を渡る。」とあった。それゆえ、彼らはかくも明白な証拠に勇気づけられ、橋の向こうから無事に出発した。船が岸からそう遠くないところまで来たのであるが、風は穏やかで帆は下ろされ海も静かで、潮流の中程を安全に通過しようとしたとき、突然深淵から巨大な魚が現われ、船に飛び込んできた。神に感謝し、その魚の腹を切り開くと、モリーユが海に落とした聖遺物の鍵を、その魚の肝臓の中に見いだした。彼らはこれが何であるかを理解して大いに驚き有頂天になったが、これらの鍵と共にモリーユも遭難し、死んでしまったのではないかと不安にかられた。そのため、船の錨を下ろしてそこに停泊し、海から戻るために、船乗りたちはモリーユが死んだと主張していたが、彼らの各々は夜になって、主に帰せられる同一の幻視を見た。「恐れるな。旅程から外れるな。引き受けた仕事を完了せよ。確かに、あなた方の願いが長い間探求され、ここまで引き延ばされてきたのをあなた方は知っている。」と。そして実際、再び朝になり、各々が見たことについて互いに話し合った。それによって勇気づけられると、引き受けた仕事をより熱心にやり遂げた。次に起きたことは、天使に導かれて旅程を続けると、モリーユが一緒に住んだことのある有力者の家に辿り着いたということである。その中に入って、国王がいつものように呼び集めていた菜園師たちにモリーユについて訊くために彼の名前を呼んだ。それゆえ、モリーユが大声で叫ぶのを聞いていた菜園師たちの集まりの方へと進むと、彼が菜園師たちと一緒に走ってくるのを直ぐに見つけた。彼らが彼を認めると、大きな声を上げて彼の足元に平伏し、彼の不在によって最後の破滅以外には何も求められない自分たちの教会と町を救ってくださいと頼んだ。彼らの大きな嘆きに対して自分を偽ることができなかったが、びっくりしながらも涙混じりに、「私がなくした鍵を再び目にするまでは、私は自ら望みかつ誓い、どのようなことがあっても故郷には戻らないと決心した。」とはっきりと答えて、申し出を拒否した。しかし、彼らがその鍵を直ぐ見せると、彼らが海で見たこと、そして体験したことをすべて順序だてて話した。

その間に、このような出来事の評判が各地に広まり、国王自身の関心を引いた。すべての人々が驚き、今菜園師として目の前にいる人が殊のほか神聖な司教であることを知って尊敬し、多くの捧げものと贈り物で競うようにして彼を讃えた。それは、哀れな巡礼者として彼らの許に来た人が、幸福で金持ちとして故郷に戻っていくためであった。そのときモリーユは帰ってもらいたいとの願いと奇蹟に圧倒され、一層悩んで帰還を遅らせようとし、徹夜と祈禱によって眠らない夜を送る決意であったが、断食でとうとう疲れ果て、少し微睡《まどろ》んでいると、天使が彼に「起きろ、モリーユ。お前を求める人々の願いを今直ぐ聞いてやりなさい。見よ。お前の祈禱と徳によって、お前に委ねられた、そしてお前が彼らのために祈っている仔羊たちを主がお世話され、お前が長い間涙で訴えた子供をお前に返されたではないか。」と言うのを聞いた。これ以上、何を言う必要があろうか。朝になると、至る所から人々が集まり、大いなる敬意をもって彼は船へ連れていかれ、船梯子が引っ込められると、以前と同じ栄光のうちに故郷に迎え入れられた。こうして、故郷の町に戻ると、実際大勢の人々が見守るなか、彼は主の約束に満足して、直ぐにあの子供の墓へ向かった。墓が鍬《くわ》で掘り返されると、長い間胸を叩きながらキリストの名を呼んだ。ついに祈禱が涙で終わると、モリーユが祈禱から、子供は死から、二人して立ち上がった。この子供は聖霊の七重の恩寵によって祝福され、モリーユはことの経緯から彼をルネ(56)と呼んだ。この子供はそこで神への奉仕に身を捧げ、福者モリーユによって非常に熱心に教育され、多くの徳によって光り輝くことが約束された。その結果、モリーユが亡くなると、彼の後継者としてアンジェの司教座教会を獲得することになる。もし誰かがこれを理由のない作り話と見なすならば、アンジェの町に行きなさい。そこでその人は、父と聖霊と共に生き、いつの世までも全能の神として君臨するわたしたちの主イエス・キリストの立会いのもと、キリストの殊のほか尊敬された証聖者モリーユが無数の徳によって輝き、そしてそれに劣らず、彼の後継者である司教ルネ(57)が自身の奇蹟によって光彩を放っているのを確かめるであろう。アーメン。

17（16） それゆえ、聖職者の中でこの上なく神聖なモリーユは自身の司教職に復帰すると、それに続く日々に、司教の徳を明らかにすべく、ある人に起こったことで、フォルテュナが書き記していることを追記することにする。ある強欲な男は、諸悪の根源である貪欲に駆り立てられ大胆にも手斧を握って、日曜日にも拘わらず飽くなき労働者であり続けた。とつじょ神罰が下り、斧の柄が両手から離れなくなってしまった。しかし、その男は苦痛に耐えられずに、五月経って聖者モリーユを訪ね、自分が犯した罪について涙を誘うように打ち明けた。福者はこの男の深く後悔している様を察すると、聖霊に激しく動かされて苦しみはじめた。しかし、聖なる両手で斧の柄を触ったとたん腱は伸び指は真っ直ぐになってすべての苦痛は消え去り、完全な手が戻ってきた。こうして不信仰な労働者は全能者によって矯正され聖職者によって浄められると、幸福な者として自宅へと戻っていった。

18（17） 彼が司教である間、同様の怠慢によって別の人にも起こったことを書き記すことにする。名をベルジクという男は復活祭の初日に、自身の畑を整えることを大胆にも奴隷たちに命じた。これに対して、奴隷たちはこれに反抗し、祝日に奴隷に属する仕事をすれば、ご主人は神の意向に反していると言いはじめたが、彼らの主人はそうすることを彼らに強いた。しかし、畑に入り、ドクムギと役に立たないすべてのものを取り除こうとすると、ベルジクはやがて眼の病気で失明した。奴隷たちは始めた仕事を放棄し、すでに畑から出ていっていたため、主人は至る所をさまよい、加えて家に帰るために自分に手を貸す人を探しながら、仕方なく大声を出して叫んでいた。彼は実際三年間失明の状態にあった時、福者モリーユが自分に委ねられた人々の救済のために、これまでの司教たちがそうしてきた如く、村や町を巡回していると聞いたので、彼は治まることのない苦しみに促されて、この福者かその衣服に触らせてくれる準備をしてくれるよう、友人たちに熱心にそしてより真剣に願った。それに触らせてもらえれば、たちまちにして病気から回復すると信じたからである。準備の整った友人たちがそれに触らせてやると、やがて苦痛が和らぎ、福者の力によって、怠慢から失っていた光を受け取ることができた。ベルジクはこれまで行なってきたことを、以後二度と企てようとはしなかった。

19（18）　わたしたちは次のことを読み物の中に加えることが好ましいと判断した。それは福者モリーユが司教の役職に就いた時から人生の最後に至るまで、彼の徳性によって、アンジェの町が常に肥沃と豊穣において他を凌駕していたことである。ケーレス[58]とバッカス[59]の食料において公共広場が縮小されることはなく、全能の神の贈り物がその価値を減じることもなく、価格が高騰することもなく、貧しい人々が窮乏の危機に立たされることもなかったのである。実際、毎日の出費において貨幣の価値は同一であったし、モリーユの健全な業と説教によって、彼に委ねられた人たちの間に融和が強まり、今や冷めてしまっているあの称賛すべき徳である愛が至る所に行きわたっていた。戦争は終わり、平和は毎年拡大し、ブドウ酒と小麦がすべての人々の倉庫を満たしたので、取引において、それぞれの商品に応じた貨幣の交換は公正であった。

20（19）　他方、コモニウム[60]と呼ばれる地方には、雑多な種類の木々に覆われた、切り立った岩山があった。そこでは異教徒の儀式がまだ完全に根絶されておらず、愚かな人々の集団が集まり、彼らの神殿の祭典を毎年決まって祝っていた。その際七日間にわたって饗宴が開かれ、彼らは歌舞隊を引き連れ、酒を飲み、自分たちの祭典をまるで義務であるかのように行なっていた。しかし、それは酒を飲みながら、そして主として宴会形式で行なわれるので、騒ぎが起きて大勢の人々が負傷していた。のみならず、少なくない人たちがいつも喉を刺されて殺されていて、それが起きても、彼らは不可避の運命によるものだと拍手喝采していた。モリーユがこのことを知ると、直ぐに信仰深い聖職者たちを数名伴って、その場所に急行し、そこで断食と祈禱で一晩徹夜した。雄鶏の鳴き声と共に、聖者が仲間たちとそこに居続けることができないほど猛烈な悪臭がその場所から発生した。しかし、翌日の朝になると、それまでこの地の迷信を守っていた人々は自分たちが神の力に怯えているのを知ると、彼らは司教に反抗するのをやめ、司教と一緒にすべての木々を切り倒し、火で燃やそうと迫った。こうして、その場所は火によって浄められると、直ぐに聖者はそこに聖母マリアのための聖堂を建てた。ルペス・マルティス[61]又はルクス・マルティス[62]と呼ばれてきたこの場所は、カストルム・ペトラエ[63]の名称を頂くことになる。

21（20） 他方、同じころ、福者モリーユは兄弟たちを訪問するためと、いくつかの対立に平和を導入すべく、ル・マン[64]の町に呼ばれた。直ぐにそこへ赴き、対立者の間に平和が戻ると、帰途についた。ポンリュウ[65]に到着しようとした時、その土地の住民たちが、司教の祝福によって健康にしてもらうべく、彼の到着を熱心に待っていたのである。彼らの中に、一人の子供をもつ両親がいた。彼らの息子は心ならずも大病を患っていて、司教が通過することを知っていた道路の脇にその子供を置いて、「もしあの方がわたしたちの子供に救済を得させてやろうと思われれば、それができるお方です。あの方は埋葬後であっても、死んだ子供に命を取り戻させたほどですから。」と話していた。確かに、その子供は病による激しい痛みで身体を強張《こわば》らせて、両手足の腱が委縮し、まるで球のように丸まっていた。そのため、人間の体というよりも、糸毬のようだと思われていた。しかし、祝福の催促の中を司教が到着すると、全員が群れをなして彼の足許に押し寄せ、さらに声を合わせて、病気の子供を信仰の力によって哀れんで下さるよう一斉に祈願した。実際、神に仕える者は、人々が要望し、主が許したこと以外のことを実現することはできなかった。神に仕える者は直ぐに平伏し涙を流しながら祈禱に没頭し、いつも悲痛な気持ちでキリストの名を呼びながら祈禱から立ち上がっていたのであるが、今回もその前に、脛骨がねじ曲がってはいたが、子供の四肢の各々が伸び始め、関節に以前の屈折を取り戻していたのである。そして福者モリーユは祈禱から立ち上がり、子供の手を取ると、直ちにその子を健康な者として両親に返した。その子は数名の人々の手を借りて、横になったままで故郷に運ばれていった。こうして、福者モリーユは始めた旅を終えたのである。

22（21）　他方、ロワル川[66]の港に到着すると、そこには一隻の船も見当たらなかった。しかし、すべての船は川の向こう岸に繋がれているうえ、船を操っていた船頭も見えなかった。一行が待っている間対岸へ渡してくれる人は誰もいなかったので、突如、神の命令によって岸から遠く離れていたすべての船が、司教に従順であるかの如く、別の岸へ向かってきた。一行は全能者の恩寵を悟ると、船に乗り込み、神を唯一の舵手と漕ぎ手とし、船頭たちの協力なくして川を渡った。しかし、司教は駆け寄ってきた船頭たちに、まるで彼らの力によって渡ったかの如く、誠実な債務者として、要求されなかった船賃を手渡すように命じた。

23（22）　福者は教会の財産から、ゲルキアクス[67]の荘園を捕虜、寡婦、孤児の食糧調達、そして聖職者、貧者の援助のために役立たせるために購入した。ある日、そこである仕事をするために、兄弟たちと巡回していると、突然角をもった子供の雌牛が悪魔に唆されて、大きな声を出し、残忍な目つきで荒れ狂ってこちらを向き、猛烈な勢いで突進してきた。福者である司教がこの牛に向かって十字を切ると、たちまち悪魔がその頭からカラスの姿で出てきて飛び去っていった。そして、煙のように突如姿を消した。同伴していた信者の多くはこのことを自分の目で確かめることができた。他方、仔牛は羊よりも大人しくなって直ぐに自分の群れの中に入っていき、以後誰も傷つけたり、別の悪いことを企てたりすることはなかった。

24（23） ある日マイエンヌ川(68)を経由して、ロワール川を船に乗って安全に下っていると、モリーユは断食と祈禱で疲労困憊し、船の甲板で少し眠り込んでしまった。すると突然敵の悪魔が人間の姿に化けて待ち伏せし、流れが渦を巻いて盛り上がったため、船の縁が壊れて船が波間に沈んだように見えた。その時弟子たちは恐怖に慄き、「モリーユ様、早く起きて、最後の死の遭難の中に置かれた人々を助けて下さい。」と言って、福者を起こした。福者は目を覚ますと、彼らに「兄弟たちよ。あなたたちは私に求めることを自分たちで十分実践することができるのですよ。」と優しく言った。そこで、祝福された液体の容器が入った箱を受け取ると、祈禱と聖なる十字切りをしながらオリーヴの油を渦の中にばらまくと、風はおさまり波の山は小さくなり、荒れ狂ったその嵐はたちまち止んだ。人々は無傷であることに喜び、予定していたように港に到着した。

25（24） モリーユに委ねられた教会の信者たちの中にいて、洗礼を志願するある青年がモリーユが不在のとき、激しい熱病に罹り、聖なる泉による洗礼によって蘇る前に息を引き取った。程なくして、彼の両親が大きくて頻繁な溜め息と苦しみの涙でもって、埋葬場所を整えているとき、その遺体を教会に運び、福者モリーユに直ぐに立ち会ってもらおうと考えた。福者は洗礼を行なわずして、最後の儀式を行なうことはできないと判断し、苦しみの表情を浮かべた。聖霊を介して自分に力があると感じると、遺体が横たわっている部屋から全員黙って出るよう命令した。独りでその子供の傍にいて、いつものように跪いて呻きながら祈り、涙で地面を濡らした。一時間も過ぎないうちに、死んだ子供が息を吹き返し、手足が徐々に動くのを見た。直ぐに祈禱から立ち上がり、その子を生き返った健康な者として、扉の傍に立っていた両親に返し、聖なる洗礼で祝福した。

26（25）同じころ、多くの傷をもち顔の形が崩れた二人の癩病者[69]が救済の治療を福者司教に求めたとき、彼は主が彼らをお救いになるであろうと答えると、即座に言葉で治療し回復させた。

27（27）主がその聖者において行なったことは確かに説明しがたいが、全能のキリストの奇蹟そのものは信じがたいものではない。それゆえ、福者モリーユについて、単に主が彼を通して行なった一般的で日常的な奇蹟のみならず、個別で特殊なものまでをも適切に記述できる人はいるであろうか。そうではあるが、もう一つの、わたしたちすべてと他の多くの地方においても知られている不思議な奇蹟に関して、主が彼を通して如何に行なったかを付け加えることにする。ある悔俊の衣装をまとった巡礼者が冬の季節に、自分の心の薬を探しに多くの村や町を回っていたとき、その温情の評判を聞いていた福者モリーユの許を、彼から救済の言葉を聞くことができるため、他の巡礼者と共に故郷を遠く離れ、熱心な旅人として目指していた。しかし、彼の許に到着する前に、道中で突然の死が襲ってきて、その旅人は死んでしまった。何人かの巡礼者と近隣の土地から多くの人々がこの巡礼者の死を悲しむために集まっていた。そこに神の司祭として選ばれ、自分に委ねられた仔羊の必要を満たすべく一生懸命働くことを心がけていた人がサヴォニエール村[70]から戻ってくる途中で、その公正で聖なる巡礼者の遺体のある所に、この公正で、聖なるそして敬虔な司牧者モリーユが通りがかった。彼はいつもの様に、魂の放免のために、埋葬に必要な儀式を行ない、そこにいた人たちと一緒に説教を行なうと、言葉では言い表わせないことが起こった。すべての人たちの前で死者は生き返って立ち上がり、他の人々と一緒に神に感謝したのである。主がモリーユを介して彼を生き返らせたのだが、それはすべての人たちを茫然とさせた。それからこれが真実であることが確認されると、群衆は今の時代に埋葬の後で死者を蘇らせたモリーユはエリシャ(71)に比肩する者だと喝采した。

28（28）　上で述べた如く、モリーユの多くの御業はうまく表現することはできないが、しかし本当のところ、聖霊が彼の中に神の力を集め、そして奇蹟を行なうことを人間の感覚で理解できるものではないとしても、彼の毎日の仕事の中からわたしたちの物語の題材として、わたしたちの前進と模倣のために何かを記すことができるとすれば、誰がそれを聞かないでいようか。彼についてヨーロッパ全域、そして世界の殆どで公開され知られていることを、誰が口を閉ざして黙っているであろうか。それゆえ、福者モリーユは司教職に就く以前、ごく幼い時からすべての聖なる御業において自らを主に委ねていたとき、彼の司教就任から生涯の終わりまでの間で、彼の毎日の仕事について何か手短かに物語るため、主が命じていた聖職者としての決意を全うするために、「教会の掟に従って、備品は粗末、パンは切り詰め、水は少なく、食料は貧弱で、夕食は時々とる。」とある如く、彼はいつも粗末な食事、少しの水と質素な備品しか持たなかった。（26・始）聖なる四旬節が来ると、言われている如く、いつも苦労で痩せ細り、三日目の夕方に食事をし、生温い水、少しの塩、自身で回して粉にし、服従のために用意していた大麦パンを食べた。これらを最高の従順さと最高の喜びでもって享受した。この間ずっと彼は片方の足を粗布と灰で覆って、公衆の面前に晒すことをしなかった。しかし、身体の衰弱で怠惰になることはなかったし、青白い顔で現われたこともなかった。いつも身体は壮健で、彼の顔はバラの如く赤みを帯びていた（26・終）。実際、わたしたちが話すことは恐らく人々にはありえないことであっても、信じる人たちにとっては、神が傍におられることで、それらは十分ありえることである。さらに、福者モリーユはすでに老齢に達していた。その上、頭も歯も目も胃もそして身体のその他の部分も苦しんではいなかったし、内臓の痛みも激痛を伴うものではなく、広がる乾燥した大地は彼の身体を滅ぼさなかったし、そうではなくていつも身体は健康で、精神は一層健全で、両方ともいつも壮健だと思われ、人々の間にいて享受していた孤独を楽しみと見なし、市民の間にいた時隠者の孤独または修道士の乾いて息苦しい生活を望まなかった。すなわち、彼の聖なる肘と膝の中で、彼に委ねられた市民のために何度も祈るべく、丁度ラクダの膝の様に、何か固いものを丸めて包み込んだ様に見えた。すなわち、モリーユは選んだ善を捕らえ持ちつづけて離さず、それを完成させた。彼は自身の厳しさにおいてより喜び、喜びのためにより厳しくなり、笑い以上に悲しいものはなく、彼にあって悲しみ以上に甘美なものはなかった。彼はすべての言葉の前に黙し、沈黙の後に話すときも遅くもなく速くもなく、彼は止まると同時にいつも前進していた。さらに、彼にあっては世俗のものは無視され、服装は質素で、彼は服がなくても綺麗であった。

(29・始)それゆえ、幼年期から今の年まで、このような徳と力によっていつも光り輝き、そして彼の死期が直ぐ近くに迫ると、わたしたちの族長アブラハム(72)にならって、アンジェの町から遠くない、北方のある所に埋められてそこに眠る二層の地下墳墓を作るよう命令した。彼の願望と希望に従ってそれが完成すると、ある日曜日、いつもの様に荘厳ミサを終えると、軽い病いに襲われた彼は、彼に委ねられた聖職者全員を呼び集め、彼らに自分の死の最後の日を打ち明け、「わたしはこれから永遠の生の道に入る。わたしはあなたたちすべてに忠告する。愛徳を大切に。愛を守れ。貞潔を貫け。すべてに忍耐強くあれ。あなたたちはキリストの血の代償で贖《あがな》われたことを思い出せ。」と言った。さらにその間、周辺の各地から訪問したいと、アンジェの町が迎え入れることができた、または実際に迎え入れているそれだけ多くの人々の群れが、なぜかくも偉大な守護者がいなくなるのかと悲しみ、泣きながら集まってきた。教父たちの中にあって最も信仰深く、死の最後の瞬間にあってより献身的にすべての人たちを罪から解き放ち、祝福で固めながら、彼の人生の九十年目、司教在位三十年目、病気になって七日目、敬虔な牧者で博士モリーユは聖なる泉水の洗礼を受けたと同じ日の九月十三日、その場にいた大勢の人たちと賛美歌を歌う歌唱隊の前で、全能の主に命を返された（29・終）。

29（30） 彼の小さな聖なる遺骸が墓に運ばれると、母の胎から生まれた盲目の双子が聖者の小さな遺骸が埋葬される墓に触れるためにやってき、決して持つことがなかった光を、死んだ司教の徳がはっきりと示されることによって、たちまち取り返すことができた。

30（30） さらに、市民の中で身体が麻痺したある男が三十年間病床に伏していたのであるが、モリーユの遺骸を運ぶ聖歌隊の賛美歌を聞くと、病床から突然起き上がり、まるで鹿の如く誰にも止められないで福者モリーユの遺骸の所まできて、福者の棺に触り接吻すると、たちまち信仰に満たされ、これまでの健康を取り戻すことができた。従って、このような名誉の栄光の中で埋葬され、その各々が主において受け入れられるであろう。彼の毎日の徳性と奇蹟で彼の墓を飾り立てる間、主はすべての人々に、彼の埋葬後、彼と聖霊と共に生きるわたしたちの主イエス・キリストが傍にいて、神が永遠に栄光に満たされ続けることをお示しになった。アーメン。

奇蹟譚

1　天の王の真実を広めることは有益であり、その下僕を通してなされた王の偉大な御業を広く知らしめることは当然のことである。すなわちわたしたちは王の信者にして聖者たちの称賛すべき栄光を讃え高らかに謳い、同時にその言い表わせない力の証しを賛美する。人々の間に豊富にあるブドウの若枝は栽培者たちに多量の純粋なブドウ酒を用意すればするほど、それだけ流れ出た豊穣の贈り物がブドウの根に注がれる。神の言葉そのものが「わたしはブドウの木、あなたがたはその枝である。」（ヨハネ、15・5）、また「人がわたしにつながっており、わたしもその人につながっていれば…。」（同上）と言っている通りである。それゆえ、その方へ心を向ければ、わたしたちはよりはっきりと見ることができる。豊かなブドウの房はブドウの蔓の発育なくして、いつもの豊醇なブドウ酒を作り出すことができないと同様に、聖者たちの奇蹟はキリストの支えなくしては行なわれない。従って、神の言葉は「わたしを離れては、あなたがたは何もできないからである。」（同上）と言っている。そして『詩篇』作者は見事な直感によって、言葉に言い表わせない、真の証明に裏付けられた聖者の徳がすべての人々によって讃えられるべきと考え、『詩篇』に託して「神よ。あなたの友は大いに称賛されている。」（詩篇、139・17）と謳った。そして再び、英知の模倣者は「誉れ高き人々をたたえよう、我々の歴代の先祖たちを。」（シラ、44・1）と言う。以上のことを前置きとして述べたが、これまで遠ざけて長い間遅らせていたことをはっきりと知らしめ、そしてわたしたちの著作に含まれる一連の話を語り聞かせようと務めることは価値のあることである。

2　アンジェ司教であった、聖にして至福のモリーユの、彼が肉体的死を熱望し、やがて人間でいることを放棄して、キリストの慈悲のうちに実践された生涯の伝記が彼の後継者たちによって、十分な洗練さでもって上品に仕上げられるべきであると、わたしたちは明言する。しかし、現在起きている非常に多くのことが書かれないままになっていて、しかもその多くが忘却に委ねられている。他方、わたしたちの小さな火口の貧弱さが災いしているので、主の同意のもとに、真実と確認されているものをいくつか、本人への追従とは逆に、大勢の人たちの向上のために、これから公にすることにする。

3　それゆえ、尊敬すべきネファング[73]が、指導者キリストにおいて、この司教座の司教という島を手に入れ、彼に委ねられた民衆を忠告、模範、好意に満ちた流儀で統治していたころ、彼とすでに述べられたアンジェの町の聖なる殉教者の教会の高貴な人たちによって、非常に長い間古くて汚らしい箱の下に安置されていた前記聖モリーユの聖遺物を検査することを承認すること、昔の人々によって何が行なわれたかを確かめること、そして如何にしていと聖なる遺骸が運び出され、その教会を改良することによって豊かにし、遺骸を浄くして輝かせるかが決められた。上述の日に、承認されている如く、作業に取りかかったとき、いつものように前述の聖堂の扉は閉まっていたが、上記の司教は神聖さの鏡に捧げられた数名の人たちを伴ってその中に入り、祈禱と誓願に専念しはじめた。

4　これらが無事終了すると、彼らはいと聖なる者の遺骸が安置された場所に近づき、遺骸を担いで外へ運び出した。長い間横たわっていたと思われる場所から、ミサが執行されてきた祭壇の中へ運び、直ぐに覆いが包みから除けられると、その場に居合わせた全員が立ち会ったことを喜び、精神的無感覚に陥った。しかし、互いに大いに躊躇したことには、確かにいと聖なる人の遺骸が見当たらず、その死に際して昔の保護者たちが奪い取ったのではないかと疑った。そのため彼らは悲嘆に打ちのめされ、心は打ちひしがれたが、いと聖なる司教の小部屋を開けると、不思議で表現できない喜びでたちまち一杯になった。すなわち、突然、その霊廟の扉が開かれ、傑出した証聖者の聖遺物が発見されるや、この上なく好ましい香りが部屋中に充満した。なぜなら、あらゆる種類の香りからなる魅惑的な匂いがあたりを圧倒していたのである。そして信じられることを超えて、甘美の応答が香りを放った。上記の司教と共に、宝物係のクリソンフィラックス(74)が数名の配下を伴って同席していた。耳と眼に神経を集中させ、甘美で味わったことのない香りを味わった。そしてさらに、彼らは楽園における甘美と若枝の香りの中に身を置いていると思った程である。

5　以上のことがこのようにして終わると、霊廟の棺の内部を持ち上げ、いと聖なるモリーユの遺体が包まれていた布の最も古い箇所を調べ、遺骸が腐敗していないことを発見した。まるで遺骸はその日のこの作業のために用意されていたかの如くであった。彼らはこの奇蹟を見てまたも茫然と佇んだが、もちろん主に心からの感謝と賛美を捧げた。期待を裏切られたのではと心配していたが、高価な宝物が手つかずのまま、呪うべき危害を蒙ることなくあるのを見て喜び、彼らがいと愛すべき牧者の遺骸と見なした大きいのも小さいのも忘れないため、すべてを調べた。それゆえ、手順に従ってすべてが完了すると、聖モリーユの尊い遺骸が、相応しい技術で作られた櫃の中に細心の敬意をもって安置された。それゆえ昔の人たちによって置かれていた以前の場所に、役職者によって運ばれることが決定され、人々が一緒にそれを担いでいると、聖者の遺骸のいと聖なる塊りがその荷の重さによって突如重たくなった。そのため少し前までは一人の運搬者で運ぶことができたのであるが、その後は四人の運搬者によってやっと運ぶことができた。そこにいた聖職者と共に、司教はこの仕事において全能者の慈悲を称賛した。そして、一同が畏敬と喜びに満たされていると、突然一人の娘が親戚の人たちによって連れてこられた。彼女はアンジューで生まれ育てられたが、ベッドに寝たっきりで、長い間手足の接合部分が外れ、あらゆる種類の仕事からほとんど遠ざけられた存在であった。すなわち足の裏側がすり減り、脛は赤くなって骨は折れ、腕と丈夫な手が胸にやっとくっついていた。彼女は親戚の人たちによって運ばれて、教会の入り口に置かれ、長い間祈禱に耽り、手足の健康と身体の完全さを授けてもらうべく、主と聖モリーユの助けを全神経を集中させて祈願した。

6　これを徹夜で行なっていると、彼女は神の指図によって立ち上がり、いと至福の人の墓に走って行き、「その徳が崇められ、その遺骸がここに安置されている、いと高き牧者聖モリーユ様、この罪深い私にお慈悲を下さい。あなたの祝福された執り成しによってこのような病気の頸木《くびき》から解放され、あなたの聖なる名の助けによって健康で完全な身体で立ち去ることができますように。」と叫んだとのことである。こう言うや、彼女は神の力と聖モリーユの適切な支援がたちまちそばに現われるのを感じた。長い間病気でやつれ果てていた、そして長患いで固くなっていた彼女の身体と手足は急に力を取り戻しはじめ、それまでの強力な力を間を置かずに見せはじめた。足の歩行も回復し、大腿と脛の力が整えられ、手と関節の機能が元に戻った。これ以上、何を言う必要があろうか。身体全体の力と健康が取り戻されると、聖モリーユの祭壇とその教会を発って、健康な身体で家路についた（親戚の人たちによる他者の助けは、もうなくなっていた）。すなわち杖による支えもなく、彼女の身体の慰安で強められ、足の歩みに自らを託して、自分の身に起こったキリストの奇蹟と、その助けで以前の健康な状態に戻ることのできた聖モリーユの慈悲を称賛しながら、自分の家に戻って行った。その後彼女は聖者の称賛すべき力を証すべく、そして秘かに表明すべき信仰を増すために、家系に応じてそして古くからの慣習に従って、結婚の縁組によって結ばれ、夫婦の褥《しとね》で合わさり、今日において相続権によって譲渡された自分自身の家を取り仕切っているのが確認される。そして、子供たちの家系と孫たちの誕生に恵まれ、天から授けられた徳の増加を語り、証言しつづけた。彼女は、わたしたちが以前話した[75]如く、ここで話題になっているその女性で、彼女は今も健康で長生きしており、そのことは多くの証言の保証によって確かめられている。

7　それゆえ、もし神が聖モリーユに授けた、表現できない神性の贈り物についてもっと入念に調べるならば、上記の司教と弟子たちによって彼のいと聖なる遺骸が発見されたその日、彼が多くの奇蹟を行なったことを、わたしたちが間違いなく発見することができるであろう。時代を逆戻りすることにする。彼の遺骸が奉遷されるとき、二人の役人が天から示された驚くべき奇蹟を経験したし、聖マルタンの死に際して、または同聖者およびその他いく人かの聖者たちの遺骸が奉遷されたとき、神の意思でしばしば奇蹟が起きていた。すでに述べた聖マルタンの御業と神に愛されたその他の聖者たちの行為の中でわたしたちが朗唱している如く、息が絶え、肉体的死によって取り残された人々がある場所から別の場所へ運ばれることが決定されると、それらの棺が何度か重みで下がり、ほとんど動かせない状態になった。そのため人間の多さでも人力の増加でも、動かすことができない程であった。しかし、彼らの隠された判断によって、人間の行為が彼らの意向に従うと、それまでとは反対に遺骸の包みは簡単に重さの負担がなくなったように見えた。そしてそれまでは大勢の人々によっても運ばれることができなかったが、今度は一人か二人の運搬者によって運べるようになった。わたしたちは聖モリーユの遺骸奉遷に際して起こったことを明白な証拠のもとに主張するしだいである。

8　他方、その遺骸が不思議な発散によって役人たちに振り撒いたその心地よい匂いに、多くの使徒または殉教者、証聖者の集団が加わっていた。それらの遺骸はキリストの支援と彼らの意思に助けられて、石の棺から取り出される時、または別の場所に移される時、また神の啓示によって長い間知られていなかったものが発見される時、そこにいる者たちはいつも非常に甘美な匂いに満たされた。彼らの想い出を何度も朗唱するなか、病弱者または不具者がこれを認識し、神の意思を尊重するならば、たちまち自分自身の罰から解放されるであろう。わたしたちはこの聖者の遺骸奉遷で現われたことを幸いにも知っているので、快適な匂いがそこにいる人々を包んでいる間、そして長い間関節の病気で苦しんでいた麻痺した身体の女性を驚く速さで健康にした。従って、間違いなく、彼は、書物に記載されないほど多くの奇蹟を起こしている聖なる教父たちの仲間であるに違いない。

9　そしてなぜこれらのことを物語ることに、わたしたちは長々と関わり合うのであろうか。それは、彼の業績および彼の仕事の素晴らしさは、かつてこの苦しい生涯において諸聖者によって行なわれた奇蹟をはるかに凌駕しているからである。もし誰かが真の探求によってそれらを調べようと願うならば、彼の生涯と奇蹟について豊富に語られている集成を手に取ることができるであろう。そして諸聖者の業績の中で如何に巧みな才能でもそれまで読んだことのない、この聖者の偉大さをそこで発見することができるであろう。しかし、わたしたちは始められたこの仕事の続きに、ペンを戻さねばならない。そして、聖者について一つ一つ詳しく語ることによって、神の力がお与えになった限りにおいて、奇蹟についてお話しすることにする。それらの奇蹟は誠実な人たちの権威によって確かめられており、思慮深い人たちによって伝えられれば、それだけ一層真実さを増すことになる。

10　さらに、既述のアンジェの町の郊外に一人の農夫が住んでいた。彼は長患いから、眼の光を失っていた。彼は眼のすべての助けを奪われ、他人の同伴によって支えられていた。しかしこのように眼がまったく見えなかったが、いと聖にして至福の人、モリーユの遺骸が安置されている教会に日参することを欠かさなかった。そして聖者の偉大な力を自分にお示し下さるよう、そしてどこへ行っても捕らえて離さない自分の盲目の暗い闇から自由にしてくれるよう祈りお願いした。彼がこれを中断することなく続け、勤勉でこの行為に終止符を打つことをまったく考えていなかった時、遵守、祈禱、断食と、節約に関連したその他の徳性に身を委ねる聖なる四旬節の日がやってきた。カトリックの信者たちは過ちの山を低くし、徳性の小さな火を大きくするためにこの日を迎えていた。もちろん教会の聖なる慣習と古い教父たちの書物によると、この日がやってくると、すべての聖職者と修道士の仲間たちは民衆と共に、断食をより厳しく自らに課し、灰と粗布に身を包み、足から履物を取り去り、祈禱と誓願に専念し、町の周りを歩いて回り、諸聖者の守護を熱心に呼びかけ、それらの教会に最高の献身をもって入り、その中でキリストに感謝を捧げるだけの祈禱の贈り物を提供することを行なってきた。

11　上記の聖職者たちが民衆の一団と共に聖レザン(76)の教会から戻り、キリストの殉教者モリーユの礼拝堂の入り口を潜ると、すでに前述した背の高い、自分の視力をなくした盲人が、他の人に手を引かれてそこにいた。そして盲目として生まれた者の眼を開いてもらい、光の薬を自分に授けてくださるよう神の力を切願していた。彼は教会の入り口から人の支えを借りて、聖職者の一団が『詩篇』を歌うなか、しばしば登場する聖モリーユの祭壇に近づきはじめると、そばに立っている一人の聖職者に「主よ。あなたがわたしの傍にいると信じるために、わたしにはあなたの手が見える。」と言った。しかし、その聖職者はこれを聞くと、自分の耳を疑い、盲人によって言われたことが本当であることに驚きはじめた。その上、彼は続いて、「ああ、今やっとあなたの身体全部を見ることができる。そしてあなたが行なったことすべてをはっきりと眼で確認できる。今やっと聖モリーユの祭壇とその中に安置された棺がはっきりと見える。」という言葉を付け加えた。そしてさらに、「聖者の祭壇だけではなくて、教会全体を大勢の聖職者と俗人、そしてこの中で行なわれていることすべてを認識し、はっきりと見、長い間失っていたわたしの眼の光を、慈悲深いキリストと聖モリーユの助けが介在して、取り戻してくれたのみならず、あなたが見ているよりももっとはっきりと見えるようになった。」と言った。こう言うと、聖職者と俗人の間に奇蹟を起こした、そして聖所において恐るべき方であり、そして聖モリーユの徳を見事な栄光によって輝かせた主を讃え、祝福する歓声が上がった。

12 上述の盲人は、かつての明るさが眼に戻り、両方の眼が開かれると、自由にそして誰に頼ることなく、民衆を前にして楽しい気持ちで聖モリーユの好意に感謝し礼を述べながら、教会の中を歩き回った。称賛の表明が終わり、聖歌の入った誓願がすむと、それまで盲人であった男は、真の証明によって視力を取り戻し、誰に支えられることなく、故郷へ戻って行き、その後も長い間生きたとのことである。しかし、これはここで終わりにし、すでに話していたように、その他のことをお話しすべく、そちらの方へ急ぐことにする。

13 他方、アマルリクと呼ばれるもう一人の男がいた。彼は全身の麻痺によって素速い動作を奪われ、何年もの間聖モリーユの教会の玄関に手足の機能を奪われた状態で横たわっていた。彼は病気に加えて老齢で弱っており、言われたように、教会の入り口に寝て、司教、聖職者、俗人による施しの配給によって養われていたと考えられる。手足と身体全体の力が奪われ、毎日教会の中を手と足を使って、蛇のように這い回って移動していた。彼は長い年月、このように病気で不具で、健康を取り戻すことのすべての希望もなくし、衰えに身を任せていた時、その日がやってきた。それは四旬節の断食の最初の日で、主日と呼ばれていた。それゆえ聖職者はいつものように、すでに何回も言及されている尊敬すべき殉教者モリーユの教会で朝のミサを行い、十字を切って立ち上がり、民衆の群れも大勢加わると、彼らを促して、『詩篇』と賛美歌の旋律を引き出そうと努めた。民衆の中に、わたしたちが話していた病気の彼がいた。彼は、すでにわたしたちが言った如く、すべての関節の力を奪われ、ただ舌の機能で話す希望を持っていた。そして、すでに言った如く、そこにいた聖職者の一団によって『詩篇』の旋律が厳かに朗唱され、朝の聖務が大方終わりかけていたのであるが、突然、そこにいた麻痺した男が大きな声で、そしてすべての人たちの耳をつんざくような大きな声で叫びはじめた。すなわちこの男が自分の口で明らかにした如く、非常にきれいな身なりをして、表情は喜ばしく、髪は白く、眼は美しく、顔は聡明なあるお方が彼の手を取り、彼の身体のすべての結合部を触り、地面から立ち上がるよう促した。この催促に対して、直ぐに歩行したいとの気持ちに駆られ、予期せぬ速さで、持っていたすべての力を使って立ち上がり、入り口から聖モリーユの祭壇へ飛んで行き、自分の意思で、健全な精神の持ち主にできたように、その聖者の祭壇へ急いで到達しようとした。

14　実際、彼は上記の聖者の祭壇に到達するや、奇蹟によってその人の顔を見た。長い間両方の手を使って、そしてそこでまるで一時間自分の足で立つことによって、可能な限り祈禱と発声を繰り返して、熱心に助祭長聖モリーユの助けを懇願した。これ以上のことができようか。長い間祭壇の隅で眼を開けてじっとしていると、神の慈悲が同意され、聖モリーユの支援が介在して、全身からすべての病気が逃げ去り、力のすべての強さを回復し、誰の支えもなくて、自力で自分の足で立とうとした。彼はこうして聖者の徳によって健康を取り戻し、自分の身体を使って祭壇から退き、軽快さにすぐれ、力の出し方も安定して、関節を動かして歩き回った。聖職者の集団はこの奇蹟を知るや、すぐに称賛の歓声が響き、教会は賛美の旋律によって満たされ、男女の民衆の声が遠くまで聞こえたとのことである。アーメン。

註

（1） Juste. 素性不詳。
（2） Chilpéric. 一世、在位五三九－五八四年。
（3） Clothaire. 二世、在位五八四－六二九年。
（4） ラテン語 beatus の訳語である。この時代まだ聖者 sanctus と福者 beatus の区別はまだなかった。本作品でも同義語として使用されている。Cf. A. Vauchez, *La sainteté en Occident aux derniers siècles du Moyen Âge (1198-1431)*, Rome, 1981, p. 99.
（5） Julianus. 在位三六一－三六三年。ミトラ教に改宗して、異教復興を企てたが失敗する。そのため、教会から「背教者」と呼ばれる。
（6） Gaule. アルプス山脈の北側、フランスとスイス、アルプス山脈の南側、イタリア北部からなる。ラテン語ではガリア Gallia と呼ばれる。
（7） 下級聖品第二位にあたり、聖典を読誦する役割を担う。
（8） Milano. イタリア北部の都市。
（9） Tours. フランス中部の都市。
（10） Martin. 在位三七一－三九七年。
（11） Chalonnes-sur-Loire. dép. Maine-et-Loire, ar. Angers, ch.-l. de cant.
（12）『列王記』下、1・10－14。
（13） 新しく村 vicus を設置するには、教会の存在が前提になっていたことになる。

(14) Pocé. dép. Maine-et-Loire, ar. Saumur, cant. Saumur-sud, cne Distré.

(15) villa.「荘園」または「村落」と訳されるが、本書では後者に統一する。

(16)『使徒言行録』、28・3－5。

(17)『サムエル記』参照。

(18) 伝記2、16節から、ルネという名前をもつ司教であったと考えられるが、モリーユの後継司教はタラスと呼ばれる人物で、さらに正式の歴代アンジェ司教名簿にルネの名前を見いだすこともできない。しかし、不思議なことに、十一世紀からフランス革命の過程で散逸するまで、彼のものとされた聖遺物がアンジェのサン・モリーユ教会に安置されていたことが確認されている。

(19) Princé. dép. Maine-et-Loire, ar. Angers, ch.-l. de cant. cne Beaufort-en-Vallée.

(20) マタイ、25・36では「お前たちは、わたしが病気のときに見舞い」となっている。

(21) 詳細不詳。

(22) Castrum petrae.「岩の砦」の意。

(23) Le Mans. フランス西部の都市。サルト Sarthe 県の県庁所在地。

(24) 詳細不詳。

(25) Loir. ロワール Loire 川と発音は同じであるが、性を異にする。ここでは両者を区別するために、ロワル川と呼ぶことにした。この川はアンジェの北でロワール川と分かれたあと、同川の北側を北東に向かって流れ、その名はロワル・エ・シェール Loir-et-Cher 県とユール・エ・ロワル Eure-et-Loir 県といった県名の中にも登場する。

(26) 詳細不詳。

(27) Mayenne. ロワール川から分かれて北上し、マイエンヌ県を縦断して流れる。

(28) Lepra.「ハンセン病」のこと。ここでは邦訳聖書の表現に倣う。

(29) サヴォニエール Savonnières. dép. Indre-et-Loire, ar. Tours, cant. Joué-les-Tours. Cf. Graesse・Benedict・Plechl, *Orbis latinus*, Würzburg, 1971, p. 308; J.-X. Carré de Busserolle, *Dictionnaire géographique historique et biographique d'Indre-et-Loire*, 3 vol., Tours, 1883, t. 1, p. 26, l'article Savonnières.

(30)『列王記』下、4・18〜4・37参照。
(31) Abraham. ユダヤ教・キリスト教・イスラム教を信じる民の始祖。最初の預言者で、「信仰の父」と呼ばれる。
(32) 助祭職を指す。
(33) 節頭および文中の( )内の数字は、伝記1で対応する節数を表す。
(34) 伝記1、註(8)参照。
(35) アリウスの説を奉ずる人たちで、イエスに人性を強く認め、神とは別のものとして捉えて、正統派の三位一体説と対立した。三二五年のニケーア公会議で異端とされた。
(36) Ambroise (Ambrosius). 聖者でミラノ司教、在位三七四–三九七年。
(37) 伝記1、註(5)参照。
(38) 同上、註(6)参照。
(39) 同上、註(9)参照。
(40) 同上、註(11)参照。
(41) 同上、註(12)参照。
(42) 同上、註(13)参照。
(43) 同上、註(14)参照。
(44) Nantes. ロワール川が大西洋に流れ込む地域に広がるロワール・アトランティク Loire-Atlantique 県の県庁所在地。
(45) 伝記1、註(16)参照。
(46)『創世記』、21・2。
(47)『サムエル記』上、1・20。
(48) 第16節参照。
(49) 伝記1、註(19)参照。
(50) 古代末期のヨーロッパにおける奴隷交易に関して、よく引用される史料である。但し、奇蹟譚では「奴隷 iuvenes venales」ではなくて「捕虜 captivos」となっているが。

(51)『出エジプト』、17・6参照。
(52)『民数記』、22・28参照。
(53)『列王記』上、18参照。
(54) Gregorius. グレゴリウス大教皇、在位五九〇－六〇四年。
(55) Bretagne. フランス西部の地方名。
(56) Renatus.「蘇った人」の意。
(57) 伝記1、註(18)参照。
(58) Ceres. 穀物の女神。
(59) Bacchus. 酒神。
(60) 詳細不詳。
(61) Rupes martis.「戦いの岩山」の意。
(62) Lucus martis.「戦いの森」の意。
(63) 伝記1、註(22)参照。
(64) 同上、註(23)参照。
(65) 同上、註(24)参照。
(66) 同上、註(25)参照。
(67) 同上、註(26)参照。
(68) 同上、註(27)参照。
(69) 同上、註(28)参照。
(70) 同上、註(29)参照。
(71) 同上、註(30)参照。
(72) 同上、註(31)参照。
(73) Néfingue. アンジェ司教、在位九六六－九七三年。

(74) 素性不詳。
(75) 掲載された二編の伝記には、該当する話は出てきていない。
(76) 本書第四話参照。

第二話　聖オバン

解題

聖オバンは四六九年頃、フランス西北部、ブルターニュ地方の町、ヴァンヌの貴族の家に生まれる。非常に若くして世俗を捨て、故郷から西に約百二十五キロ離れたソミュールの近郊にあったタンティイ（後のノートル・ダム・ド・ナンティイ）修道院に入り、五〇四年には院長に選出される。その職にあった二十五年間、院内の改革を精力的に行なう。彼の聖性が広く知られるようになると、アンジェ市民に熱望されて、五二九年頃アンジェ司教に推戴されて、約二十年間その職にあった。司教在職中も、当然のこと、本書掲載の伝記や奇蹟譚にある如く、死者を蘇らせたり、盲人に視力を取り戻させたり、負債者や受刑者を救済したりと、彼は奇蹟を起こし続ける。また、相当な高齢で顕職に就いたのであるが、五三八年にオルレアンで開かれた宗教会議に出席したり、国王シルペリク一世の宮廷に招待されたり、南フランスの町、アルルにシャルトル司教聖リュバンと一緒に旅行し、聖セゼールと意見を交わしてもいる。アンジェのサン・トバン修道院は、彼の死から二十、三十年後に、彼を記念して創建されたものである。他方、アンジェから遠く離れた、フランス東部のサン・トバン・ド・ムラン Saint-Aubin-de-Mœslain は今日でも非常に人気のある巡礼地の一つである。没年は五五〇年で、祝祭日は三月一日となっている。

聖者の名前のフランス語表記は Aubin、ラテン語表記はアルビヌス Albinus となっている。

伝記はポワティエ司教、聖フォルテュナ（五三〇年頃－六一〇年頃）によって執筆されている。奇蹟譚には、ノルマン人の侵攻から一〇八一年にかけて起きた奇蹟が収録されている。伝記の底本としては *MGH.AA*, 4(2), p. 27-33、奇蹟譚の底本としては *AASS*, Mars 1, p. 60-63 を使用した。

伝記は比較的短いが、六世紀後半のゴールを代表する文筆家の一人、フォルテュナの手になるもので、編纂の事情が長々と述べられた序文では、古典期の文章表現を味わうことができる。本文の構成には他の伝記と大きく異なるところはなく、後半は奇蹟の話で埋めつくされている。荒唐無稽な題材は排除され、穏当なものが選ばれているようにみえる。上掲の聖モリーユ伝ではフォルテュナの奇蹟観が批判されているが、七年前に死んだ子供を奇蹟によって生き返らせた話を省略したことが、別の伝記の執筆を促すほど重大であったのだろうか。

他方、奇蹟譚も短く、収められている話もあまり多くはない。また、これらの奇蹟はある出来事によって同時に起きたものではなく、保存記録から特徴のあるものを拾い出し、一定の基準で分類されたと考えられる。注目点は、ここでは聖者の奇蹟力を知らしめるために、奇蹟の数を増やすのではなくて、それを出来る限り仔細に語るという方法が採られていることである。

この作品には十、十一世紀の出来事が記述されているが、当然のこと、ノルマン侵攻の恐怖が伝えられている。ロワール川流域はその最も甚大な被害をうけた地域の一つで、後続の作品でも必ず言及されるトポスとなっている。ロワール川経由で運ばれる塩とブドウ酒も同様のトポスを構成しており、その中でのゲランドの塩の位置付けが問題になろう。物資の運搬についても、馬車ではなくて馬の背による運搬が問題になっており、大量輸送への道のりはまだ遠かったのであろうか。定住地として、これまでの司教座都市、荘園、村に加えて、城所在地が登場し、そこを拠点にした社会集団としての騎士層が新登場している。

伝記

序文

1　聖なる主と使徒の功徳においてこの上なく尊く祝福されるべき司教ドミティアン[1]猊下に、あなたのフォルテュナが挨拶を送ります。あなたはキリストを後援者としてあなたが統治している町に、あなたに御目にかかるべく私が到着した時、あなたの思考力が奔流のように溢れ出ているように私には思えた成年の熟慮に満ちた後半期にあって、あなたの司教であるいと聖なる人、オバンについて、衰えることのない力によって輝いていることが証明されている、そして天上の書物に記されているその人の生涯を市民の教化のために、人間の書物に書き留めて保存することをあなたが再び率直に言及されたことを覚えていますか。そして、その生涯は二重の利益として人々に役立つでしょう。市民は自分たちが尊ぶ立派な行為をその中に見いだし、そして自分たちの中にある、誰もが賢明にも矯正すべき点を真剣に考えるでしょう。換言すれば、福者の比類のない話はそれだけで聞く人々にとって公共の薬となることから、市民は一人の人間の中にかくも多くの称賛されるべきものを認め、そして自身において欠点を少なくすることにそれぞれ躊躇しなくなるでしょう。

2　猊下はこの世を去る人が人々の記憶から非常に速く消え去ってしまうこと、そしてもしいと聖なる人の生涯に関して、何か直ぐに忘れ去られることを書物に書き残すことを怠るようなことがあれば、一旦時間の中に侵入する忘却へ運び去られ始めたものを再び記憶の中に呼び戻すことは容易でないことを知っておられる。この編纂を促進するある人がその後狙下の命令を要求し、もし私が同意したのであれば、即刻それがなされるべきと強く私に迫ってきました。それに加えて、実際、その人は聖オバンの事績の中で、自身が信仰に沿って確かめるものだけを間違いなく公表することを私に求めると同時に、これに関して私は非常に多くの不満でむしろ困り果てていたのですが、前記の方が確かに密かにではありますが、しかし物語るに相応しいものとして行なったことに関して、彼が真実の網を通して、その一つ一つには到達することができなかったこと、そして彼が確証のあるものとして記憶していたものの一部が人々の記憶から消え失せていたことを付言してきました。今日、毎日一つ一つを非常にはっきりと行なっているお方の過去の出来事に関して疑う余地は確かにどこにもないことから、それらに関して、はっきりと記憶している彼は自身の証言に同意する人々を我々に伝えてきてくれました。

3　奇蹟を物語る人は狙下が持たれている養分を吸って大きくなることから、私はこのような方々にはお祝いの言葉を申し上げてきました。なぜならそのような人はその養分が自分の中に入り、このように力強く自己主張し、そして自分のものの中からも何かを、優美さを求めて、不十分でない程度に提供し、更に嘗て他の誰かから知ろうとしたことを一層はっきりと自分で説明するようになるので。もし何かが彼から引き出されるならば、それは狙下による称揚に帰せられます。なぜなら、教師の徳は弟子の功績であり、聖職者の慰めは司教の飾りでありますから。私は自分の非力を自覚していて、この仕事に取りかかることに躊躇していた時、実際に、才能において卓越し、雄弁において秀で、仕事において献身的で、文章において信頼されている人、感覚において豊かで、舌の回転において奔流のようであり、従順さにおいて速やかで、詩歌において煌めく人にこれが委ねられねばならないことを私は知っています。それに、私が推量する如く、あなたの造詣の深さを前にしてキケロのあの雄弁ささえも淀むことなく流れることは決してなかったでしょうし、ローマの町にいた時は皇帝の前でアキテーヌ[2]の地方長官を自由に利用していたとしても、ゴール[3]に来ている今の私が同じことをすることは多分できないでしょうから。

4　それ故、ものを書き続ける者として、性格において広大でなく、文学において能弁でなく、どのような場合でも経験そのものが資格ある者とはしていない、博士たちの足跡の下に隠れた者としての私から、内容の深遠さが求められると言うのでしょうか。その上、願望に引きずられたとしても、題材の偉大さによって私は遠ざけられるでしょう。何故ならば、鈍感な語り手の劣った言葉が光り輝く生涯を称賛するならば、その品位を汚すことになるでしょうし、そしてもしあなたが他の人に公刊することを要求していたものをあなた自身がそうするとした場合、より一層公正さが求められる箇所で、称賛しなければならなかったことを言葉の雲で隠してしまうからです。それ故、私はあなたがどのような場合でもこのような要求をすることなどあり得ないこと、そうではなくて、あたかも私という大麦が発芽しない小麦の種に混じって何かの役に立つかの如く、我々の旅嚢が旅行者としてのあなたに対して何も拒否しないことを望まれていたことを確かなものとして理解します。従って、私は、今や曖昧さの原因を審判者の秤にかけ、学識によって不誠実とされるよりも、従順さによって田舎者と見なされることを選びます。それはあなたが私の文章表現に不快を感じるとしても、少なくとも私の気持ちに賛同していただけるためであり、そして私にとって、この作品の中で人々の耳に理解されにくいことが述べられることがないためです。それ故、私は不適格な語り手かもしれませんが、中庸に徹して、至福の生涯の事績を簡単に知ってもらうことにします。あと残っていることがあるとすれば、私が率先するよりも服従する人間であることを知っておられる、神として永遠に生き統べるお方が波の上で翻弄されるページに、その右手の避難のための港を用意してくださることです。アーメン。

本文

5　信仰に満ちた人々の生涯は徳性において輝けば輝くほど、それだけ人々の声によって一層頻繁に取り上げられるものである。なぜなら、それが彼ら全員に利益をもたらす一方、その人の称賛のために各人の舌を刺激するから。そしてそれが限りなく注意して公表されるために、至福のオバンの伝記または事績録は中庸へと導かれる。こうして、大西洋に面したブルターニュ(4)のある地方の出身であるヴァンヌ(5)司教オバンは取るに足りない両親から生まれたのではなくて、誉れ高い末裔の最も誉れ高い子供としてこの世に生を受け、彼が家族から獲得した徳性を生涯の豊穣な力でもって大きくし、キリストが讃えるものを選び取り、全世界が崇拝するものが彼の中で溢れた。青年期を迎えると同時に、彼は信仰への情熱によって燃え上がったが、両親は、他の両親と同様に、キリストへの愛のために幼年期が早く戻ってくることを願っていた。しかし、彼は意識して両親を捨て、もしすべての愛情を天にいます父ひとりに定めるならば、自分にはそれで十分だと確信し、肉なる感情を精神の敵として遠ざけた。やがてタンティイ修道院において、この上ない謙遜の心から主に好まれる者として託身した。健全なまでの誠実な性格から、自由身分の如何なる特権も要求しなかった。そこでは、家柄が自由人として生んだ者を意思が下僕と判決していた。そして、彼は高慢な心をもってそうでなかったように見せようとするよりも、キリストの愛によって自分が置かれていた貴族身分が退くほうが称賛に値すると理解した。

6　そこで、彼の中で毎日の修練の進行が成果を上げ、徳性において常に向上を遂げるために、他者を打ち負かすことではなく、肉体を克服することで自分に勝利していた。自分に敵対する者を滅ぼし、そしてどうすれば最大の希望がすべての人々に訪れるのかを独り悩んで憔悴していた時、彼が断食による節制においてどんなに優れ、徹夜を好むことにおいてどんなに積極的で、祈りの熱心さにおいてどんなに模範的で、憐みの感情においてどんなに傑出していたかについて、一体誰が教えてくれるのだろうか。実際、彼は従順さにおいて率直で、悪徳を踏みつぶすまでに成熟していたので、青年期の初期においてさえ既に老人たちの手本であった。生まれたことに関しては、普通の人々と同じ感情を共有するが、それ以外に関しては、生きたことをすべてキリストのお陰とすることを望んだ。彼は快楽に目、娯楽に耳、無分別に心を委ねることなく、常に重い錨のように自らを律し、もし公衆の前に現われた時には心の牢獄の中にいつも閉じこもり、自分のほかに頼るべきものとして、信心深い船頭が心に抱くキリスト以外のいかなるものも優先させない者としての自分を修道院の四壁の中で熟考した。

7　こうして、彼はこのような探究に没頭し、主が奇蹟を通じて彼の献身的奉仕を人々に明らかにする程の、この上なく明澄な生涯に到達したのである。従って、それまで少年として彼の修道院長の葬式で地域住民の間を進み、一行がある人物の家に近づいた時、屋根がその家を庇護できない程に嵐が激しさを伴って鳴り響き、豪雨が降ってきた。それ故、雨量の多さのために、家は畑のようになった。その家に関係していたすべての人々はずぶ濡れになったが、その時雨は福者オバンのみに当たるのを恐れた。何故ならば、雨の雫は信仰の炎を感じると、如何なる危害も加えないようにそれていったので。このことが明らかとなると、何年も隠されてきた彼の良心の神聖さは、青春の全盛期において徳性の香りを漂わせていたことから、奇蹟によって知られるようになった。

8　その時以来、天からの贈り物は年とともに多くなり、およそ三十五年間修道院の指導者そして敬虔な父に選ばれたのであるが、勿論彼の方も自分の光輝によって自分に威厳を引き寄せた。他方、教師の監督の下に修道士たちの学識が伸び、厳格さが引き締められて、躓きの我が儘がなくなった。それ故、信仰に関する内省がその度を増し、聖歌の調和が進み、修道士の間で従順の光が煌めき、聖なる愛の飾りが増し、悪徳を根絶することに心を砕いた如く、天上の贈り物を播くことを心がけた。修道院長の役職にいた二十五年間、彼に委ねられた修道士たちを、至福のうちに統治した。

9　そしてかくの如き功徳の評判は人に知られずに埋もれてしまうことはなかったので、至福の翼に乗って飛び、すべての人々の心を捕らえたのであるが、ある時アンジェの町で牧者による統治が欠けることが発生した。その時、彼は謙遜への固執からそれを拒否したが、市民のすべてが会し、キリストの導きにより、全員一致で司教職に選ばれた。運命づけられていた司教位を獲得すると、一人の祝福された行為が全体の救済をもたらすことから、彼は貧者への施し、市民の保護、病人への訪問、捕虜の解放に専心し、そして彼らの求めによって天の力が彼を通して実を結んだ。

10　それ故、アンジェの町において、神経が止まり、病気で手が動かなくなった、グラタという名のある婦人が彼に会いにきた時、彼は彼女の病気の右手の上に十字を切った。そこから早死した掌に生の温もりが流れこんだので、同様に次の日、同じ箇所に、彼によって十字が切られることが起こった。それがなされると、血管が自身の運動を認識し始めた。そして三日目、彼女に十字の印を押しつけると、忽ち干涸らびた指の繊維が緩み、こうして手の機能を回復した婦人は、キリストの名において再生した右手で十字を切った。

11　ある時、通過しようとジャンヌ[6]という村に近づいた時、アラボーという名の青年が生命を失い、葬式に付されているのを目撃した。しかし、彼は両親が子供の死を嘆き悲しむのを聞き、急いで駆けつけ、死者を生者として立たせるべく、平伏して祈りに専念し、その遺体に身を寄せて長い間祈った。地面に伏した司教の顔色は青白くなっていたが、精神の活気は身体の中で赤く燃え、とうとう天が激しく揺れ、冥府が開き、その若者は葬式から、司教は祈りから引き戻された。次に、父としての配慮から、アジアクム修道院(7)を訪問した時、ある盲人が信仰に照らされた人に自分を助けにきてくれるよう叫ぶので、彼は聖なる十字という薬を彼に切ったところ、彼はそれを求めると同時に光を獲得することができた。同じくアンジェの町において、ある者が聖モリーユに閉ざされた目に光が戻るよう頼んだとき、司教はいつもの武器に向き合い、やがて彼の目蓋の上に十字架を厳かにかざすと、十字架はまるで最強の弩砲の如く、闇を貫き、十字架の背後にいる盲人に光を与えた。同じく、マルスランは約十年間盲目の曇りの中に入っていたが、人に連れられて福者である司教のもとにやってきた時、司教は尊敬すべき十字の印を彼の目の上にかざすと、忽ち血液が流れ、闇が消え、光が入ってきた。

12　更に、次の記憶すべき出来事が取り上げられねばならない。国王の命令によって、高貴な女性エテリがドゥルイエ村(8)で、騎士たちの監視下に捕らえられていた時、聖者である牧者は勇敢な羊に援護されて、誰にも気づかれずに、一人でその監視団の中に入っていった。悲しみ嘆くこの女性は彼を見てすがりつき、彼の後に付いていった。その時、不吉な監視団の中の狂ったような厚顔無恥の男が恰も狼の如く彼女を牧者の衣服から引き離そうと狙っている間、聖者はその攻撃に耐えた。そして、司教がその顔に息を吹き掛けると、司教の攻撃者は突然の死によって罰せられた。このため恐怖が湧き出て、監視団の残りの者たちは司教に敬意を払い、そして一人の罰が他の者をその罪から免れさせ、先の国王に罰が下されて、聖者がその婦人を解放すると、司教はその婦人の前から立ち去った。このように、一瞬にして哀願者には救済、不遜な者には死が訪れたのである。

13　勿論、次のことも看過されるべきではないので、私はそれが人々の記憶に委ねられることを願う。聖者である父は、信仰による献身から、アルビヴィア(9)と呼ばれる村に立ち寄った。ある盲人が彼に慈悲の行為を求めると、彼はそれを始めた。なぜならその人はずっと以前から悪魔の敵意に捕らえられ、身体の痛みに苦しめられていたので。そして彼が祈っていると、心に神聖な献身をいつも欠いていたその男の身体はまだ横たわったままであったが、奪われていたこれまでの光が目に戻り、汚れた精神の悪疫をその男から追い出した。ああ、何と言い表わしがたき信仰のお陰か。ただ一つのことが求められていたにも拘らず、三重の救済が叶えられたのである。即ち、彼は食物によって貧窮した者を満足させ、盲人に視力を与え、捕虜に自由を享受させたのである。

14　同じく、彼がパリの町で王シルドベール(10)と会うようになっていた時、王は狩りのため次の日首都を去るとの知らせが司教に届いた。王は司教と会うことは望ましいことと思うと知らせた。しかし身体の病気が聖オバンにそれを妨げたので、上記の王は彼の面前に赴くことを急いだ。同王は司教の許に通じる道を進んでいる間、幸せに急いだ。しかしある三差路に差しかかった時、別の道にそれようとしたが、彼の馬は恰も溶けた鉄の中を進んでいる如く動かなくなった。王は原因を究明するよりも馬に責任があると思い、別の馬に鞍を乗せるよう命じた。その馬は同じ道を進むことを強制されていた間、恰も壁に遮られているかの如く、打ち倒されて進むことができなかった。王は、進路を変えること以外に、乗り物を替えたことは何の役にも立たなかったことに気づくと、人間が過ちを犯し、そして動物がそれを矯正させたことを人間の理性が認めたことを馬から学び始めた。司教の許に通じる道路に戻ると、恰も軟体動物が畑の穴から這い出して地表に出た如く、その道を爽快に走り始めた。

15　死体から生命のかけらを取り出すことはやり甲斐のあることである。ヴァンヌの町にこの使徒的人物が近づいた時、この方が優れた性格から他の誰よりも目にかけていた、随伴者の一人で既に改宗していたある若者が亡くなった場所で埋葬されていたのであるが、一年後その遺体を『詩篇』を唱えて故郷へ戻させていた。理由があって遺骸がそこに留まっていた時、司教が駆けつける前に、従者たちはその遺骸を動かそうとした。しかし、彼らはそれまで小さな子供の身体を抱えるように、非常に大きな遺体をも担ぐことができていたのであるが、その遺骸は非常に重たくなっていた。それまでは墓に埋葬された遺骸は大理石で押さえつけられていると思われていたので、今度は馬がそれを運ぼうとしたが、司教が戻ってきて、嘗て無言のまま結んでいた鎖を祈りによって解くまで、恰も遺骸を覆う埃が鎖に変わったかの如く、一歩も前に進むことができなかった。

16　次の奇蹟も同様に公表されるべきである。タンティイ修道院で修道士のジャンノメールが眼の光を奪われ、盲目になった夜から長い年月があっという間に過ぎ去ったとき、いと聖なるお方に自分に向かって十字の印を切ってもらうよう頼んだ。十字が切られると、明かりの生気に満ちた輝きが彼の中に入ってきて、暗闇が逃げ去り、見慣れない日光が輝き始めた。これ以外についても、次のことが厳粛な手本である。アンジェの町で、市門に隣接する塔は有罪を宣告された者たちの牢獄になっていた。福者オバンがそこを通り過ぎようとすると、投獄された人たちの聞き慣れない声が聞こえてきた。その時一人の哀願者は、信仰を理由に自分たちを牢獄から解放してもらうために、裁判官に近づいていった。裁判官は聞こえないふりをして彼を追い返したが、やがて司教はこの偽りのない願いを受け、神に向かって、あの聞き慣れた声で、聖者が祈りを捧げていたその場所で、市門から突き出た驚くほど大きな四角の石が囚人たちの所まで伸びるようにと願った。なぜなら彼の祈願を前にして、石はその硬さを維持することができなかったので。恰も墓からの如く、彼らは生きたままそこから外に出てきた。聖モリーユの聖堂の中で主人のオバンに感謝を表明しながら、聖者の足許に平伏した。なぜなら、聖者は破滅から引き上げられた者たちを救済の道へと戻したから。

17　同様に、悪霊に取りつかれたある婦人は大声を上げ悲しみ泣きながらいと至福の人オバンの前に現われ、やがてその方は彼女と向き合うと、彼女の眼の上に血の泡が現われた。その時司教は十字の印を切りながら彼女を「我々の敵よ。眼を与えたのはお前ではない。だから、お前はそれを奪い取ることはできない。」と言って、激しく叱った。やがて、その塊りから、瀉血の如く、血が細い流れとなって溢れだした。血が流れると、眼を傷つけることなく、汚い敵が消え失せ、十字の印が命じて、女性は無傷の状態で現われた。

18　しかし、彼にあっては、神の問題で、如何なる国王や有力者の考えを個人的に受容することがなかったというあの高潔な行為についても、公表されるべきが妥当だと考えられる。要するに、天の恩寵の頂上に至るべく、不浄な結婚という呪われた結合を正当に非難し、非の打ちどころのない福者ヨハネに倣おうとした。それに関して、実際、彼が如何に持ちこたえたかを適切に説明することは誰もできなかったであろう。たとい殉教者となることを切望したとしても、もし暗殺者の右手を欠いていたならば、誓願成就の気持ちを隠すことをしない殉教者の栄誉に間違いなく値したであろう。そしてそこから、更に、新たな苦労もなく、この問題のためにしばしば招集された宗教会議に出席し、最終的には非常に多くの司教たちの参加によって、彼によって破門された者たちを赦免することが、兄弟たちの圧力によって強いられた。そして残りの高位聖職者たちが聖体拝領から排除された者に向かって祝別し、そして聖者自身に十字を切るように求めると、聖者は宗教会議に向かって言った。「あなた方の命令で私は十字を切ることを強いられてはいるが、あなた方が拒否された神の主張を擁護する限り、罰を下すのは力強い神である。」と言った。聖者が言い終わると、破門された人物は聖体を口で受け取る前に息絶えてしまった。そして冥府の川の渡し守が到着する前に、聖者の説教がその者の魂を捕らえた。聖者はこの問題についてアルル司教聖セザール[11][12]と相談すべく、その人の許へ急行した。

19　しかし我々は彼の奇蹟を一つ一つ取り上げることができないので、非常に多くについてまたは少しについて話したとしても、それで十分である。また、生存中の聖者のあの遺言の説明が彼の死後に何よりも先に行なわれるべきであると我々は考えている。なぜなら彼の遺骸が墓に埋葬されているとはいえ、義なる人の魂の報酬が成果を次々と生み出してきているので。従って、司教聖ジェルマン[13]または司教代理たちか彼の後継司教と市民が聖者の遺骸を新しい聖堂に敬虔な気持ちで移送することを望むとしても、遺骸が埋葬されている房が狭過ぎるために、聖なる遺骸を搬出する許可が出されないとなれば、全員が戸惑い何をすべきか分からなかったので、いと祝福されたお方の奇蹟を起こす力が人々の不安の中で仲介者として現われた。つまりすべての者は待ち望んではいるが何事も真剣に考えていなかったので、突如神の命令によって、聖者が横たわっていたその房の、彼の足に近い壁が引き裂かれ、印が付けられて、運び出せると指示された箇所から東側の三つの石が崩れ落ちた。

20　その間出入り口が作られ、『詩篇』を唱える人々の一団が聖なる墓の前に進んでいくと、聖者が連れてこられた公の場所に、随分と前から絶望的になっていた、身体が麻痺した人三名が埋葬されていたお方の力によって、元の状態に戻されて健康になることで、衰えていた筋肉が元気を取り戻すのを体験した。そしてその場で直ぐに、二名の盲人が眼が見えるようになった。やっとのこと彼らは亡くなったお方の霊から日中の光を受け取り、彼の支援で光を手に入れることができたことをはっきりと認識したのであるが、その方の力によって壁に窓が取り付けられたかの如くであった。これらと無数の奇蹟がそれに続き、最高の司教の遺骸が墓の中に埋葬されているとはいえ、創造主の恩寵によって証聖者の徳性が永遠に生き続けている。こうして、彼は天からの贈り物によって尊敬すべき花々で飾られ、二十年と六月司教の役職を教会の権威に沿って規則正しく実行していた時、八十歳で自身の預言者の役割を至福の頂きの統治において完了し、この世から解放されたあと、キリストとともに在ることになる、神にこの上なく好まれた魂を、天使たちの拍手喝采に迎えられ、三月一日、栄誉と最高の権力が永遠に属する、我が主イエス・キリストが光彩を放つ中、天国へ戻された。アーメン。

奇蹟譚

第1章　聖オバンの墓の前で救われた、悪魔に取りつかれた者たち。健康をもたらす聖なる火。

1　それ故、アンジューにベルヴェールという名の騎士身分に属する者がいた。如何なる神の隠れた裁きかは知らないが、彼は一人だけでない悪魔に突然取りつかれると、声を震わせ、歯をガタガタ鳴らし、自らを苦しめ始めた。そばにいた人々は彼のこの狂乱を見て、大きな恐怖に襲われ、何か異変が起こったのかと彼に訊ね始めた。これに対して、彼は話を聞いたり、それに答えたりする感覚を無くしていたのみならず、物凄い勢いで彼らの間に突進し、哀れにも、彼らを攻撃と戦いによって傷つけ、家から全員追い出した。彼の友人たちは苦痛に苛まれ、彼のためにどのような助言を聞き入れるべきか分からず、彼の中に単に人間のもののみならず、吠える敵の様々な力を感じていたので、周辺の屈強な男たちを呼び集め、狂っている男を、大きな危険を伴いながら、綱と鎖で縛った。続いて、彼らは悪魔たちの虚ろな叫びから遠ざかろうとしたので、悪魔は長い間この男を苦しめた。しかし、このことは何の利益にもならないのみならず、更に害を増すだけだと悟った彼らは、ついにより健全な考えに従って、唯一の神の助けをその証聖者の庇護を介して求めることに決めた。そこで、最初にル・マン[14]の町の司教聖ジュリアン[15]の所へ彼らの悪魔に取りつかれた男を連れて急いだ。道中多くの色々な苦労を強いられ、疲れ、悲嘆に暮れ、殆ど絶望していた時、ある人の助言によって、聖オバンの墓に到着した。そこで三日間祈りと断食に専念すると、三日目に悪魔に取りつかれた男は少し眠り始めた。そして、その眠りから醒めると、彼は完全に健康になっていた。その時同席していた友人たちをやさしくそして落ち着いて慰め、縛られていた鎖を解くよう要求した。彼らは驚嘆したが、この男の突然の柔和さが悪魔の誤魔化しではないかとそれまで疑っていたので、彼の言葉を信用しなかった。長い話し合いとその男の返答から判断して、やっと彼らは彼がキリストの恩寵によって健康になったことを知った。

2　上記の奇蹟と異ならない別の奇蹟を、同じ頃、主はご自身の信仰篤い下僕を通してお示しになった。この世において貴族の、そしてブルターニュ[16]との境界、クラン[17]の城下町に住んでいた騎士エリナンの姉妹で、アメリアという少女は長い間悪魔に苦しめられていた。彼女の両親は司教オバンの評判と悪魔を追い出すことの絶対的力を聞きつけ、大きな確信をもって悪魔に取りつかれた少女をその修道院へ連れていき、そして修道士全員が集まっている前で、彼らの守護聖者を呼び出し、キリストが自らの血で贖《あがな》った娘が悪魔に引き渡されるのを放置しないよう身を低くして頼んだ。彼らの祈りと願いによって敬虔な証聖者は直ぐに助けにやってきた。やがて彼女を苦しめていた傲慢の悪霊が逃げ去り、彼女に完全な健康が授けられたことにより、主キリストが謙遜な下僕を介して勝利したのである。

3　更に別の時、ロワール川沿いのキュノー(18)という小さな村にベルフリドという名の男がいたが、彼は重い病気で苦しんでいた。一方の足が硬直し、忌むべき火が既に踵まで蝕んでいた。彼は医学の如何なる薬も見いだせず、ただ自分にとって役立つことは聖者の墓へ詣でることだと信じていた。そしてそこで数日とどまり、聖者の執り成しのしずくによって自分の身体から熱を追い出すよう聖者に熱心にお願いした。これ以上何を語ろうか。毎日教会の敷居を擦りながら、あの黒い火が彼の半分焼けただれた足から消えて無くなるまで、祈りを止めなかった。

第**2**章　ある敬虔な、身体が麻痺した男の驚くべき証言。七年後に、聖オバンの墓で健康を取り戻す。

4　加えて、我々の時代に聖なる司教の廟で起きたと認められている、そして現在生きている人々に目撃されて周知のこととして私が知っている、次のことも書物に挿入すべきだと考える。しかし、今まで私が話で聞いたことについて、それらを詳細に明らかにすることに特に注意を払わなかった。なぜなら、なされた行為の話によってこれから明らかにされる如く、アンジェの市民全員がこの出来事の証人として存在しているので。従って、アンジェ市郊外にジルモンという信者が妻と一緒に暮らしていた。彼は大きな財産の持ち主ではなかったが、自然において満足できる物を自分の権利として所有していた。彼はキリストにおいて誰よりも称賛に値し、心の温和さと真実の信仰の堅固さと純真な素朴さに満ちていた。ある時アンジューの慣習に従って、聖マルタンの墓に詣でる考えが彼の頭に浮かんだ。そこに到着すると、この世での繁栄や長寿をお願いしたのではなくて、それまでの怠慢の許し、不安からの脱出、将来に対する保証をお願いした。なぜならキリストにおいて善き完成へと到達することができるためである。

5　次の日自宅への道を戻っている時、昼頃になっていたのであろうか、身体の疲労、そして更に特に精神的重圧によって疲れはて、しばらく道から外れ、地面に横になって眠り込んだ。睡眠の後、前に進むことができないほど身体の力が抜け、結局長い間地面を転がって進み、道路まで大変苦労して這って行った。そこに横になって、幸せな時と苦しい時の救済者である神に、可能な限りの忍耐力をもって神の慈悲に感謝を述べながら、自分を罰するために自分のもとに来てもらいたいと心と口で叫んだ。なぜなら、彼は主は愛する者を懲らしめ、迎え入れるすべての信者を鞭打つと聞いていたから。それ故、慈悲深い創造主は自分を望んでいた者が慰めを受けることなく長い間苦痛に苛まれるのを放っておくことはない。実際、彼は神の摂理が自分に関してどのような措置を講じるのか知らないまま、病める者としてじっとしていた。その時、彼は横たわっている道を騎士たちが通りかかるのを遠くから眺めた。確かに、この病弱者が進もうと願っていたその道を行くアンジェのある市民もいた。この市民は直ちにこの病弱者に同情し、同行者たちに言って彼を馬に乗せさせた。（勿論、この市民はこの病弱者を前から知っていたのであるが。）そうして彼をボジェ[19]の城下まで連れて行き、そこから彼はロバに乗せられて自分の家まで運ばれた。そして、そこでまる一年間麻痺した状態でベッドに横たわっていた。
6　その年が終わり、財産が無くなってしまったが、必要に迫られてベッドから起き上がろうとしたが、そこまで健康は回復していなかった。勿論、神の恩寵が働いて、右の手が足と共に以前の力を取り戻していくのを少しだけ感じた。しかし身体の半身は、以前そうであった如く、麻痺したままであった。このような苦痛の中に置かれている間、二本の杖の支えを求めていた。それらに支えられて、彼はまず色々な教会と町の郊外にある修道院を訪問し始めた。しかし、最も頻繁に訪れたのはサン・トバン教会の入り口であった。ある時は修道院の施物分配係から受け取る身体のための食料、またある時は聖なる証聖者の執り成しによって、心と身体の救済が得られるのを希望するためであった。それ故彼が所有していた少しの財産は売りに出され、あちこちの聖なる教会を巡回するために、それで自分を運んでもらうロバを購入した。結局、信仰の篤い妻と共に、諸使徒の助けを懇願するために、ローマの町に到着した。
7　彼がそこから戻っていた時、ルッカ[20]の町に住むある貴族の婦人が彼を宿泊のために迎え入れた。そして彼女は彼の温和さを確信すると、自分の家に留まるよう懇願し、生きている限り、すべてにおいて自分の父親として仕えることを約束した。神が自分を覚えていてくれたことに対して神に感謝し、喜んで即座にそれに応じた。しかし十五日が過ぎた時、故郷へ戻ることを勧める幾つかの助言に、彼は動揺し始めた。まず、彼はそれらの助言を心において拒否したが、自分の意思に反して色々と考えた。彼は自問した。自分は哀れな人間である。故郷へ戻ったとしても、一体誰が好んで私の病弱に仕えてくれるであろうか。私はここから何処にも行かないであろう。ここを去る日を待ち望むことはなかろう。しかしその後彼が眠っていると、大きな権威を備えたある男の姿を見たような気がした。その男はまず甘い言葉で話しかけ、「ここを退け。退け。そしてアンジェの町を目指せ。なぜならそこにおいてお前はここにいるよりも遥かにずっと心身の救済を得るであろうから。」と言った。続いて、その男は彼を脅迫して威圧し、もし従わないならば、もっと悪いことが生じるであろうと言って、相手を屈伏させた。それ故、次の日、彼に貧しい人としてではなくて主人として仕えていた信心深い女性に脅されたが、(彼が私に語ったように)食糧を分けてもらいたいと頼んだ。彼女は大声で泣き、彼自身も悲しかったが、家を後にした。アンジェに戻ると、そこで信者たちから必要なものが自発的に彼に提供された。しかし彼はまるで何か予感に促されたかの如く、宿泊する予定の宿屋を断って、サン・トバン修道院に留まるべくそこへ運ばれた。そこで彼は、自分のために慈悲深い審判者に執り成してもらうべく、昼夜連続して、聖なる証聖者への祈りに明け暮れた。

8　その間上記のことがこの病弱者によって熱心に行なわれ、そして病気になって七年目がやってきた。その日は上記の司教の誕生日であった。それ故、聖なる徹夜の祈り、即ち賛美歌と霊的な聖歌と『詩篇』によってその夜が祝福された。夜が明けるや、全員が一斉に集まって来た。聖職者は男女の庶民と一緒にいた。更に、少なくない貴族の集団もいた。他方、修道士たちの合唱隊は教会の周囲を何回も巡り、その役割を満たしていた。当時サン・トバンの修道士会を指導していたのが、驚くほど純真で温和で、聖なる想い出の修道院長ユベール(21)であった。その他非常に多くの修道院長が修道士たちを伴ってやってきていた。やがて第一時課で義務づけられていた祈りから解放されると、聖なる教父たちによって定められたように、彼らは修道士会室に入っていった。

9　他方、ジルモンは、祭壇に至るまで聖堂を満たしていた群衆の前を通って、朝司祭館へ入って行った。二つの祭壇の間で平伏し、自分を助けに来てもらうべく、呻きと涙でもって、神への義務に忠実な証聖者の慈悲を切願した。その時、彼が語っていたように、仕えることの献身さと心の悔恨、そして聖者への満ち溢れる愛によって、自分の身体が熱くなるのを感じた。もし健康を取り戻すならば、その心の情熱によって聖者への永遠の奉仕に一身を捧げることを誓い、長く続いた祈りから起き上がった。そして主祭壇前の入り口まで進むと、そこで彼を支えていた二本の杖が、恰も誰かに奪い取られたかの如く、消えてなくなり、そのため半分死んだように倒れこんだ。群衆の中の何人かは彼は何か苦しみに襲われたのだと言っていた。これに対して、健全な意識を持っていた他の人々は次のように言っていた。「これにより、皆さんはその時聖者の力が働いて、彼が健康を取り戻すのを見るでしょう。」と。彼らは願いを一つにして、「聖オバン様、助けに来て下さい。」と叫んだ。この声で病人の硬直していた腕と手が動き、同じく長い間縮んでぶら下がっていたその人の足も、恰も誰かによって大きな力で引っ張られたように、伸び始めた。こうして周囲にいた人々の何人かは彼の膝の神経が元の長さにまで伸び、加えて、そこから流れ出た血は踵まで流れ落ちたというのを聞いたと話している。こうして七年間の病気の後、キリストが業を行使され、ご自分の証聖者、聖オバンの奇蹟を介して、その男は身体を支える如何なる手段もなく、両方の足で立ち上がった。すべての人々の前で自分の健康を生み出した証聖者を讃えながら、正常な足取りで歩き回った。

10　大きな歓声が人々の間に起きた。すべての人々の心が霊的喜びに満たされた。すべての人々の心に新たな悔悟の気持ちが生まれた。やがて「私たちは神であるあなたを賛美します。」と声を揃えて歌う人々の讃歌と歓喜が天に舞い上がった。その歓呼によって、修道士の会議が中断された。修道士全員はそろって主の御名を讃え、彼らの司教である聖オバンに感謝を捧げた。それは、彼は腐敗に満ちた現世の牢獄から解放されてはいるが、引き続き彼の信者たちを悪へ突き落とすことがないようにと願ってのことである。他方、上記の修道院長がジルモンを招き、命がある限り、修道院の奉仕から身を退くことはないというのを彼から聞くと、哀れな人々の世話を取り仕切っている修道士の指導のもと、巡礼者、貧困者、病人の世話をするよう彼に命じた。修道院長は彼に「さあ。今まで自分に施されることを願っていたその世話を病気の人に施しなさい。あなたの良心から、それはあなたに相応しいことです。苦しんでいる人々に、少し前まで信者から受けることを求めていた奉仕の代償を返しなさい。」と言った。ジルモンはこの献身的な仕事を誠心から引き受けた。七年間一層献身的に愛を込めてこの仕事を行なった。彼の最期に、修道院長と修道士会全員は長い経験を通して彼の謙遜、愛、服従を認め、彼を修道院の境内に迎え入れ、聖なる服を着させた。彼は正式の修道士ではなかったかもしれないが、修道士として『詩篇』と祈りにこの上なく熱心に取り組んでいる彼の姿を目撃したことがある。

11　そして、当時修道院の分院長で現在は修道院長を務めているワルテール様[22]（彼が特に私にこのことをペンに託するよう命令したのであるが）と奇蹟に立ち会ったその他大勢から、ここに書いていることを私は聞いた。しかし、私はその男に起こったことをより早く彼の口から聞いて知っていたし、彼の頻繁で哀願するような願いから、私は書いた次第である。（このような試みは未経験であったので、）私は彼の希望を何度となく拒否した。そして無用な栄光心からこれを求めているのではと心配したが、私は折れてしまった。私は「恩恵を施す人よ。この現世において二重の栄光を享受したのですから、それで十分です。なぜなら、あなたが失っていた肉体の健康と霊的に救済されるべき好機を、敬虔な証聖者の願いによって、手に入れたのですから。ここでの掲載を希望しなくても、義なる者であれば、肉体的と同時に霊的において不死の栄光を授けられることから、その人は復活においてより一層栄光に輝くことでしょう。」と言いたい。しかし、その人は反対のことを言っていた。実際、我々のいと敬虔なる父の名望は私が望むことができなかったほど多くの善を、私の祖先たちは誰もそれに値しなかったのであるが、私にもたらしてくれました。しかし、自分のためでなくて、キリストの栄光のために、何か私が満足しているものがあるのです。その証拠に、私が不具であることを知っていた人全員が、我々の守護聖者の執り成しで私が健康になったことを見、キリストの御名を讃え、そしてその証聖者、即ち聖オバンの力を崇め、広めています。それ故、私を見ることによって、精神の教化のために今なされていることが、我々の守護聖者、聖オバンが我々の主イエス・キリストの賛美と栄光のために私の中で行なったことが、この奇蹟伝を読み、聞くことによって、この世の終わりまで行なわれ続けることを、私は特に願っていると。

第**3**章　聖オバンの御業によって敵から勝ち取った勝利。誓いの習慣が改められる。

12　更に、聖なる司教の生誕地も彼の徳の恩恵から免れてはいなかった。即ち、ヴァンヌ(23)地方の海岸沿いに、ブルトン人(24)の言葉でゲランド(25)と呼ばれる村があった。塩の盛んな取引で大勢の人々が住んでいた。そこの住民は敬虔な証聖者を聖なる愛で崇拝し、そして驚くべき崇敬をもってキリストに次いで敬愛していた。彼の栄誉のために、彼らの努力で建てられた、そこにある見事な教会がそのことを証明している。ある時この村の門前に、我々がノルマン人と呼び慣れている北方の海賊を運んできた、多くの武器で守られた船の一団が到着した。彼らは野蛮な、そして非常に残酷な部族で、人間の血をいつも流させ、他人の財産を欲しがり、娘たちを捕虜にし、如何なる慈悲も持たずに老人たちを虐殺すること渇望していた。それ故、彼らの不意の侵攻によって、この地方のすべての農民たちは自分たちが何をしたのか、どのようにして彼らから逃れたか全く覚えていない程に、恐怖に襲われた。即ち、抵抗する力はどこにもなく、他方、全財産と共に妻子を残す以外に、逃亡する機会はなかった。しかし、ラッパの音で集合すると、全員がサン・トバン教会に大きな願いをこめて集まった。そして彼らは援助者としてのオバン、守護者としてのオバン、同伴者としてのオバン、そして指揮者としてのオバンに、泣きわめいて呼びかけた。

13　彼らがこのような不安に怯えていると、晴れやかな姿の厳かで、彼らには全く知られていない一人の騎士が、光り輝く武器で身を固め、戦士の姿で現われ、彼らの愚かさを非難し、「おお、臆病者たちめ。信仰の薄い者たちめ。なぜ神なくして生活している部族と戦闘に入ることに躊躇《ためら》っているのか。まさか、大勢であれ少人数であれ、勝利することは主キリストにとってできないことと思っているのではなかろうな。特に聖オバンはずっと前からここにいて見ておられ、お前たちに援助の手を差し伸べる用意ができている。ダビデ(26)を思い出せ。武装していない子供がすべての人々に恐れられた巨人のゴリアテを一個の石で打ち倒したではないか。」と言った。こう言われて、すべての人々は心が燃え、敵と交戦した。やがて到着した敵の者たちはすべてにおいて突撃する用意ができ、そしてすべてを引き裂き、殺し、火を放ち、勝利を確信した。他方、聖オバンの小さな群れは敵に向かって攻撃した。多勢に無勢であったが、また武装者に非武装者であったが、更に戦闘に慣れていた者に未経験者であったが、彼らの力でなくて神の力を信頼して、敵の軍隊を屈伏させた。直ぐに敵は人間ではなくて神と戦っていることを知ると、退却に転じ、彼らの多くの死体を海岸に残し、来たときよりも速く彼らの船に到着し、以後これらの地方を侵攻することをしなかった。

14　このようにして聖者の助けによって、敵は打ち負かされて逃走したのであるが、彼らは調べてみて、このような戦闘において彼らの誰も死ななかったのみならず、誰も傷ついていないことを知った。そして彼らが鼓舞者として持っていた、あの名も知らない騎士だけが彼らの仲間からいなくなっているのを知った。この事実に彼らは心から苦しみ、悲しくなった。（即ち、誰もが彼の死を疑っていたのである。彼はすべての先頭に立って、敵の前線に突撃したのであるから。）彼を墓に埋めて讃えるために、彼らは死んだ者すべての遺体を丹念に調べた。しかし彼の遺体は発見できず、もしかしたら彼は主によって敬虔な人々の支援のために派遣された、天使の徳性として存在していたのではないかとの疑いが誰にも生まれた。こうして以上のことが好都合に終わり、すべての人々は喜び、敬虔な証聖者の教会に参集し、彼らの誓願を賛美の捧げものでもって果たした。

15　他方、尊敬すべき修道院長オトブラン(27)がアンジェの町の司教であったサン・トバンの修道院の院長を務めていた時、神は人々の悲惨さを哀れみ、誓約の軽率な違反を罰することに同意し、彼らの一人の死を通して、その他の人々に誓約の恐ろしさを体験させ、そしてその人の慰めを通してその他の人々を再び慰めたのである。古代の放浪者たちによって異教の神メルクリウス(28)に捧げられた日、シュミエ城(29)のテオドリクという名の騎士の息子で、フルクという若者が、父の命令を実行するために、数人の人々と荷物を積んだ馬を連れてトゥアルセ(30)（近くの村がこう呼ばれていた。）に向かっていた。それ故、馬には穀物が積まれ、馬はそれを運んでいくことになっていたが、（その町から）戻っていた時、ロバの背から落ちようとしていた積み荷を元に戻そうとして、そのフルクは負傷した。少し前に誰かが彼の手を激しく叩き、その後から手がひどく痛んだ。そのため彼は、その犯人はその場にいなかったが、その相手に怒り、その過ちの報復を誓いによって祈ること、そして尊いオバン様の誓約を通して、自分の気持ちの高ぶりを表現しようと思ったのであろう。しかし、軽率に聖オバンに誓いを立てた後、自分の興奮の誓約の言葉を述べる前に、突然彼は口がきけなくなった。彼の沈黙の原因を仲間が尋ねると、涙と幾つかの動作以外は何も引き出すことができず、彼を父のもとへ連れて帰った。

16　それから程なくして、この出来事に関する噂が周辺地域に広まると、その方の侮辱によって子供が言葉を失ってしまったのであるから、その方の賛同を得て子供への慰めが求められるべきであると、両親は考えた。そこで父親は友人たちを集めて、子供をアンジェへ向かわせ、そしてサン・トバン修道院の修道士たちの祈りに従順な者として委ねた。修道院長と修道士たちは彼を迎え入れ、謙遜に満ちた願いを込めて、神と聖オバンに捧げた。彼らはそのいと聖なる遺骸の前に平伏した彼に献身的忍従を指導し、彼を独りそこに残し、教会の戸を閉め（既に夕方になっていたので）、出ていった。彼は声や言葉を発するよりも呻き、涙を流し、直ぐに眠り込んだ。それから直ぐに、聖オバンが祝福された顔と白い装束で彼のそばに現われた。まず慈悲の言葉を述べた後、彼に立ち上がって付いて来るよう命じた。それから、彼の不慮の事故の原因を説明した。即ち、それは彼の罪のためのみならず、神と聖者とに対して軽率な気持ちで誓いをした者たちのために、彼らの不遜な態度を告発するために起きたのだと。最後に、聖者は生き方を改め、神と聖者に尊崇の気持ちを持ち、出来る限りすべての人々に不正なことから身を守るよう警告すること、さらにその教会の奉仕者たちに対しては、神が愛するその教会において、よく仕える者が約束された役職を手にすることができるように奉仕するために教育すること、そして自らは全生涯を通じてそこにいて、神の奉仕に身を捧げることを彼に示した。こう話すと、聖者は去っていった。そして、その青年が後から話したことであるが、廟の前に置かれた窓ガラスを通して聖者は軽やかに上昇していった。彼はそこで沈黙したまま聖オバンに向かって、なぜあなたはここから出て行かれるのかと叫んだ。同時に、無言の話し手の叫びを聞いて、修道士たちも到着した。それ故、既に話ができるようになったその無言の男は、すべての出来事を我々に語った。（即ち、私は相応しい者ではなかったが、この驚くべき奇蹟に立ち会ったのである。）彼らは一つの例を示して悪を予防するために我々を身構えさせてくれた神の慈悲を知り、神の偉大さをその甘美な賛美歌によって讃えた。いつの世までも神が生き統治するように。アーメン。

註

（1）アンジェ司教、在位五六二－五六七年。
（2）Aquitaine. フランス中西部の地方名。
（3）Gaule. ラテン語では Gallia. アルプス山脈の北側のフランスとスイス、同山脈の南側のイタリア北部を指す。
（4）Bretagne. フランス西部の地方名。
（5）Vannes. モルビアン Morbihan 県の県庁所在地。
（6）Gennes. dép. Maine-et-Loire, ar. Saumur, ch.-l. de cant.
（7）現代の地名としては Azay または Azé に相当するが、特定には至っていない。
（8）Dreuillé. dép. Maine-et-Loire, ar. Angers, cant. Thouarcé, cne de Le Champ-sur-Layon.
（9）地名不詳。
（10）Childebert. 一世、在位五一一－五五八年。
（11）Arles. 南フランス、地中海沿岸地方の都市。
（12）Césaire. 在位五〇〇－五四三年。
（13）Germain. パリ司教、在位五五五－五七六年。
（14）本書第一話、伝記1、註（23）参照。

（15）Julien. 初代司教、四世紀前半の聖者。
（16）本書第1話、伝記2、註（55）参照。
（17）Craon, dép. Mayenne, ar. Château-Gontier, ch.-l. de cant.
（18）Cunaud, dép. Maine-et-Loire, ar. Saumur, c. Gennes, cne Chênehutte-Trèves-Cunaud.
（19）Baugé, dép. Maine-et-Loire, ar. Saumur, ch.-l. de cant.
（20）Lucca. イタリア中部の都市。
（21）一〇五五年没。
（22）一〇八一年没。
（23）Vannes. フランス北西部の都市。モルビアン Morbihan 県の県庁所在地。
（24）Bretons. フランス北西部、ブルターニュ地方に住んでいた民。
（25）Guérande. dép. Loire-Atlantique, ar. Saint-Nazaire, chf.-l. cant.
（26）David. 古代イスラエルの王、在位 前一〇〇〇－前九六一年頃。
（27）Otbran. 在位？－一〇八一年。
（28）Mercurius. 神々の使神。
（29）Chemillé. dép. Maine-et-Loire, ar. Cholet, ch.-l. de cant.
（30）Thouarcé. dép. Maine-et-Loire, ar. Angers, ch.-l. de cant.

第三話　ヴェルトゥの聖マルタン

解題

ヴェルトゥの聖マルタンは五二七年、ナントに生まれる。伝記にある如く、彼はナント司教聖フェリクスによって大聖堂の助祭長に任命される。五七七年頃ナント近郊の、セーヴル川の右岸に広がるヴェルトゥの森に退く。その後ヴェルトゥ修道院、サン・ジュアン・ド・マルヌ修道院などを創建し、それぞれで院長を務める。特に、ポワトゥ（ポワティエ地方のこと）で崇敬されている。没年は六〇一年で、祝祭日は十月二十四日になっている。ル・リオン・ダンジェ Le Lion d'Angers のサン・マルタン教会の中に同聖者の立像が飾られている。ヴェルトゥ市の紋章にいちいの木が彫られているが、それは同聖者が修道院の境内にいちいの木で作られた巡礼杖を突き立てたとの伝説に由来する。

聖者の名前のフランス語表記は Martin de Vertou、ラテン語表記は Martinus Vertavensis となっている。伝記及び奇蹟譚二編は、最新の研究によれば、一〇〇〇年頃ミシィ修道院の修道士リエトーによってサン・ジュアン・ド・マルヌ修道院のために編纂されたと考えられている。伝記の底本としては *AASS*, Oct. 10, p. 802-804、奇蹟譚1の底本としては *MGH.SSRM*, 3, p. 567-575、奇蹟譚2の底本としては *AASS*, Oct, 10, p. 810-817 を使用した。

非常に短い伝記には、聖者の誕生から死までの出来事が簡潔に語られ、奇蹟の話はない。しかし、この作者は同時に奇蹟譚も書いていて、その中でも述べている如く、両者の区別は当初から意図されていたと考えられる。この聖者の主たる功績は異教との戦いと幾つかの修道院の創建であるが、研究者にとっての関心は、その地殻変動で消えた、伯領の中心地にして大きな商品集積地であった都市ヘルバディラについてである。その地名の比定はまだ決着していない。他方、二編の奇蹟譚に関しては、内容の重複が多いが、上述の聖モリーユ伝とは異なって、新しい内容も加わり、節の順序も大きく入れ替わっている。しかし、これら二編が同一人物の手になるとした場合、執筆の意図はどこにあったのであろうか。新しく発掘したもの、省略されたものが再評価されたもの、新しく起きたものなどが加わった結果と考えられる。

奇蹟譚を構成する節は少ないが、一つ一つが長く、色々な出来事を織り交ぜた物語のようになっていて、読みごたえのあるものになっている。もちろん、これらの出来事は史実としての検証が必要となる。これまで利用されてきた出来事を幾つか紹介してみると、ここでもこの時代の聖者文学に共通のトポスであるノルマン侵攻、それによる修道士の逃避行などが語られている一方、土地台帳（ポリプティク）作成の伝統に関しても重要な記述が含まれている。

伝記(1)

ナント(2)の助祭。ヘルバディラ(3)での説教。ヘルバディラの破壊。ヴェルトゥ修道院の起源。デュラン修道院(4)での聖マルタンの死。

1　マルタンはヌストリ(5)の町、ナントの非常に高貴な両親から生まれた。彼は幼少の時から優れた才能の持ち主として現われ、そのため両親は彼を聖なる教えを習得するために教師たちに預けた。彼は短期間で同年代の者たちを知識と習慣において凌駕するほどに成長し、とくに豊かな明晰さにおいて輝いた。そして彼は来る日も来る日も徳性において成長し、肉体を精神のために従属させた。彼が相応しい年令に達したとき、当時ナントの町の司教であったフェリクス(6)は彼を助祭に叙任し、小教区全体の魂の世話を任せた。しかし、彼がその役職にあってどれほど神聖に生きたか、そしてキリストのためにどれほど多くの人びとの心を言葉と模範によって獲得したかを明らかにしてみせることは困難なことである。

2　それまでゴールの一部において人びと、そしてとくにヘルバディラと呼ばれる町の市民は偶像崇拝の迷信に心を向けていた。ナントに近接していたこの町はキリスト教徒と境を接していたが、どのような同盟の約束によっても縛られてはいなかった。確かに、この町は豊かで自足していると思われていた。そこには非常に豊かな草地が広がっていた。さらに海やロワール川を介して多くの商品が集まっていたが、すべての良き慣習から遠ざかっていた。どのような説教者もそこへ近づこうとはしなかった。それゆえ、さきに述べた尊敬すべきフェリクスは、このように近くにある都市で偶像崇拝が勢力を維持していることを大変危惧していた。そう言うわけで、助祭マルタンを呼び、「親愛なるマルタンよ。今日に至るまで旧敵が人間を抑圧してきた。なぜ我々はこんなに近くにいる異教の不浄な汚物を根絶しなかったことを恥とは思わないのだろうか。それゆえ、今こそヘルバディラの町へ行ってくれ。そして、不信心な人びとに神の言葉を説き、彼らをキリスト教の教えに服させてくれないか。」と言った。

3　マルタンはそれに誠実に従い船に乗り、その町に到着した。神の王国を人びとに説き、永遠の生命の至福と暗黒の世界の永遠の苦しみを大声で話した。そして、そこで長い間人びとと話したが、説教は何の役にも立たず、聞くに値しないとして人びとに嘲笑され、行く所行く所で追い払われた。しかし、ロマンという、その町の市民ただ一人が妻と共に信じ、そして聖マルタンを歓迎するために迎え入れた。聖者はその家に留まって、生命の言葉を町の哀れな人びとに向かって間断なく言いつづけた。群衆は彼のしつこさを嘲笑したので、聖者は不安になりはじめた。なぜなら、踏み潰されることになる真珠を豚に毎日与えているのを嘆いたからである。

4　そして彼はこのような行為が何の役に立つのかと真剣に考えていると、天の声が彼に、「この町はいずれ滅びることになる。」と言った。そして、その声は彼を歓迎した男とその妻と共にその町を出、この二人に後を振り向くことを禁止するよう聖者に命じた。それに従い、すでに十分に離れると、聖マルタンは空を見あげ、天に向かって手を差しのべ、「人間を贖《あがな》うために来られた汝、キリストよ。あなたの善なる言葉に従わそうと私が苦労してきたこの町は、それを価値のないものと見なした。そしてあなたは私に逃げだしてそこから離れるよう命令された。この町が永遠に滅びることを命じるがよい。そこがこれ以上不正を行なう人びとの拠点ではなくなり、深淵がそれを行なう者たちを永遠の忘却へ追いやるためである。」と言った。このような言葉を言いおえると、突然、地面が裂け、海が大波を作り、城壁の高い頂上をまたぐ橋と寺院の屋根が言うよりも早く倒壊した。マルタンを泊めた主人の妻は滅んでいく人びとのどよめきに仰天し、どのような理由でこのような騒動が起きたのかを振り返って見るために、聖者から聞いていた戒めの言葉を忘れてしまった。彼女が坂道を登っていると、彼女は驚いて石になってしまった。それに対して、マルタンは離れた所に立っていたが、自分がこの死を招いた張本人であると責めながら、激しく泣きだした。

5　それゆえ、彼は世俗を捨て、人里遠くはなれた広大な無人の荒野を目指した。そこで彼は極度に痩せ細り、草や草の根だけで生活した。他方、そこに飲料のための泉を掘ると、それは彼にとって最高のブドウ酒に代わった。そしてそこで精神のすべての力を主に託し、長い間瞑想に没頭した。しかし、ランプは枡《ます》の下で長い間隠れていることはないので、人間の定住地との交わりをもつように言われた。それゆえ、デュメン[7]と呼ばれる森から、今日ヴェルタヌス[8]と言われている土地へ向かった。そしてそこで少しの間住んでいると、彼の良き香りの評判に魅了されて、多くの人びとが彼の所を訪れはじめた。その中の多くの人びとが彼と一緒に生活し、彼の手本にしたがって輝くことを求めはじめた。何人かは彼に多くの所領を寄進し、そこに彼は修道院を建設、また貧者を救済した。また、ある人たちは主に仕えるために子供を差しだした。

6　それゆえ、彼は非常に高貴な修道院を聖洗者ヨハネの誉れのために創建した。その場所は美しさのために昔からヴェルトゥと言われている所と考えられている。ここでマルタンは大勢の修道士を集め、彼らと共に天使の生活を送った。また、戒律の掟をさだめ、とくに厳しさに関しては、アルプス山脈の南側から導入されたと言われている。この修道院の聖なる仲間たちから、ヌストリ全域を覆うほどの聖性の評判が沸きおこった。すなわち、マルタンはあちこちに多くの修道院を創建した[9]。そしてそれらに百人という数がもっともらしく語られている、非常に多くの修道士が生活していた。そして、ヴェルトゥを自分に保留し、それらの修道院を非常に屈強な修道士に委ねた。しかし、適当な時期にそれらの修道院を巡回した。彼は非常な謙遜と聖性をもってすべての人びとに接したので、世俗の生活が彼の価値を減じると考えることはありえなかった。

7　それゆえ、巡回の途中でデュランに到着した。そこで彼は二つの修道院、一つは男子、一つは女子のためのものを創建した。そこで規則集を調べていると、彼は熱に冒されて寝込んだ。そして病気で苦しみ、修道士が彼のベッドを取り囲んでいると、大きな音と共に恐るべき悪魔の軍団を見た。そしてトゥール[10]の大マルタン[11]に関して読んでいたように、マルタンは彼らに向かって「悪魔よ。なぜここにいるのか。早く立ち去れ。」と言った。すると、突然彼らは消えてしまった。

8　こうしてデュランを訪れていたとき、ヴェルトゥの人びとが彼を迎えにデュランまでやってきた。これに対してデュランの人びとは彼の遺体を引き渡すのを好まなかったので、彼らとヴェルトゥの人びとの間で争いがおこった。両方とも遺体の回りに陣取っていたが、眠気がデュランの人びとを襲い、全員が寝てしまった。そこでヴェルトゥの人びとは遺体をひきとると急いで逃走した。ある身体が硬直した人が彼らと会い、そして棺の上に掛けられていた布に触れると、たちまち健康を回復した。同様に、すれ違ったある盲人が光を取り戻した。このようにして、ヴェルトゥの人びとが、以前はラウドサと呼ばれていたが、今は成り行きによってセーヴルと言われている川[12]の近くに遺体と共に到着すると、目を覚ましたデュランの人びとが武器を持ってその川の近くまで彼らを追ってきた。聖者の遺体が奪われる寸前まできていた時、ヴェルトゥの人びとがお祈りをすると、川は流れる道を変え、渡る便宜を一行に提供した。一行が渡り終えると、川は再び本来の流れに戻った。

9　こうしてヴェルトゥの人びとは、もう敵を恐れることはなくなったが、「なぜ、お前たちはこんなに遅く(tarde)手間取ってしまったのか。」と言って、デュランの人びとをからかった。そのため今日までその地の名前がタルデ(Tarde)と呼ばれつづけている。[13] デュランの人びとは神の意思を知って、自分の土地へ戻っていった。こうして、聖者の遺体は彼が創建した聖洗者ヨハネの教会に埋葬されている。そこでキリストの慈悲が数限りなく顕示され、それらについて述べることはどのような人間の精励にしてもできないことである。ここに聖者は十月、全能の神を称賛すべく、旅立った。アーメン

奇蹟譚1

序　死後における奇蹟。

ヴェルトゥの福者マルタンの生涯、または徳の高さについてわたしたちはこれまで少ししか語ってこなかった。読者の皆さんはわたしたちの約束を憶えているように、わたしたちが見たり、書物を読んだり、さらには巷の噂として忠実に知りえたこと、また福者自身が生前または死後に行なったことを付けくわえる仕事が残っている。なぜなら、マルタンから発しているといわれる徳性はすべて彼自身のものであるが、彼において及び望まれた人を介して奇蹟を行なうのはキリストであり、わたしたちの話の序文において、そのマ

ルタンの話をするわたしたちに英知の露を注ぎ、永遠の甘美な泉の流れでわたしたちの胸の乾きを湿らせることをその方に求めている。わたしたちは神の人マルタンについてほとんど少ししか語ってこなかった。それは、彼の伝記がかつてトゥアル城[14]で焼けてしまっていて、そしてそれと共に、ほとんど比べようもないこの福者の装身具も灰になってしまったからである。しかし、いろいろな詩歌が収められた小さな本が焼け残ったのであるが、その中に甘美で明快な調子で作成された、この聖者の伝記の抄本が発見された。従って、不肖で見せかけの修道士でしかなかったが、私がこの聖者の遺骸が安置されているこの修道院に来たとき、同修道院の修道士たち、そしてとくに、同修道院で院長の役職にあった尊敬すべきレナール様に、さきに述べた小著に収められた詩歌を平明な言葉で一冊の本にまとめるよう勧められた。神がお認めになる限り、私はそれを拒否することができなかったので、その本に収められたすべてのものを、韻文と呼ばれるものを除いて、より平明な言葉でまとめ、そして翻訳者のように逐語的にでなく、文意を尊重し、修道士たちの要望に沿って、すこし膨らませたりもした。実際、この本は諸先達の時代から、この福者の伝記に関して多くのことを記憶しているわたしたちの時代まで続いている。その一人がレナール様で、今日まで尊敬すべき年月を過ごされた。彼らの話からわたしたちが見いだしたすべてのことの中で、さきに述べた本に収められなかったものすべてをもう一巻の書物としてまとめることで、別々にすることが望ましいと、わたしたちは判断した。従って、彼自身が生きていて肉をまとっていた時に行なったことからはじめ、彼の死後、キリストが彼を通して行なうことで、彼が実行したことへと話を移すことにする。しかし、わたしたちは語られていることの真実について誰も疑わないことをお勧めする。なぜなら、なによりも真実が行なったものに虚偽が入り込むべきではないので。編者自身に責任があるとしても、もしその者が歪曲しようとするならば、真の比較によって、その歪曲の醜さがより一層露わになるものです。しかしそれでも、キリストの弟子である読者の皆さん、祈りによって助けてください。完全なものにすべく、キリストの命令によるとあなた方が考え、そして取り去ることを勧めるものに関しては、より一層注意してキリストに委ねなさい。

1　仕事に就いた熊について。

福者マルタンはローマを訪れ、使徒の頭、福者ペテロの座と墓を自分の目で見たいという願いを長い間もっていた。彼は家にいるあいだ、いつもそれらを思い浮かべて喜びに涙していた。そして彼の最大の関心事は、もし通行が困難なところがあれば、橋を架けること、それも場合によっては石を使って。さらにその間大きな岩山を平らにすることであった。ここからローマに赴く者たちは、もし少しでも努力するならば、この人物が如何に善意の人であったかを知ることができよう。以下のことはすべての人びとによく知られたことなので、わたしたちはわたしたちの物語の本題へと移ることにする。この福者がある時ローマから戻ってくるあいだ、後にトリール[15]の町の司教になった福者マキシマン[16]が彼にとって慰めであった。彼らには荷物を運ぶ補助手段として一頭のロバしかなかった。従って、ストリ[17]と呼ばれる司教座都市へ歩いて向かっていたとき、福者マルタンは必需品を購入すべくある町に向かった。その間マキシマンはロバの番をしながら、十字路の真中で待っていた。マキシマンが少し微睡んでいると、この哀れなロバは餌を探しているうちに道端を越えてしまい、そして熊と出会って殺され、たちまち食べられてしまった。町から戻ったマルタンは荷物の運搬者を探し、その番をしていた人と一緒に、ロバに何がおこったのか不安になった。そこで二人して探していると、食った死体の残りの上に座って、血のついた爪を口で舐めている熊を発見した。血がついた口からその犯人と確認される限り、その悪事の事実は疑いようがない。そこでマルタンは「なぜお前はわたしたちの慰めであったロバに苦しみを与えたのか。ロバの役目を引き継げ。お前はそのロバの血塗られた襲撃者であるから、労働の実践においてその後継者になれ。」と言った。この声を聞いた熊は跳びおき、首をうな垂れ、神の下僕たちの手におとなしく近づき、荷物を受けとり、こうして掠奪者は福者たちの仲間となった。この動物は忠告するマルタンの命令を撥ねつけることができなかったのであるが、それはマルタンの心に徳が宿っていることを感じ取ったからである。ウルセリア・ウァリス[18]と呼ばれる土地にやってきたとき、命令にしたがう動物として連れていたこの動物に見栄のかけらも残っていなかったので、二人の聖者は、この動物に「荷物」という非常に目立つ印をおびた状態で立ち去るよう命令した。すなわち鞅《むながい》と鞦《しりがい》があったところの毛がむしり取られ、皮がむきだしになっていた。さらに、この名誉が与えられたこの動物は、これによって誰にも捕らえられることなく、生来の目的を失い、同じ印をもったすべての子孫を増やしていくことになった。さらに、わたしたちは今日でも、ローマから戻ってくる人びとの中に、住民たちの証言にしたがって、上記の動物の皮を購入し、それをローマ巡礼の証拠として家から決して持ち出さなかった人たちを見ている。このことを証言できるのがアンジューの副伯である尊敬すべきルノー[19]様で、彼はこのことや、マルタンに関する人びとを茫然とさせるその他多くの奇蹟について話してくれた。

2　悪魔の群れから取り戻された、海の向こうの君主の娘について。

海の向こうの国に、その名は忘れられたが、ある君主がいた。彼には粗暴な悪魔の群れにいつも悩まされていた娘がいた。彼があらゆる方法でこの娘を助けてやろうとしたが、駄目だった。日ごとこの娘の苦しみは増していった。ついに悪魔がその取りつかれた娘の口を通して、「ヴェルトゥのマルタンの祈禱によって、俺は悪魔の群れから抜け出すであろう。おお、仲間たちよ。我々に時間がある間に、我々が追放される前に、逃走を要求せよ。」と声を鳴りひびかせた。この声を聞いて、悪霊によって縛られたままであったがため、この娘はあらゆる声、あらゆる動作で暴れはじめた。不安になった父親は何をしたのか。彼はマルタンを知らなかった。彼はあらゆる人にその人のことを尋ねたが、見つけだすことができなかった。もしどこかでマルタンが見つかったならば、最高の敬意をもって自分のところへ連れてきてもらうため、彼はすべての地方を探し回るための使者を派遣した。海を渡って、あちこち駆けめぐったあと、神の思召しによってマルタンを見つけだすと、使者たちは彼を崇め敬い、彼らの航海の目的を伝えた。これに対して、神の人は彼らを殊のほか温かく迎え入れ、敬虔な慰安のあらゆる愛でもって励ますと、娘の苦しみの種が何であるかを探しはじめた。使者たちは小さい時からその娘に病気の原因が発生していたと語った。これに対して、マルタンは「主は力強い。主が創られた娘を不敬な侵略者の手から解き放つであろう。」と言った。マルタンはお供を一人従え使者たちと共に大海原を渡って、さきに述べた君主の国にやってきた。使者の中の一部が先に行き、神の下僕の到着を告げた。君主は走って出てき、自分の願いが叶えられるであろうこと、そして娘の救済を心の中で思いつづける自分がやがて神の人の尊敬すべき足許にひれ伏すことを大いに喜び、取るに足らない自分のために、この聖者がかくも長い旅の苦労を引き受けてくれたことに感謝した。従って、神の人がこの君主と共に宮殿に向かって進んでいくと、突然マルタンの出現を歓迎する騒《ざわ》めく大勢の人びとの声が聞こえた。そこで不安となった悪魔の群れは聖者の目の前に現われることにたえられず、その娘を大いに罵り苦しめたが、混乱し動転させられ、細長い風となって消えてしまった。他方、神の人は宮殿に入り横たわる娘をおこし、救済の十字の印を彼女の額に押しあてると、救済されたその娘を父親に引き渡し、そして彼女にキリストの祝福されたる花嫁として聖なる衣装を着せた。それゆえ、この上なく喜んだこの父親は、娘を救ってくれたお礼として、この福者に金銀を山のように贈与するよう命じた。しかし、福者はこれらに目を向けることは正しくないと判断し、それらすべてを貧しい人びとに与えるよう命じた。そこで何日間か滞在したのち、その君主の家全体を、十分に誠実な献身の証しとして、キリストに委ねた。

3　波に飲み込まれても沈まなかった皿について。

神の人マルタンはさきに述べた君主の宮殿で殊のほか見事で古い大理石でできた皿を見た。彼はキリストのための祭壇を祝別するため、それをもらえないかとその君主に訊いた。同君主は喜んでそれに同意し、さらに皿を海岸まで運搬する用意を整えた。これに対して、聖者は儀式に従ってすべてのことを行なうと、帰還を決意し海岸へと急いだ。この皿を運んできた人びとは、聖者を待っているあいだ、君主の命令で橋を越えて行かねばならなかった。主の人は、来るときも帰るときも、彼らに何もきついことは要求しなかったのであるが、別れを言いながら、彼らに戻るよう命じた。そして、力強き主にその運搬を委ねた。その皿に十字の印が刻まれると、波がそれを沖へ押し流し、そしてこの聖なるものを保護するために取り巻き、忠実な仲間と共にその石の器を自分の上に乗せ、そしてその日のうちにヌストリの港に静かに到着させた。そして不思議なことに、かくも壊れやすい石の器が、まるで小さなケシの種のように、波の上を渡っていった。そして、嵐のような風でさえもその石の器を反対の方向に押しやることができなかったし、乗組員の重さを少しでもぐらつかせることもなかった。「きっとキリストご自身が支えてくださり、そしてもう一人のペテロに対するかの如く、より強い信仰から、優しく手を差し出されたのだ。キリストが舵取りであり、水先案内者であったのだ。[20]」それゆえ、間もなくして、岸に着いた。運搬が終了すると、マルタンはその皿をサヴネ村[21]に運ぶよう命じた。その後からマルタンはついていき、その村の教会の祭壇の上にキリストのために置いた。そしてそこでは今日に至るまで、神であるキリストが、マルタンの同意のもとに、求める人びとに多くの恩恵を授けてきた。わたしたちがさきに述べた出来事には大勢の証人がおり、そしてそのことに関しては彼らの証言を得ることができる。その中の一人がアルヌールフで、彼はノルマン人の蛮行によって両腕をもぎ取られていた。すなわち、彼は昔ヴェルトゥ修道院のファミリア[22]に所属していて、そしてその時アタルデと呼ばれる所[23]に住んでいた。そしてそこは神の人の遺体が、さきに述べたように、川の水を切り裂いてたどり着いたところである。さらに、わたしたちはそこに滞在していたとき、この男としばしば話しをしたものである。何と不思議なことか。なぜならこの男は両腕を無くしていたにもかかわらず、狩猟への情熱を失っておらず、そこで最も狂暴なものと見なされていた猪を罠だけでなくて槍でも捕まえていたほどである。わたしたちが以上のことを言ったのは、マルタンについて書いていることが作り事でないことをすべての人びとに知ってもらうためである。〔後略〕

5　同じ杖について、それが如何にして根を張ったか。それを通して如何なる奇蹟が示されたか。

しかし、わたしたちは、神の人が長年の乾燥ののち、修道院の中庭の真中に刺した杖に関する驚くべき出来事について話すことにする。事実、彼は丹精こめてそれを大きな木に育て、そして、神の人が予言していたように、それがこれまで大勢の人びとを救ってきた。すなわち、その木から切り取られた小枝が熱に冒された人びととういろいろな病気に罹った人びとを治した。もし別の機会に切り取られたならば、罰を受けずにその場を立ち去ることはできなかった。そのため、その木は殊のほか恐れられ、そしてわたしたちが自分たちの目で確かめ、わたしたちの父の愛によって絶えず崇めた。住民による驚嘆にみちた敬意の中にあったため、ブルトン人の有力者たち——この地方が彼らの権力に服属させられていたのであるが——は、もし彼らがここにやって来たならば、まずはその木のもとにきて、そこでキリストを崇め、そうしてから教会の中に入っていった。ブルターニュの王アラン(24)もいつもこうしていて、この慣習は彼の祖父母の時代からあったと言っていた。しかし、この種の木は弩《おおゆみ》や矢を作るのに適していた。そしてそれは、普通、「いちいの木」と呼ばれていた。長い年月の後ノルマン人がそこにやって来ると、その中の二人の若者がその木に登り、弓を作るためにそれを削りはじめた。その一人は突然音がして失明し、他の一人は自分の首をほとんど切り落としてしまったため、横たわって死んでしまった。さらにもう一人は木から降りようとして、足をおいた途端に足を滑らしてしまい、慌てた彼は尻の骨を折ってしまった。これを見ていたその他の人びとは恐怖に慄《おのの》き、以後このようなことをしようとする者はいなかった。他方、敬虔な裁判者の容認のもとに、異教徒たちの恐るべき狂乱が高まるまでは、この修道院は長い間この上なく高貴に栄え、この上なく強力な父たちをもった。それらの父たちの一人がローヌジジルで、彼の精励さと聡明な頭脳の怜悧さはわたしたちの命令文書の内容を読む者には一目瞭然と思われるであろう。一部は怠惰によって忘れ去られたり、一部は尊敬すべき大助祭シガンによって書き写されたりしたものなど、まだ非常にたくさんの奇蹟が存在する。わたしたちが修道院脱出の話に順序正しく入るために、それらのほんの少しをここに挿入した。

6　癒された盲目で足のなえた人について。

この修道院がその名声を馳せていたとき、トゥールーズ[25]の町に聡明な両親から生まれた一人の若者がいた。誕生直後から歩くことと見ることの機能が否定された。彼は睡眠の静寂を通して、「もしマルタンの墓に詣でたら、忽ちにして健康を得られるであろう。」と言うのを聞いた。彼はマルタンを知らなかったが、このマルタンの執り成しを求めるよう言われてトゥール[26]の町へ運ばれていったが、福者マルタンから受けるべき健康の喜びを聞けなかった。この後、ソジョン[27]に向かったが、何も得られなかったので、ふたたび眠りの中でヴェルトゥへ戻るよう命じられた。このような命令を出したのは、マルタンであった。彼は眠りから醒めるとおき上がり、ヴェルトゥへ連れて行くよう命じ、そして日曜日であったその日の早くに到着した。しかし、修道院の入り口に近づくまえに、ミサの始めに交唱聖歌「あなたのお望みにおいて。」を歌っている修道士たちの声を聞いた。これを聞いた彼は頭をもたげると、修道院がはっきりと見えはじめ、運ばれてきたベッドから跳び上がり、どのような支えも使わずに、拝みにきた福者マルタンの墓へ近づいた。そこで喜びのあまり長い間涙を流したのち立ちあがると、理由を尋ねる修道士たちにすべてのことを話してきかせ、そしてその修道院を可能な限りの贈り物で十分に飾った。修道士たちは喜び、キリストとその忠実な下僕に対して喜びにみちた、数えきれない感謝の行為を捧げた。

7　罰せられた国王の顧問サンテュルフについて。

フランク人の王ダゴベール[28]が国家の第一人者としてありとあらゆる戦争で苦しめられているあいだ、修道院から多くのものを掠奪し、それらは彼の騎士たちの間で分けられていた。同王が敢えてこれをしたのは、顧問のサンテュルフの進言に納得したからであった。このサンテュルフは殊のほか狡猾で説得じょうずな筆頭廷臣であった。国王が彼に自身の進言の実行者になるよう命令すると、彼は教会組織の財産を調査し、それらの半分を王領地の帳簿に記入しはじめた。それを実行する過程で、同じ事をするためにヴェルトゥにやってきた。同修道院には殊のほか見事な荘園があり、そのうちの半分を王領地に加え、残りを修道士に残した。修道士たちは嘆き悲しんだが、彼らだけにこの調査が行なわれているのではなかったので、黙っているしかないと思った。サンテュルフは国王の許に急行すると、取り上げられずに残された荘園の方が幾つかの修道院の全荘園よりも大きいと嘘をつき、まだ残っている荘園を分割するよう国王を説得し、修道院に留まっていたといっていた修道士たちには三分の一を残しておくだけで十分であると言い、「衣食において慎ましくあるべきと命令されている彼らが、大きな荘園の所有者であるということはどういうことか。彼らは生きており、我々のような戦い、国王に仕える人がより多くを所有することを許すべきである。」と付言した。こう言って、彼は国王にそう実行するよう説得した。それに対して、国王は彼に、「ヴェルトゥへ赴き、お前が吾に話した業務を実行せよ。」と言った。サンテュルフはその場をすぐに立ち去り修道院へ急行し、修道院の修道士たちに「はっきりと知るがよい。ここに来たのは私の意思ではなくて、国王の命令を実行するためである。」と言って嘘をついた。修道士たちは彼に答えて、「あなたが仰るように、もしあなたの意思で来たのでないならば、それをはっきりと示してください。」と言った。このようには言ったが、国王とその命令を拒否することはできないと知り、修道士たちは非常に悲しくなり反抗もできず、修道院の境内へ引きさがっていった。サンテュルフは喜び快活になり、たらふく食べるために横になった。そして酒宴の合間に、訪問の目的を達成すべく、自身と同伴者たちを説教で武装させた。他方、修道士たちは一晩徹夜で過ごし、マルタンの聖なる墓の傍にいて、不機嫌な声で不満を述べ助けを求めた。サンテュルフは料理を食べおわると、非常に綺麗な寝台に寝かされ、聖者たちに対する軽蔑を傲慢な心で強めようとした。すると、見るがよい。真夜中の少し前、彼は目の前に二人の恐ろしい顔をし、輝く衣装に身をつつんだ男たちが現われるのをみた。彼らは恐ろしい形相で彼が眠っているかどうかを確かめようとすると、彼はいつもの傲慢な態度で、「お前たちは誰か。儂を起こそうとするとは、何という無礼なことか。」と答えた。それに対して、その二人は「私たちはヨハネとマルタンだ。私たちはお前が軽蔑した者たちだ。お前は私たちを冒瀆し、この修道院の荘園を不当にも横領した。やめて罰を受けるか、それとも知らずにやったとして救済されるか。」と答えた。こう言うと、まずヨハネがサンテュルフの腹に強く踵を打ちあて、そのため彼の腹からすべてが吐き出されて飛びちった。しかし彼は立ち上がろうと試みたが、やっと目が開き、マルタンが杖をもち、自分の頭を激しく叩くのを見た。修道院は恐ろしい叫び声でこだまし、同伴者たちも目を覚ますと、サンテュルフは自分を罰している張本人たちの名前を大声で叫び、そして直ぐに死が訪れ、冥府へと直行した。こうすることによって、その時聖マルタンの財産を侵略し、その修道院の修道士たちに害を加えようとしていた者がいなくなったのである。

8　ノルマン人によって惹起されたナントの災禍。

主の化肉《かにく》の八六四年、ノルマン人の名前がわたしたちの間で聞かれなくなっていたとき、突如彼らは細長い定住地から飛びだし、海賊行為を身につけ、ブルターニュの海岸地方を荒らし、長い船でロワール川に入ってきて、ナントの町の城壁に迫った。そしていろいろなことをするよりも、特別な仕事を優先させた。

その日は祝祭日、すなわち聖なる先駆者（洗礼者聖ヨハネ）の生誕日で、住民全員を教会に招いていた。戦争の騒ぎの疑いはなく、彼らはいつも開いていた門から入っていった。さらに、司教聖ゴアール(29)は使徒である聖ペテロの教会の、主祭壇の左手に位置していた殉教者フェレオル(30)の祭壇の上で、うやうやしく聖なる荘厳ミサを執り行なっていた。それゆえ、誰によっても妨げられることなく、ノルマン人は侵入し、上着の下に武器を隠しそして剣を忍ばせ、教会に入ると剣を鞘から抜き、「心を上へ。」と言っている司教を聖なる犠牲として殺した(31)。そして彼らは人びとの間を暴れまわり、どの年令の人でも容赦しなくてよいと考えた。町は荒らされ、教会には火が放たれ、彼らは大勢の捕虜と町の高価な調度品と一緒に船に乗り込み、ある島で天幕をはった。そしてその場所から頻繁に出没して敵意をみなぎらせ、海岸地方に住む人びとを大軍でもって恐れさせ、彼らに未知の土地を探させた。ヴェルトゥの修道士たちはそのことに非常な不安を感じた。彼らはナントの町に近く、そして同町から約三マイルしか離れていない、ロワール川とヴィエンヌ川(32)をむすぶ水路沿いに位置していたので、可能な限りのものを集めて六隻の大きな船に詰めこみ、墓から聖者の遺骸を掘りだし、高価な宝石で飾られた金の棺に安置した。しかし、じっとしている間、そして人間のひ弱さにつきもののように彼らの間で不安が小さくなかったとき、二隻の船が突風に押し流され、すべての積み荷とともに沈んでしまった。修道士たちは古い教会を破壊し、もっと綺麗な教会を建てることに決めた。それが今日も見ることのできる教会である。その建物は床面から三ウルナ(33)の高さに達し、それはそれを建てはじめた人びとの高貴さと力の証明である。彼らは彼らによって土の中に埋められ、今わたしたちによって発見された鉛の大きな塊りを、教会を覆うために集めてきたのである。さらにある者がわたしたちの前でその塊りの一部をこっそりと盗んだのであるが、他の者たちによって同じ事が企てられないようにと、その男の体はその場で筋が縮んで硬直してしまった。彼は自分が犯人であることを告白し、聖者の墓に連れていってもらい、わたしたちの見ている前で健康を取り戻した。さきに述べた修道士たちはわたしたちによって知られていて、時がくれば明らかとなるであろう、低くない価値のその他の出来事については、何も語ってくれていない。

9　なぜ聖者の遺骸がポワティエ(34)の町の人びとによって拒否され、それに関して国王ペパン(35)はどのような決定を下したのか。

そのころこの地の修道院を院長ルナールが統治していた。彼は思慮にとみ、不幸に耐える強い心を備えていた。彼は名をボディロンという修道院の俗権代行者を呼びよせ、同修道院からの脱出を準備し、自分を護ってくれるよう要求し頼んだ。至福の人に負っている奉仕を拒絶するよりもすべてのものを放棄することを選ぶと、同俗権代行者は快い気持ちで返答した。それゆえ、台の上に丁重に置かれた小さな棺に聖者の遺骸を安置し、すべての調度品をもって、ファミリア全員と共にありとあらゆる荷車と家畜の大群を連れて、全員が涙を流しこの上ない悲しみを味わいながら、ヴェルトゥを去っていった。そしてこれらの新たな放浪者たちによって見しらぬ家が探し求められることになった。福者ヴェテラン(36)が埋葬されて眠っているノヴィヘリア(37)と呼ばれる土地にきて、そしてしばらくそこに留まることになった。しかし、聖者のいと祝福された遺骸が移されたそれぞれの土地で、全能の神がどれほど多くの奇蹟を行なったかについて話すことは不可能である。それゆえ、そこを発って、ヴェルトゥの様式で二つの修道院が建てられているエンシオン(38)と呼ばれる、彼らの権利下にあった修道院へと向かった。山の頂上には洗礼者聖ヨハネに捧げられた修道院、その東側には使徒聖ペテロに捧げられた修道院があった。さらに、聖ヨハネの教会には、この修道院の院長であった聖ジュアンの遺骸が安置されている。そしてその頃この修道院にいた参事会員の指導者としてフュルラド某がいた。参事会員たちに対して修道院長ルナールとその他の修道士たちは、聖者の遺骸と自分たちを迎え入れ、この修道院が神の人マルタンの権利下にあったことを認めるようにと命じた。これに対して、参事会員たちは彼らの間で相談をもち、修道士たちの所有権を恐れ、彼らを迎え入れることを拒否し、所領の境界の外へ出るように命令した。修道士たちは譲歩してオヴェルニュ(39)へ向かい、その当時アキテーヌ人の統治者であったペパンにあれこれと苦情を申したてた。ペパンは彼らにブランサト(40)の地をすべての付属物と共に与え、その時までこれらの所領が下付されていたランドリク(41)の意見に従って、王の権威の文書がこれに関して作成されるよう命じた。そしてポワトゥ伯(42)の許に使者を派遣し、彼らにエンシオン修道院を返還するよう命令した。参事会員たちの中で、修道士の服を望んでいた者は留まった一方、望まなかった参事会員は追い出された。この権威の文書によって修道士たちは元気を回復し、敬虔な守護聖者の聖なる遺骸と共にポワトゥに戻った。その途中でキリストの慈悲がどのようにして何回も行なわれたかを説明することは、わたしたちの舌では無理である。その中から一つだけお話しすることにするが、この話を聞いて、わたしたちは残りについても十分信を置くことができる。

10　ボディロンの傷が治ったことの奇蹟。

このようにして修道士たちが聖者を高価な装備につつんで運びだし、軽い食事をとるためにある谷間で休息していると、突如十二人の盗賊があらわれ、彼らの馬を襲った。修道士たちの俗権代行者であったボディロンがそれに気づくと、修道士の間から立ち上がり、武器をかき集め、素早く盗賊めがけて突進した。そして彼らの一部を打ちのめし、残りを逃走させた。そして横腹に重傷を負ったが、盗賊が奪い取ったものすべてを取りもどした。彼の血が大きな川となって溢れでると、泣き悲しむ修道士たちによって負傷した部分に脂肪の塊りがのせられた。そして固く包帯で巻かれて傷があわされた。それゆえ彼らは彼に何か食物を取ってあげようかと訊いた。彼はそれを断り、悲しみと涙でその場所で一晩中眠らずに過ごした。彼らは彼を心から愛していて、そして彼の好意のために尊敬の念がすべての者にあった。こうして朝の光があらわれ、半分死にかけた彼を馬に乗せ、悲しみのうちに道を急いだ。この谷間の傾斜した場所に着くと、聖者を運んでいた馬がよろめき、積み荷が落ちそうになった。その負傷した男は馬を飛ばして駆け寄ることもできなかったが、自分の手を差しだした。その場の苦境を脱すると、彼は馬からおり、馬の腹帯をもっと強く締めなおし、自分が縛られていた紐を解いた。これについて何も知らず、彼は馬に乗ると、傷口に当てられていた脂肪の塊りが胸の所で温かくなっているのを見せ、自分の腹が空になっていると思い、直ぐに死ぬのではと恐がり、大声を出してこのことを修道士たちに報せた。修道士たちは急いで彼を馬から下ろし傷口を検査し、彼がまったく健康で、まるで負傷していなかったかのようで、そしてすべてにおいて完全であるのを発見した。実際、その時彼は完全に健康な者として立ち上がり、聖マルタンを数えきれない称賛で讃え、自分の健康に関して湧きでる喜びをすべての修道士に表明した。そのようにして一行がエンシオン修道院に到着すると、神の人ジュアンの遺骸の横に聖マルタンの遺骸を安置した。それから多くの年月が経っていなかったとき、それはさきに述べた聖ペテロの教会に、十二月一日丁重に移された。その時キリストが彼の力強い戦士を讃えるために行なったことを、それが起こった順番に、一部ではあるが、次の言葉が明らかにするでしょ

う。〔後略〕

18 公ルノーは修道院の領地を襲撃したため死んだ。

数ある奇蹟の中で、次のものは見逃すことができない最大のもので、どのように望んでも、可能性の力をうることができないものである。フランキア[43]の公であった、家柄において高貴なルノー[44]はル・マンの町の飾りに支えられてはいたが、不敬にみちた不正で顔を赤くし、聖マルタンが長い年月をかけて獲得したものを彼から奪い取ることを望んでいた。それゆえ聖マルタンの財産が自分の財産と境界を接しているのを知ると、毎年の収入と共にそれらを取り戻しはじめた。祝福にみちたマルタンの信者たちによって広められた噂がそのことを修道士たちに知らせると、彼らは彼の許に使者を派遣し、そのように不正なことをしないようにと嘆願させた。彼は彼らが要求することが自分の所で行なわれるのを拒否し、彼が横領していたものを返還しないのみならず、その他も終身を条件に保有しつづけることを約束した。しかし全能の神は、それが行なわれないために、その実行を遅らせた。修道士たちは悲しい気持ちでその場を立ちさったが、彼が心の中でやろうと決めていたこと、つまり横領したものを他者に放棄することのないよう伝えていた。さらに修道士たちは全員一致で祈禱といういつもの武器をとり、団結してひれ伏し、修道院で聖マルタンに仕えるようにしてくださっている主に支援をお願いした。すべての声を聞き届けてくれる主は、下僕の願いが無になることを望まず、彼らに聖者ペテロと洗礼者ヨハネのみならず、さきに述べたマルタンを援軍として派遣した。こうして三人がある夜ベッドで寝ているルノーの前にあらわれ、眠っているのかどうか彼に訊いた。もちろん、彼は三人が何のために来ているのか知っていたのであるが、ヨハネは彼に向かって、「我々は、なぜお前が聖者および神の所領を大胆にも横領しているのかを確かめるために、神から派遣された。修道士たちが院長と共に終わりなく統治していて、修道士も院長もお前に害を加えていないにもかかわらず、なぜお前は目の前にいるこの人をかくも激しく辱めるのか。」と言った。つづけて、彼は「天国の入り口の命令者、ペテロよ。彼の方へ顔を向けて、彼が如何なる罰を受けなければならないかを命令しなさい。」と言った。これに対してペテロは、天の錠をはずし、彼に三回の鞭打ちを加えるよう命令した。その時修道士たちは使徒の命令に従い、まるで細い縄を使ったように、三回の鞭打ちをしたあと、ペテロは第一番目として特別な鞭で叩き、彼を殺すべく他の二人に任せた。その最初の人ヨハネ、もう一人のマルタンは新たに、ペテロがしたように、それぞれ一回の鞭打ちを行なった。鞭で三回打たれたが、鞭によって矯正されたかどうかを言う必要はなかろう。彼は横領していたものを返還したのみならず、正当に所有していたものまでも差し出したのである。このように、わたしたちはこの聖者の徳のほんの少しを記述する一方、その他については沈黙した。なぜなら、残ったものに関しては、それらが後世の人びとに知ってもらうために記述されるよう、わたしたちより賢明な人たちに委ねることにしたためである。

奇蹟譚2(45)

第1章　前作の補遺と遺骸奉遷以前の奇蹟。

1（1）(46)　聖マルタンがいつも願っていたことはローマに行き、使徒の長である聖ペテロの主座と墓を見ることであった。それらのことを想っては、彼は故郷にいるあいだ、この上なく甘美な感情で涙することが常であった。そして彼にとっての最大の関心は、もしどこかで旅が困難なところがあったならば橋を修理するか、さらには時々大きな谷に石で平らな道を作ることであった。ここからローマを目指す人びとは、もし知ろうとする気持ちをもつならば、その方が如何なる善意の人であったかを理解することができよう。これからお話しする出来事はすべての人びとに最もよく知られたものであるが、それらをわたしたちの話題に用いることにする。

2（1）　聖者がある時ローマの町から帰郷していたのであるが、彼にとって聖マキシマン(47)――彼は後にトリール(48)の町の司教になったが――が旅の慰安となった。二人には荷物を運ぶ手段として一頭の小さなロバしかいなかった。そのため、ストリ(49)と呼ばれる町にくると、聖マルタンは必要な食糧のために、ある城下町へ出むいた。マキシマンはそのロバの番をするために、十字路の真中で待っていた。彼が少し眠り込むと、哀れなロバは草を食むことに夢中になっているあいだに道端を越えたため、出くわした熊に殺され、たちまち食い尽くされてしまった。城下町から戻ったマルタンが荷物の運搬者を呼び、ロバに何がおきたかをその番人に訊いた。それから二人はロバを探し、熊が食われた動物の死骸の残りの上に腰を下ろし、自分の口で血だらけの手の爪を舐めているのを発見した。その詐欺師が血のついた口によって確認されたので、その犯行には疑う余地がなかった。そこでマルタンは「なぜお前は旅の同伴者に害を加え、ロバの役目を奪い取ったのか。お前はこの行為の血のついた張本人であるから、お前は労働の行使においてその後継者にならねばならない。」と言った。この声を聞いて熊は立ちあがり首をうなだれ、神の下僕たちの手に飼い馴らされた動物のように身を委ね荷物を受け取ると、掠奪者から聖者のお供になった。この動物は忠告するマルタンの命令を撥ねつけることができなかったのであるが、それはマルタンの心に徳が宿っていることを感じ取ったからである。ウルセリア・ウァリス[50]と言われるその土地にやって来た時、命令にしたがうものとして連れていたこの動物に見栄のかけらも残っていなかったので、二人の聖者は、この動物に「荷物」という非常に目立つ印を帯びた、すなわち胸帯と鞦があったところが、毛がむしり取られ、皮がむきだしになった状態で立ち去るよう命じた。さらに、この名誉が与えられたのは、これによって誰にも捕らえられないで、その動物が生来の目的を失い、同じ印をもったすべての子孫を増やすためであった。さらに、わたしたちは今日でも、ローマの町から戻ってくる人びとの中に、住民たちの証言に従って、上記の動物の皮を購入し、それをローマ巡礼の証拠として家から絶対に持ちださなかった人たちを見ている。このことを証言できるのがアンジューの副伯である尊敬すべきルノー[51]様で、彼はこのことや、マルタンに関する人びとを茫然とさせるその他多くの奇蹟について話してくれた。

3（5）　わたしたちは、何年も続いた乾期のあと、神の人が修道院の庭に刺した杖に関する素晴らしい出来事を今からお話しすることにする。その杖は大きな木のかたまりに成長し、神の人が予言していたように、多くの人びとに救済をもたらした。すなわち、熱がある人びとといろいろな病気に苦しんでいる人びとにとって、その木から切り取った枝が救済をもたらした。もし別の目的で切り取られたならば、罰せられないではすまされなかった。そのためその木は非常に恐れられ、根元の所から葉が一面に茂っていた。そしてわたしたち自身もそれを見たし、わたしたちの父の愛によってそれに何度も接吻していた。しかし、その木は住民の称賛にみちた畏敬の中にあったため、その地方を権利として所有していたブルターニュの諸侯はそこを訪れるとまずその木のもとに行ってそこでキリストを拝み、それから教会へ入っていった。王アラン(52)もいつもそのようにしていて、彼の祖父母の時代もそうであったと言っていた。しかしこの種の木は槍と弩に適していて、「いちいの木」と呼ばれている。長い年月がたち、そこにノルマン人がやって来ると、その中の二人がその木に登り、弓の材料を切り取ろうとした。一人は突然目の視力を失い、他の一人は木から落ちて首の骨を折って死にかけていた。それでもう一人は降りようとしていると、どこに足を乗せていいのか分からず、そこから落ちて尻を砕いて気が狂ってしまった。その他の者たちはこれを見ていて恐怖に襲われ、同じことをこれ以上する者はいなかった。

4(5) この修道院は、長い年月を通じて、非常に高貴に栄え、そして敬虔な裁判官の許可をえて、異教徒の恐るべき狂乱が猛り狂っているあいだも、この上なく強い院長をもっていた。それらの一人にロージジルがいた。彼の勤勉さと明晰な頭脳の聡明さは、わたしたちの命令文書の条文を読む者には一目瞭然といったところであろう。奇蹟も多く存在していたが、その一部は怠惰によって忘却に委ねられたが、その一部は尊敬すべき助祭長シガンによって記された。わたしたちが修道院脱出の話へ順序よく到達するために、それらのほんの一部をわたしたちはここに挿入する。

5(6) 同じころ、この修道院がその名を知れ渡らせていたとき、トゥールーズ(53)の町の聡明な両親から生まれた、一人の若者がいた。彼は生まれたときから、歩いたり見たりする機能を拒否されていた。彼は眠りの静寂を通して「もしマルタンの墓に詣でれば、そこで健康をえて喜ぶであろう。」と言うのを聞いた。彼はどのマルタンの支持をえるように命令されたのか分からず、トゥール(54)の町に運ばれたが、同町の聖マルタンからは回復すべき健康の喜びについて何も聞かなかった。この後ソジョン(55)に向かったが、そこでも何にも役立たなかったので、再び眠りの中で、ヴェルトゥへ行くよう命令された。指示はここのマルタンから出されたのであった。彼は立ち上がって、自分を運ぶよう命じ、日曜日の早朝ヴェルトゥに到着した。しかし、修道院の入り口に到着するまえに、ミサの真っ最中に応答頌歌「あなたのご意思に従って。」を歌っている修道士たちの声を聞いた。それを聞くと、頭を持ちあげ、晴れやかな顔で修道院の中に入りはじめ、彼を運んできたベッドから立ち上がり、誰の介添えもなく、聖者の墓に詣でるべく進んでいった。そこで長い間喜びのために涙を流して立ち上がると、訊ねる修道士に向かってすべてのことを説明し、この修道院を可能な限りの供物を捧げて称賛した。修道士たちは喜び元気づき、キリストとその敬虔な下僕に無数の感謝の行為を捧げた。

6（7） フランク人の王ダゴベール(56)が国家の第一人者としてありとあらゆる戦争で苦しめられている一方、修道院から多くのものを掠奪し、それらは彼の騎士たちの間で分けられていた。同王が敢えてこれをしたのは、顧問のサンテュルフの進言に納得したからであった。このサンテュルフは殊のほか狡猾で説得上手な筆頭廷臣であった。国王が彼に自身の進言の実行者になるよう命令すると、彼は教会組織の財産を調査し、それらの半分を王領地の帳簿に記入しはじめた。それを実行する過程で、同じ事をするためにヴェルトゥにやってきた。同修道院には殊のほか見事な荘園があり、そのうちの半分を王領地にくわえ、残りを修道士にのこした。修道士たちは嘆き悲しんだが、彼らだけにこの調査が行なわれているのではなかったので、黙っているしかないと思った。サンテュルフは国王の許に急行すると、取り上げられずに残された荘園の方がいくつかの修道院の全荘園よりも大きいと嘘をつき、国王に向かってまだ残っている荘園を分割するよう説得し、修道院に留まっていたと言っていた修道士たちには三分の一を残しておくだけで十分であるといい、「衣食において慎ましくあるべきと命令されている彼らが、大きな荘園の所有者であるということはどう言うことか。彼らは生きており、我々のような戦い、そして国王に仕える人がより多くを所有することを許すべきである。」と付言した。こう言って、彼は国王にそう実行するよう説得した。それに対して、国王は彼に、「ヴェルトゥへ赴き、お前が吾に話した業務を実行せよ。」と言った。サンテュルフは直ぐにその場を立ち去り、修道院へ急行し、修道院の修道士たちに「はっきりと知るがよい。ここに来たのは私の意思ではなくて、国王の命令を実行するためである。」と言って嘘をついた。修道士は彼に答えて、「あなたが仰るように、もしあなたの意思で来たのでないならば、それをはっきりと示してください。」と言った。このようには言ったが、国王とその命令を拒否することはできないと知り、修道士たちは非常に悲しくなり反抗もできず、修道院の境内へ引き下がっていった。サンテュルフは喜び快活になり、たらふく食べるために横になった。そして酒宴の合間に訪問の目的を達成すべく、自身と同伴者たちを説教で武装させた。他方、修道士たちは一晩徹夜で過ごし、マルタンの聖なる墓のそばにいて、不機嫌な声で不満を述べ、助けを求めた。サンテュルフは料理を食べ終わると、非常に綺麗な寝台に寝かされ、聖者たちに対する軽蔑を傲慢な心で強めようとした。するど、見るがよい。真夜中の少し前、彼は目の前に二人の恐ろしい顔をし、輝く装束に身をつつんだ男たちが現われるのを見た。彼らは恐ろしい形相で彼が眠っているかどうかを確かめようとすると、彼はいつもの傲慢な態度で、「お前たちは誰か。儂を起こそうとするとは、何という無礼なことか。」と答えた。それに対して、その二人は「私たちはヨハネとマルタンだ。私たちはお前が軽蔑した者たちだ。お前は私たちを冒瀆し、この修道院の荘園を不当にも横領した。やめて罰を受けるか、それとも知らずにやったとして救済されるか。」と答えた。こう言うと、まずヨハネがサンテュルフの腹に強く踵を打ち当て、そのため彼の腹からすべてが吐き出されて飛び散った。しかし彼は立ち上がろうと試みたが、やっと目がひらき、マルタンが杖をもち、自分の頭を激しく叩くのを見た。修道院は恐ろしい叫び声でこだまし、同伴者たちも目を覚ますと、サンテュルフは自分を罰している張本人たちの名前を大声で叫び、そして直ぐに死が訪れ冥府へと直行した。こうすることによって、その時聖マルタンの財産を侵略し、その修道院の修道士たちに害を加えようとしていた者がいなくなった。

7（2）　海の向こうの国に、その名は忘れられたが、ある君主がいた。彼には粗暴な悪魔の群れにいつも悩まされていた娘がいた。彼があらゆる方法でこの娘を助けてやろうとしたがだめだった。この娘の苦しみは日毎増していった。ついに悪魔がその取りつかれた娘の口を通して、「ヴェルトゥのマルタンの祈りによって、俺は悪魔の群れから抜け出すであろう。おお、仲間たちよ。我々に時間がある間に、我々が追放される前に、逃走を要求せよ。」と声を鳴り響かせた。この声を聞いて、悪霊によって縛られたままであったがため、この娘はあらゆる声、あらゆる動作で暴れはじめた。不安になった父親は何をしたのか。彼はマルタンを知らなかった。彼はあらゆる人びとにマルタンのことを訊いたが、見つけだすことができなかった。もしどこかでマルタンが見つかったならば、最高の敬意をもって自分のところへ連れてきてもらうため、彼はすべての地方を探し回るための使者を派遣した。海を渡って、あちこち駆けめぐったあと、神の思召しによってマルタンを見つけ出すと、使者たちは彼を崇め敬い、彼らの航海の目的を伝えた。これに対して、神の人は彼らを殊のほか温かく迎えいれ、敬虔な慰安のあらゆる愛でもって励ますと、娘の苦しみの種が何であるかを探しはじめた。使者たちは、小さい時からその娘に病気の原因が発生していたと語った。これに対して、マルタンは「主は力強い。主が創られた娘を不敬な侵略者の手から解き放つであろう。」と言った。マルタンはお供を一人したがえて使者たちと共に大海原を渡って、さきに述べた君主の国にやってきた。使者の中の一部が先に行き、神の下僕の到着を告げた。君主は走って出てき、自分の願いが叶えられるであろうこと、そして娘の救済を心の中で思いつづける自分がやがて神の人の尊敬すべき足許に平伏することを大いに喜び、取るに足らない自分のために、この聖者がかくも長い旅の苦労を引き受けたことに感謝した。従って、神の人がこの君主と共に宮殿に向かって進んでいると、突然マルタンの出現を歓迎する騒めく大勢の人びとの声が聞こえた。従って、不安となった悪魔の群れは聖者の目のまえに現われることに耐えられず、その娘を大いに罵り苦しめたが、混乱し動転させられると、細長い風となって消えてしまった。他方、神の人は宮殿にはいり横たわる娘をおこし、救済の十字の印を彼女の額に押しあてると、救済されたその娘を父親に引き渡し、そして彼女にキリストの祝福されたる花嫁として聖なる衣装を着せた。

8（3）　それゆえ、この上なく喜んだこの父親は娘を救ってくれたお礼として、この福者に金銀を山のように贈与するよう命じた。しかし、福者はこれらに目を向けることは正しくないと判断し、それらすべてを貧しい人びとに与えるよう命令した。そこで何日間か滞在したのち、その君主の家全体を十分に誠実な献身の証しとしてキリストに委ねた。主の人マルタンはさきに述べた君主の宮殿で殊のほか見事で古い大理石でできた皿を見た。彼はキリストのための祭壇を祝別するため、それをもらえないかとその君主に訊いた。同君主は喜んでそれに同意し、さらに皿を海岸まで運搬する用意を整えた。これに対して、聖者は、儀式に従ってすべてのことを行なうと、帰還を決意し海岸へと急いだ。この皿を運んできた人びとは、聖者を待っているあいだ、君主の命令で橋を越えて行かねばならなかった。主の人は、来るときも帰るときも、彼らに何もきつい事は要求しなかったのであるが、別れを言いながら、彼らに戻るよう命じた。そして、力強き主にその運搬を委ねた。その皿に十字の印が刻まれると、波がそれを沖へ押し戻し、そしてこの聖なるものを保護するために取り巻き、忠実な仲間と共にその石の器を自分の上にのせ、そしてその日の内にヌストリのある港に静かに到着させた。そして不思議なことに、かくも壊れやすい石の器が、まるで小さなケシの種のように波の上を渡っていった。そして、嵐のような風でさえもその石の器を反対の方向に押しやることができなかったし、乗組員の重さを少しでもぐらつかせることもなかった。「きっとキリストご自身が支えてくださり、そしてもう一人のペテロに対するかの如く、より強い信仰から、優しく手を差し出されたのだ。キリストが舵取りであり、水先案内者であったのだ。[57]」それゆえ、間もなくして岸に着いた。運搬が終了すると、マルタンはその皿をサヴネ村[58]に運ぶよう命じた。その後からマルタンはついて行き、その村の教会の祭壇の上にキリストのために置いた。そしてそこでは今日に至るまで、神であるキリストが、マルタンの同意のもとに、求める人びとに多くの恩恵を授けてきた。わたしたちがさきに述べた出来事には大勢の証人がいて、そしてそのことに関しては彼らの証言を得ることができる。その中の一人がアルヌールフで、彼はノルマン人の蛮行によって両腕をもぎ取られていた。すなわち、彼は昔ヴェルトゥ修道院のファミリア[59]に所属していて、そしてその時アタルデと呼ばれる所[60]に住んでいた。そしてそこは神の人の遺体が、さきにも述べたように、川の水を切り裂いてたどり着いたところである。さらに、わたしたちはそこに滞在していたとき、この男としばしば話をしたものである。何と不思議なことか。なぜならこの男は両腕を無くしていたにもかかわらず、狩猟への情熱を失っておらず、そこで最も狂暴なものと見なされていた猪を罠だけでなくて槍でも捕まえていたほどである。わたしたちは以上のことを言ったのは、わたしたちがマルタンについて書いていることが作り事でないことをすべての人びとに知ってもらうためである。

9　神の人マルタンに関して、彼はこの上なく苛烈な厳格さの持ち主で、その上非常に強く活動的であったので、彼が発する言葉が無益におわることは稀かほとんどなかったと伝えられている。確かに、聖ブノワ(61)に関して、聖グレゴワール(62)――彼の精神は非常に高く掲げられていたのであるが――が述べているように、彼の言葉は決して無益におわることはなかった。如何にしてヘルバディラ(63)の町が地震によって水浸しになり、下から深淵が現われ、永遠の水によって覆われてしまったかについてわたしたちはすでに語った。単に都市に関してのみならず、他の場所に関しても同じほど行なったことについて、もしわたしたちが記述することを始めるならば、無益な話を繰り返すことになるであろう。なぜなら、彼はこのことを、かつて非常に栄えたサルレビア村(64)に関しても行なっているので。この村は永遠に水に埋まってしまったが、今日に至るまでその名前が残っている。そのほか、大勢の人びとの口によって称賛されている多くのことがある。それらは人間の脆弱な性格をほとんど越えており、わたしたちがそれらを後回しにしたのは疑わしいからではなくて、読者の皆さんに言葉の大いなる軽さによって不快感を与えるのではと思われたからである。また、わたしたち自身が見たり、立ち会った人びとと話したりして、語らずにはおられないことがたくさん残っている。

10　主の人マルタンは地上における主の能力を隠すことを望まず、近くにいる人びとと遠くにいる人びとに神の言葉を広めようと急いだ。マルタンがその義務を果たすために、修道院の境内から少し遠くに離れていると、主の天使が香りにみちた静寂を通して現われ、彼に修道院に戻るよう命令し、彼の死が迫っていて、修道院の入り口のところまで来ていると告げた。彼は立ち上がって帰りはじめ、そして修道院から三マイルほど離れた所にくると、彼の修道院の鐘が揺れはじめ、普段より澄んだ音を鳴らしはじめた。マルタンの所在は兄弟たちには知らされていなくはなかったが、彼らは『詩篇』と賛美歌を歌いながら彼を迎えるために飛び出していった。兄弟たちに先導されて、マルタンは教会に入り、敬虔な祈禱の聖なる職務のあいだ仔羊たちの群れをよき牧者であるキリストに委ねた。祈禱を終えて立ちあがり、居並ぶ兄弟たちを前にして、彼がいつも聖なる手で握っていた、神の力を介して多くの泉を発見した杖を境内の真中に突き刺した。彼は「この私の指導の印である杖をあなた方は持つがよい。キリストが同意されて、私が創建したこの修道院を他のなにものよりも私は愛しているので。即ち、ここに突き刺されたこの杖はあなた方にとって私の存在を象徴することになろう。将来における救済の利益となろう。しかしもうあなた方はこのように話す私を見ることはなかろう。なぜなら私の死の時が近づいているので。私はよい戦いをなしおえ、人生を終了し信仰を守った。あなた方はあなた方の心をその模範に従うよう準備し、神の道を通って先を行く私に追いつきなさい。私の冠を一緒に被る者として。私はキリストの平和をあなた方に与える。キリストの平和の慈愛と私の愛情をあなた方に残す。私はあなた方をあなた方が従う神に委ねる。その方の助けによって、あなた方は天の王国に行くことができるのです。」と言った。そしてすべての者に平和を与え、彼はデュラン(65)へ出発した。大きな苦悩と深い悲しみのなか、聖者は兄弟全員の許を離れた。彼がデュランに来ると、数日が過ぎて、(わたしたちがさきに述べたように)、横腹に痛みを感じたあと、天の王国に到着した。他方、彼のこの上なく聖なる遺体は、神の意思に従って運ばれ、主が同意されて聖ヨハネの聖堂に埋葬された。

第2章　ノルマン人の侵攻によって、聖マルタンの聖遺物が奉遷される。奇蹟が起こる。

11（8）　主の化肉の八六四年、ノルマン人の名前がわたしたちの間で聞かれなくなっていると、突如彼らは細長い定住地から飛び出し、海賊行為を身につけ、ブルターニュ[66]の海岸地方を荒らし、長い船でロワール川に入っていき、ナント[67]の町の城壁に迫った。そしていろいろなことをするよりも、特別な仕事を優先させた。その日は祝祭日、すなわち聖なる先駆者（洗礼者聖ヨハネ）の生誕日で、住民全員を教会に招いていた。戦争の騒ぎの疑いはなく、彼らはいつも開いていた門から入っていった。さらに、司教聖ゴアール[68]は使徒である聖ペテロの教会の、主祭壇の左手に位置していた、殉教者フェレオル[69]の祭壇の上でうやうやしく聖なる荘厳ミサを執り行なっていた。それゆえ、誰によっても妨げられることなく、ノルマン人は侵入し、上着の下に武器を隠しそして剣を忍ばせ教会に入ると、剣を鞘から抜き、「心を上へ。」と言っている司教を聖なる犠牲として殺した[70]。そして彼らは人びとの間を暴れ回り、どの年令の人でも容赦しなくてよいと考えた。町は荒らされ、教会に火が放たれ、彼らは大勢の捕虜と町の高価な調度品と一緒に船に乗り込み、ある島で天幕を張った。そしてその場所から頻繁に出没して、敵意をみなぎらせ、海岸地方に住む人びとを大軍でもって恐れさせ、彼らに未知の土地を探させた。ヴェルトゥの修道士たちはそのことに非常な不安を感じた。彼らはナントの町に近く、そして同町から約三マイルしか離れていない、ロワール川とヴィエンヌ川[71]を結ぶ水路沿いに位置していたので、可能な限りのものを集めて六隻の大きな船に詰め込み、墓から聖者の遺骸を掘りだし、高価な宝石で飾られた金の棺に安置した。しかし、じっとしている間、そして人間のひ弱さにつきもののように、彼らの間で不安が小さくなかったとき、二隻の船が突風に押し流され、すべての積み荷とともに沈んでしまった。修道士たちは古い教会を破壊し、もっと綺麗な教会を建てることに決めた。それが今日も見ることのできる教会である。その建物は床面から三ウルナ(72)の高さに達し、それはそれを建てはじめた人びとの高貴さと力の証明である。彼らは彼らによって土の中に埋められ、今わたしたちによって発見された鉛の大きな塊りを、教会を覆うために集めてきたのである。さらにある者がわたしたちの前でその塊りの一部をこっそりと盗んだのであるが、他の者たちによって同じ事が企てられないようにと、その男の体はその場で筋が縮んで硬直してしまった。彼は自分が犯人であることを告白し、聖者の墓に連れて行ってもらい、わたしたちの見ている前で健康を取り戻した。さきに述べた修道士たちはわたしたちによって知られていて、時が来れば明らかとなるであろう、低くない価値のその他の出来事については、何も語ってくれていない。

12（9） そのころこの地の修道院を院長ルナールが統治していた。彼は思慮にとみ、不幸に耐える強い心を備えていた。彼は名をボディロンという修道院の俗権代行者を呼びよせ、同修道院からの脱出を準備し、自分を護ってくれるよう要求し頼んだ。至福の人に負っている奉仕を拒絶するよりもすべてのものを放棄することを選ぶと、同俗権代行者は快い気持ちで返答した。それゆえ、台の上に丁重に置かれた小さな棺に聖者の遺骸を安置し、すべての調度品をもってファミリア全員と共に、ありとあらゆる荷車と家畜の大群を連れて、全員が涙を流しこの上ない悲しみを味わいながら、ヴェルトゥを去って行った。そしてこれらの新たな放浪者たちによって見知らぬ家が探し求められることになった。福者ヴェラン(73)が埋葬されて眠っているノヴィヘリア(74)と呼ばれる土地に来て、そしてしばらくそこに留まることになった。しかし、聖者のいと祝福された遺骸が移されたそれぞれの土地で、全能の神がどれほど多くの奇蹟を行なったかについて話すことは不可能である。それゆえ、そこを発って、ヴェルトゥの様式で二つの修道院が建てられているエンシオン[75]と呼ばれる、彼らの権利下にあった修道院へと向かった。山の頂上には洗礼者聖ヨハネに捧げられた修道院、その東側には使徒聖ペテロに捧げられた修道院があった。さらに、聖ヨハネの教会には、この修道院の院長であった聖ジュアン[76]の遺骸が安置されている。そしてその頃この修道院で生活していた参事会員の指導者としてフュルラド某がいた。参事会員たちに対して修道院長ルナールとその他の修道士は、聖者の遺骸と自分たちを迎え入れ、この修道院が神の人マルタンの権利下にあったことを認めるようにと命じた。これに対して、参事会員たちは彼らの間で相談をもち、修道士たちの所有権を恐れ、彼らを迎え入れることを拒否し、所領の境界の外へ出るように命令した。修道士たちは譲歩してオヴェルニュ[77]へ向かい、その当時アキテーヌ人[78]の統治者であったペパン[79]にあれこれと苦情を申し立てた。ペパンは彼らにブランサト[80]の地をすべての付属物と共に与え、その時までこれらの所領が下賜されていたランドリク[81]の意見に従って、王の権威の文書がこれに関して作成されるよう命じた。そしてポワトゥ[82]伯の許に使者を派遣し、彼らにエンシオン修道院を返還するよう命令した。参事会員たちの中で、修道士の服を望んでいた者は留まった一方、望まなかった参事会員は追い出された。この権威の文書によって修道士たちは元気を回復し、敬虔な守護聖者の聖なる遺骸と共にポワトゥに戻った。その途中でキリストの慈悲がどのようにして何回も行なわれたかを説明することは、わたしたちの舌では無理である。その中から一つだけお話しすることにするが、この話を聞いて、わたしたちは残りについても十分信を置くことができる。

13（10） このようにして修道士たちが聖者を高価な装備につつんで運び出し、軽い食事をとるためにある谷間で休息していると、突如十二人の盗賊が現われて彼らの馬を襲った。修道士たちの俗権代行者であったボディロンがそれに気づくと、修道士の間から立ち上がって武器を掻き集め、素早く盗賊めがけて突進した。そして彼らの一部を打ちのめし、残りを逃走させた。そして横腹に重傷を負ったが、盗賊が奪い取ったものすべてを取り戻した。彼の血が大きな川となって溢れ出ると、泣き悲しむ修道士たちによって負傷した部分に脂肪の塊りがのせられた。そして固く包帯で巻かれて傷が合わされた。それゆえ彼らは彼に何か食物を取ってあげようかと尋ねた。彼はそれを断り、悲しみと涙でその場所で一晩中眠らずに過ごした。彼らは彼を心から愛していて、そして彼の好意のために、尊敬の念がすべての者にあった。こうして朝の光が現われ、半分死にかけた彼を馬にのせ、悲しみのうちに道を急いだ。この谷間の傾斜した場所に着くと、聖者を運んでいた馬がよろめき積み荷が落ちそうになった。その負傷した男は馬を飛ばして駆け寄ることもできなかったが、自分の手を差し出した。その場の苦境を脱すると、彼は馬から下り馬の腹帯をもっと強く締め直し自分が縛られていた紐を解いた。これについて何も知らず、彼は馬に乗ると、傷口に当てられていた脂肪の塊りが胸の所で温かくなっているのを見せ、自分の腹が空になっていると思い、直ぐに死ぬのではと恐がり、大声を出してこのことを修道士たちに報せた。修道士は急いで彼を馬から下ろし傷口を検査すると、彼が全くの健康で、まるで負傷していなかったかのようで、そしてすべてにおいて完全であるのを発見した。すると彼は完全に健康な者として立ち上がり、聖マルタンを数えきれない称賛で讃え、自分の健康に関して湧きでる喜びをすべての修道士に表明した。そのようにして一行がエンシオン修道院に到着すると、神の人ジュアンの遺骸の横に聖マルタンの遺骸を安置した。それから多くの年月が経っていなかったとき、それはさきにも述べた聖ペテロの教会に、十二月一日丁重に移された。その時キリストが彼の力強い戦士を讃えるために行なったことを、それが起こった順番に、一部ではあるが、次の言葉が明らかにするであろう。

14　シクブランというある男が修道士になるためにこの修道院を訪れ、八百スー(83)を修道士たちに手渡し、二百スーを密かに自分で持っていた。彼は妻も連れて来ていて、彼女はそれまで拒否していなかったが、彼女を修道女として強引に迎え入れさせたあと、他の修道士たちと同様に別々に引き離され、修道院の施しによって扶養された。この男は簡単に修道生活に入り、その温和さのためにすべての人びとから愛され尊敬された。しかし彼が行なったことを死すべき人間は誰も知らなかったが、彼自身もそれが悪いことであるかどうか考えたことがなかった。五年かそれ以上修道院で生活していると、突然身体の具合が悪くなり、まる二日間意識を失って横たわっていた。すでに兄弟たちがこの遺体を墓に運ぼうとしていると、大きな溜め息と共にそこにいたすべての人びとの目を彼の方へと向けさせた。一同は彼に近寄って彼の顔から覆いを取ると、彼がまだ生きているのを発見した。彼らは大いに驚き、この変化の原因を尋ねた。これに対して彼は大きな呻きと共に、自分が犯人であると答えた。自分は地獄に連れて行かれ、そこで恐ろしい拷問と拷問に苦しむ者たちの恐い形相を見た。彼が彼らの手に委ねられるために何人かの人びとに連れられてそこに行くと、威厳にみちた服装で尊い白髪の二人の男が立っていた。彼らは「お前が隠したお金はどこにあるのか。なぜお前はそれを自分の贖いのために差し出さないのか。」と問うた。これに対して、彼はそれに気づき、それを知らないでやったと答えた。彼らは「もし天国へ行くために、地上の富のすべての希望を退けるならば、この問題でお前は悪いことをしなかったと見なされるであろう。」と言った。この約束を強制され、同じ男たちに連れられて拷問の土地を越え、彼の身体を取り戻すよう命じられた。彼が「このように慈悲に満ちた処遇をしてくださった方たちは一体誰だったのか。」と問うと、彼らは「それは我々マルタンとジュアンじゃ。我々の助けでお前は逃げられたのであり、お前は我々の確実な保護を求めたのじゃ。それ故、自分自身を見よ。そしてこれからすべきことを実行せよ。」と答えた。彼が以上のことを兄弟たちに話していたとき、彼はその場所を指して、「行け。そこで二百スーを発見するであろう。それを持って来て、好きなように使いなさい。」と言った。こう言うと、彼は病気から回復し、この世に長い間とどまり、以後一層献身的に修道生活を送ったとのことである。長い年月がたち、死の時が来ると、まだ生きていた妻を呼び、この修道院から外に出ないとの誓約をさせた。彼女は彼の命令で兄弟から受け取った五十スーを、聖者以外の人びとの利益のために使おうとはしなかった。しかし彼が死に、彼女がその約束を破ろうとしていたときのことである。彼女には娘が一人いて、彼女はそのお金のために娘を修道院から連れ出したかったのである。ある日のこと修道士のレナールが彼女と出会うと、六時の鐘が鳴ったので、同兄弟は教会へと向きを変えた。彼女は、家の入り口を越えようとすると、地面に倒れ恐ろしい叫び声を上げた。その叫び声に呼び寄せられてその修道士が戻ると、その女を立たせその叫び声の原因を尋ねた。「司祭様。あなたが私から離れていった間、ある短気な修道院長が火の如く進入してきて、頭の上に恐ろしい杖を振りかざし、私の目をくり貫きました。しかし私は自分の罰の原因を知っています。なぜなら、私は夫との間に交わした約束を破ったことを知っていたからです。」と言いながら、彼女はお金を返し、生命を全うするまで盲人のままであった。

15　再び不注意の罰が襲いかかり、聖堂に隣接するある建物が激しい炎で燃えだした。それゆえ北風が吹き、荒れ狂った火の手は四方に広がり、寺院を至る所で支えていた角錐状の尖塔の一つの頂きにあった、非常に古いカラスの巣の中まで入り込んだ。従って、誰もがなかなか消えない火の猛烈な勢いを競って止めようと努力していると、マルタンという名の男が丈夫とはいえない梯子を使って物凄い勢いで屋根に登り、神殿の屋根を必死に引き剝がそうとしたがうまくいかなかった。そのため、今度は最初に柱頭を取り外し、その後でそれ以外のことに取り掛かろうとした。しかし全部がしっかりとくっ着けられているのを感じると、背中を向けて我慢しながら足で柱頭を素早く蹴りはじめた。そしてその柱頭を引き離すと、彼はそれとその中にあった、尖塔を支えている建物の上で組み合わされた部材と一緒に落下した。火事の恐怖のために、その建物には覆いがかけられていたのであるが、他の人びとが手を休めているまえで、彼が地面に落ちてきた。全員が非常に悲しみ彼はすでに死んでしまっていると言うと、突然彼がその建物から飛び出し、その他の人びとを非難しはじめた。なぜなら、彼らは驚いてじっと立っているだけで、教会を救おうとはしなかったから。そう言いながら、彼は非常に激しく責め立てはじめた。そして彼はすべての援助において毎日全員の先頭に立った。こうして教会は火事から守られ、すべての人びとは神と神の下僕マルタンを讃え、傷一つ負わなかったマルタンは家に戻った。そして、その後何年も幸福に生きたとのことである。他方、わたしたちは敬虔な人びとに向けられた至福の人の愛情を証明するために、時々彼がある人にとってどれほど厳しくなるか、そして保護されていない人びとにどれほど慈悲深いかが述べられねばならないと言ってきた。

16　わたしたちの修道院には、アルドリクという料理人がいた。その時まで彼の息子も生きていて、父と同じ職業と名前を持っていた。セーヴル川[84]から入ってきて、トゥアール地方[85]で暴れていたブルトン人[86]の恐怖から、彼は郊外にあった彼の家を捨て、聖者の地下納骨堂の近くの家に家族と一緒にこっそり入居していた。そこに数日間住んでいたが、遊びや冗談をけっして慎まなかった。それゆえある日彼が仕事から戻って来ると、闇が襲ってきて夜になった。彼は妻と家族がいるあの家へ向かっていた。その時彼は威厳に満ちた白髪で素晴らしい身なりの修道院長が右側の壁の下にいるのを発見した。その修道院長は彼を名前で呼び、どこに行こうとしているのか尋ねはじめた。彼は「私の領主様の仕事から戻るところです。そして私の家族の許へ急いでいます。」と答えた。これに対して、修道院長は「この道を離れ、あなたを迎える別の道を探しなさい。」と言った。これに対して、彼は三度通り過ぎようとしたが、止められてしまった。言葉で同意しないならば、今度は鞭が用いられる。そして鞭の激しい一撃が頭に強く加えられると、たちまち彼は倒れ血だらけの口から血の大きな流れを吐き出した。彼は何人かの人たちの手によって抱え起こされ、どす黒い身体のまま修道院まで運ばれてきた。修道士たち全員が呼び出され、息を吹き返すと、彼はすべてのことを語った。そしてその修道院で最も貴重であった主の旗で兄弟たちによって浄められると、彼はその修道院を後にした。すべての病気が追い払われて、彼は長くこの世で生きつづけた。

17　主の旗に言及したので、それに関して少し追加する必要があると思われる。なぜなら聖マルタンがこの旗を作ったと言われているから。彼が大切だとみなすことができるすべてのものを急いでこの旗に隠したとのことである。容器の外側は黄金の腕で光り輝き、上品な宝石で飾られ、内部の力に多くのいろいろな効力を与えていた。すなわち、もし誰か熱があるか何かの不都合で困っているならば、それで触られるか葡萄酒を飲むならば――なぜならその旗は葡萄酒の中に漬けられているので――、不思議なことに、効果があらわれて健康を回復するからである。さらに、何かの病気で苦しんでいる家畜は、頭にそれを近づけると、たちまちすべての健康を享受することができる。火事の襲撃を抑えるために、どのような効き目があるのか。あなた方はその時彼が死ぬか、大きな恐怖から逃げ出すのを見た。要するに、ある大きな家が火事によってほとんど燃え尽きようとしたとき、他の人たちが何もできないでいると、ランベールという名の修道士が急いで走ってその旗をもってきて、それを長い竿につけて炎の固まりの上にかざした。他の人たちは逃げたが、その修道士は残され、救いをもたらす印が煙の中に落ちた。心配そうな修道士は火の中に飛び込み、全員が見ている前でそれを運び出し、髪の毛も服も燃えないで現われた。どのような人もこの旗をこっそりと盗むことはなかったが、わたしたちに大きな悲しみの原因を残すことになった。

18　ランソワンドというある貴族の婦人は、今でも元気に生きているのであるが、神の人マルタンの遺体が埋葬されて崇められている教会のそばに住んでいた。彼女はある時期、人びとが普通ドラグンクルム(87)とよぶ病気に罹って、ときどき苦しんでいた。ある晩その病気に苦しんでいると、彼女は夜の慣れない時間に女召使の一人を呼んで、「聖マルタンの地下納骨所の裏に行って、イヌホウズキの薬草を取ってきておくれ。そこを通るとき、たくさん生えているのを知っていたので。」と言った。その女召使は主人の命令に従って、黙って出ていき、その薬草を摘んで家に戻ろうとすると、測り知れない威厳をもったある修道院長が自分の頭の上に重くのしかかっているのに気づいた。彼女が狂った状態で女主人の許に戻ると、その女主人は彼女に一撃を加えたため、彼女の目は大きく腫れ上がり、そこにあるものが見えなくなった。その夜は尊い祝祭日で、神の人聖マルタンの死の記念日であった。修道士たちは起きて朝の務めの準備をしていた。大勢の人びとが集まり、教会全体がいろいろな光のきらめく明かりに照らされると、見よ、女領主は目が見えなくなった女召使を先に立たせ、そして実際はその女召使の無慈悲な打撃者でありたかったが、慈悲深い所有者であるために、彼女を聖マルタンに差し出した。彼女が修道士たちによって聖ペテロの祭壇と聖者の墓のあいだに置かれると、そこで彼女は涙を流しながら横たわり、天の医者の助けを求めた。それゆえ、いつものように福音書が朗読される箇所にきた。福音書は「見よ。眠らずに祈れ。」と言っている。司祭が「それ故、目を見開け。」と言うと、突如天から多くの光が降りてきて、そのため全員が大きな驚きによって茫然となった。その女召使は福音書の朗読が次の賛美歌でもって終わるまでそのままでいた。やがてその女性の視力は回復し、すっかり元気になった彼女は修道士全員に大きな喜びを表明した。他方、この女領主はゴベルジュと呼ばれ、そしてこの出来事の十分なる証言を提供した。

19　さらに、ディヴ川[88]の向こう岸にエティヴォ[89]という小さな村落があるが、そこのある雇われ収穫人（すなわち、小麦の収穫期であった）が汚れた悪霊に襲われた。彼は大きな苦労の末にやっと捕らえられたのであるが、具合はどうかと訊ねられた。これに対して、彼は「我々は七人であったが、二人は別の所に行っていて、五人があの大マルタン[90]（教会を指しながら）の王国を支えてきた。」と答えた。それゆえ、この男は縛られ二輪車に乗せられ軋む音と大きな叫び声を発しながら、土曜日の夕方ごろに聖者の修道院まで運ばれた。そして聖なる祭壇のまえに連れて行かれ、そこで多くの願いを捧げ、その晩の宿泊を求めはじめた。まるでそれが叶えられなかったかのように、突然聖者を悪口で攻撃し、自分を支えていた人びとの手の中に倒れこみ眠り込んでしまった。たちまちにして、彼は汚れた悪霊のすべての敵意から解放された。しかし悪霊はその排除に耐えられず、マルヌ[91]と呼ばれる隣村に逃げこみ家々を破壊し隣接する森に侵入し、その大半を徹底的に台無しにした。他方、その男は健康を取り戻し、数日間修道士たちと一緒に過ごした。その男はテトバールと呼ばれ、その後わたしたちとしばらく暮らしたのち、自分の家へ戻って行った。

20　当然のこと、以上のことにもう一つ別の奇蹟が追加されるが、そこでは人間の不安が救済の助言をかんじ、悪魔の投げ槍を力強く跳ねのけている。すなわち、それほど日にちが経っていないとき、そこで主と聖者マルタンに仕えていた者たちが修道生活の掟を捨てて、参事会員の装束を身にまとった。つまり、彼らは主を愛するよりも世俗を選んだのだ。さらに彼らはその状態に長く留まり、そしてすべての修道院、とくに聖マルタンの修道院は大西洋に取り囲まれていたことから、参事会員たちは蛮族の襲撃で四散し、壊滅するように思われた状況にあって、彼らの内の十二名は、神の信仰に助けられて、彼らが養っていた三名の召使と共に、修道士になることを決めた。それは彼らが自分たちより先に行った諸先輩と天国において合流するため、そしてもしその修道院が放棄されることが起これば、非常に信仰の篤い人として人びとに迎え入れられるためであった。この提案をある者たちは受け入れ、ある者たちは拒否し、全体の四分の三でなくて二分の一が不信心でありつづけた結果、十二を単位とする数の四分の一ではなくて三分の一が神の同意をえて修道服に着替えた。十二の倍数人のうち八の倍数人が死んだとしても、別に不思議なことでもない。四は二の倍数であるが、四の倍数人が信仰に留まることになるので。そして二人一組でないと何事も実現されないのであるが、二人の内の一人は、この世の最初にもう一人別の選ばれた人と一緒であったが、兄弟殺しがおきて死んでしまっている。しかし、わたしたちは救済者である神から離れたとしても、再びそこへ戻ってくる。実際、このような人びとの十二番目——上記の救済の掟が彼によってすでに承認されていたのであるが——は、ランボールと呼ばれていた。彼の甥も同名であったが、区別するために普段コルダ[92]と呼ばれていた。この甥は響く調和のとれた声を持っていた。突如ある晩、彼は自分を励まし、修道士になるよう何度も切願していた彼の伯父のベッドの前で、眠りに襲われた。その眠りの中で彼は髪の毛から悪魔が入り込んだが、家の煙突からそれらの悪魔を追い出し、修道士になる資格が与えられるならば、出来るだけ早くそうしてほしいと大声で叫んだ。これを聞いた伯父は恐怖のあまりベッドから起き上がり、あちこち駆け回って彼を探し、ククルス[93]とよばれる上着を受け取ると、横たわっていると聞いていた場所で彼にそれを着せた。それが終わると、突如、彼は悪魔から解放されて家に戻り、修道士になった。確かに主はこれをお認めになり、共同生活の群れが修道院で成長し、いつも平穏で、彼らの中に今後敵の侵入を許さないようにといつも忠告された。その間わたしたちは耳を傾ける人びとの心が真実と言われる、そして追従や想像によって作られたものではなくて、同一の証拠によって長い年月の間わたしたちに明示されているものを尊重するよう力説してきた。さらに私と共に、多くの人びとがそのこと、そしてずっと後になって、修道院が異教徒によってもたらされた災難を経験したことも知っている。

21（18）数ある奇蹟の中で、次のものは見逃すことができない最大のもので、どのように望んでも、可能性の力を得ることができないものである。フランキア[94]の公（爵）であった、家柄において高貴なルノー[95]はル・マンの町[96]の飾りに支えられてはいたが、不敬にみちた不正で顔を赤くし、聖マルタンが長い年月をかけて獲得したものを彼から奪い取ることを望んでいた。それゆえ聖マルタンの財産が自分の財産と境界を接しているのを知ると、毎年の収入と共にそれらを取り戻しはじめた。祝福にみちたマルタンの信者たちによって広められた噂がそのことを修道士たちに知らせると、彼らは彼の許に使者を派遣し、そのように不正なことをしないようにと嘆願させた。彼は彼らが要求することが自分の所で行なわれるのを拒否し、彼が横領していたものを返還しないのみならず、その他も終身を条件に保有し続けることを約束した。しかし全能の神は、それが行なわれないために、その実行を遅らせた。修道士たちは悲しい気持ちでその場を立ち去ったが、彼が心の中でやろうと決めていたこと、つまり横領したものを他者に放棄することのないよう伝えていた。さらに修道士たちは全員一致で祈禱というつもの武器を執り団結して平伏し、修道院で聖マルタンに仕えるようにして下さっている主に支援をお願いした。すべての声を聞き届けてくれる主は下僕の願いが無になることを望まず、彼らに聖者ペテロと洗礼者ヨハネのみならず前記のマルタンを援軍として派遣した。こうして三人がある夜ベッドで寝ているルノーの前に現われ、寝ているのかどうか彼に問うた。もちろん、彼は三人が何のために来ているのか知っていたのであるが、ヨハネは彼に向かって、「我々は、なぜお前が聖者および神の所領を大胆にも横領しているのかを確かめるべく、神から派遣されてきた。修道士たちが院長と共に終わりなく統治している時、修道士たちも院長もお前に害を加えていない時、なぜお前は目の前にいるこの人をかくも激しく辱めるのか。」と言った。続けて、彼は「天国の入り口の命令者、ペテロよ。彼の方へ顔を向けて、彼が如何なる罰を受けなければならないかを命じてやれ。」と言った。これに対してペテロは、天の錠を外し、彼に三回の鞭打ちを加えるよう命じた。すると修道士たちは使徒の命令に従い、まるで細い縄を使ってのように三回の鞭打ちをしたあと、ペテロは第一番目として特別な鞭で叩き、彼を殺すべく他の二人に任せた。その最初の人ヨハネ、もう一人のマルタンは新たに、ペテロがしたように、それぞれ一回の鞭打ちを行なった。鞭で三回打たれたが、鞭によって矯正されたかどうかを言う必要はなかろう。彼は横領していたものを返還したのみならず、正当に所有していたものまでも差し出したのである。このように、わたしたちはこの聖者の徳性のほんの少しを記述し、他方その他については沈黙した。なぜなら残ったものに関しては、それらが後世の人びとに知ってもらうために記述されるよう、わたしたちより賢明な人たちに委ねることにしたためである。

註

（1）『ヴェルトゥ修道院長聖マルタンの最も古い伝記』の表題が付されている。
（2）Nantes. フランス西部の都市。

（3）ロワール川河口域の南側一帯に広がるエルボージュ Herbauge 地方を指す。
（4）Durin. フランス西部、ヴァンデ Vendée 県、サン・ジョルジュ・ド・モンテギュ Saint-Georges-de-Montaigu 市にあった修道院。
（5）メロヴィング時代のフランク王国の西側半分を指す。
（6）Félix. 在位五四八－五八二年。
（7）Dumen. 当時ナントの近くに広がっていた森で、ヴェルトゥもその中にあった。
（8）地名不詳。
（9）ヴェルトゥ以外に、彼が創建したとされる修道院は Saint-Jouin-de-Marnes, Durieu などがある。
（10）Tours. フランス中部の都市。
（11）トゥール司教聖マルタン（三一六－三九七年）を指す。
（12）Sèvre. フランス中西部を北上し、都市ナントでロワール川に合流する。
（13）今日、この地は Portillon, dép. Loire Atlantique, ar. Nantes, cant. La chapelle sur Erdre, cne La chapelle-sur-Erdre に比定されている。
（14）Thouars. フランス中西部の都市。dép. Deux-Sèvres, ar. Bressuire, ch.-l. de cant.
（15）Trier. ドイツ中西部の都市。
（16）Maximin. 三四九年頃没。ポワトゥ、シリー Silly の出身。ポワティエの聖マクサンスの兄弟。
（17）Sutri. イタリア中部、ローマの北四十五キロに位置する都市。
（18）Ursel. スイス中部、ルツェルン州のウルスヴィル Urswil とする説あり。
（19）Renaud. ルノーの出自については、そのあだ名 Turringus, Torench からドイツ南西部のチューリンゲン地方の出身者 le Thuringien とする説と、在地のトリニェ Thorigné (Taurinianum, Turiniacus etc.) の領主とする説とがある。
（20）マタイ、14・31参照。
（21）Savenay, dép. Loire-Atlantique, ar. Saint-Nazaire, ch.-l. de cant.
（22）familia. 修道院に従属する自由・非自由身分の雑多な民。

（23）伝記、第9節参照。

（24）Alain. 一世、在位八七七－九〇七年。

（25）Toulouse. 南フランスの都市。

（26）Tours. フランス中部の都市。

（27）Saujon. dép. Charente-Maritime, ar. Saintes, ch.-l とする説と Saumur, Maine-et-Loire, ch.-l. de ar. et cant. とする説がある。

（28）Dagobert. 二世。六七六－六七九年。

（29）Gohard. 在位八三五－八四三年で、上記の年代とは一致していない。

（30）Ferréol. ディオクレティアヌス帝（在位二四三－三一三年）の治世に殺される。

（31）この事件は『サン・ベルタン編年記』の中で、八四三年の出来事として記録されている。Cf. C. Dehaisnes, *Les annales de Saint-Bertin et de Saint-Vaast*, Paris, 1871, p. 54-56.

（32）ロワール川の支流で、主にフランス中部、ヴィエンヌ Vienne 県を流れる。

（33）長さの単位：尋（約一・六メートルに相当）。

（34）Poitiers. フランス中部の都市。

（35）Pépin. 二世、アキテーヌ王、在位八二三－八六四年。

（36）詳細不詳。

（37）聖者名との関連から、Saint-Varent, dép. Deux-Sèvres, ar. Bressuire, ch.-l. de cant. に比定されている。

（38）Ension. トゥアルの南東十五キロに位置するサン・ジュアン・ド・マルヌ Saint-Jouin-de-Marnes 修道院のこと。

（39）Auvergne. フランス南部の地方名。

（40）Bransat (dép. Allier, ar. Moulin, cant. Saint-Pourçain-sur-Sioule) とする説と Brassac-les-Mines (dép. Puy-de-Dôme, ar. Issoire, cant. Jumeaux) とする説がある。

（41）Landric. サント伯。

（42）Arnoul. 一世、在位八三九－八六六年。

（43）Francia. フランク族の居住地域。

(44) Renaud. メーヌ公で、八八五年にノルマン人によって殺される。
(45)『奇蹟譚と遺骸奉遷記』の表題が付されている。
(46)（ ）内の数字は奇蹟譚1での章数。以下同様。註に関しては、奇蹟譚1と重なる場合は省略する。
(47) 奇蹟譚1、註（16）参照。
(48) 同上、註（15）参照。
(49) 同上、註（17）参照。
(50) 同上、註（18）参照。
(51) 同上、註（19）参照。
(52) 同上、註（24）参照。
(53) 同上、註（25）参照。
(54) 同上、註（26）参照。
(55) 同上、註（27）参照。
(56) 同上、註（28）参照。
(57) 同上、註（20）参照。
(58) 同上、註（21）参照。
(59) 同上、註（22）参照。
(60) 同上、註（23）参照。
(61) Benoît (Benedictus). 四八〇－五四三年。ベネディクト修道会の創始者。その戒律は修道生活の鉄則となってきた。
(62) Gregorius. 一世（大教皇）、在位五九〇－六〇四年。
(63) 伝記、註（3）参照。
(64) 地名不詳。
(65) 伝記、註（4）参照。
(66) Bretagne. フランス西部の地方名。

(67) 伝記、註（2）参照。
(68) 奇蹟譚1、註（29）参照。
(69) 同上、註（30）参照。
(70) 同上、註（31）参照。
(71) 同上、註（32）参照。
(72) 同上、註（33）参照。
(73) 同上、註（36）参照。
(74) 同上、註（37）参照。
(75) 同上、註（38）参照。
(76) Jouin. 四世紀後半の聖者。エンシオンに修道院を建立する。
(77) 奇蹟譚1、註（39）参照。
(78) Aquitaine. フランス中西部の、ポワトゥを含む地方名。
(79) 奇蹟譚1、註（35）参照。
(80) 同上、註（40）参照。
(81) 同上、註（41）参照。
(82) Poitou. フランス中西部の地方名。
(83) sou (solidus). 中世ヨーロッパの、古代ローマから継承された通貨単位。一ソリドゥスは十二デナリウス denarius (denier)。一リブラ libra (livre) は二十ソリドゥス。イギリスの通貨単位（pound, shilling, pence）がそれぞれの頭文字と異なって、l. s. d. となっていたのはこの制度の名残である。
(84) 伝記、註（12）参照。
(85) Thouars. フランス中西部の都市。
(86) Bretons. フランス西部、ブルターニュ地方の住民。
(87) 潰瘍または癌の類の病気。

（88） Dive. ロワール川の支流で、ドゥー・セーヴル Deux-Sèvres 県とアンドル・エ・ロワール Indre-et-Loire 県の境界に沿って流れている。

（89） Étivault. dép.Vienne, ar. Châtellerault, cant. Moncontour, cne Ouzilly-Vignolles.

（90） 伝記、註（11）参照。

（91） Marnes. dép. Deux-Sèvres, ar. Parthenay, cant. Airvault.

（92） 牛の腸で作られた弦、または弦楽器を指す。

（93） 頭巾、頭巾付きの袖無しマントを指す。

（94） 奇蹟譚1、註（43）参照。

（95） 同上、註（44）参照。

（96） Le Mans. フランス西部の都市。サルト Sarthe 県の県庁所在地。

第四話　聖レザン

解題

聖レザンは五三〇年から五四〇年の間に、フランク王家の血を引くと言われている有力貴族の両親から生まれる。国王の主馬長などの宮廷顕職に就いた後、結婚し、五八八年頃アンジューの統治を委ねられる。その二年後、篤い信仰心からすべての官職を辞し、聖界に入る。アンジェ司教オドヴェの死により、五九二年頃アンジェ司教に選ばれる。その後、トゥール司教に叙任される。彼の慈善、苦行、貧者救済は各地で奇蹟を生む。彼の没年は生年と同様に諸説あり、六〇六年頃、六〇九年、六一八年頃など定まっていない。彼の遺骸は彼が創建したサン・ジャン・バティスト修道院――数年後、サン・レザン修道院に改名される――に埋葬される。埋葬から三十五年後の祝祭日に遺骸が発掘されるが、埋葬時と同じ状態であったことが確認される。遺骸はフランス革命まで毎年その祝祭日に信者に公開されていた。彼が締めていた帯は、妊婦の護符として広く崇められていた。

聖者の名前のフランス語表記は Lezin, Lézin、ラテン語表記は Licinius である。

伝記1は七世紀にほぼ同時代人によって編纂されたと考えられている。伝記2は十二世紀初期、アンジェ司教座聖堂の助祭長マルボド――後にレンヌ司教（在位一〇九六－一一二三年）になる――によって編纂されている。伝記1の底本としては *AASS*, Feb. 2, p. 678-682、伝記2の底本としては *ibid.*, p. 682-686 を使用した。

ここに収められた二編の伝記は七世紀初期と十二世紀初期に編纂されたものである。前半の業績、後半の奇蹟といった構成と話の流れは同じで、内容もほぼ同じである。単純な比較で確認される相違点は節の数で、新版ではそれが六つも少なくなっている。五百年を経ての旧版の更新にはどのような理由があったのか。それを教えてくれるのが新版の序で、そこで作者は新しいものを作る意図はまったくなく、旧版の修正者に徹することを表明している。従って、奇蹟に関する話の簡略化はあるが、聖者の奇蹟力を知らしめる絶好の機会であるにも拘わらず、新しい話の追加もない。そして、旧版の最大の欠陥を冗漫な話し方――旧版の作者も冗長になることを避けたと言っているのであるが――に見いだしているが、この最終判断は読者諸賢に委ねたい。ここで興味深いことは、作者が伝記の執筆に当たって、執筆を依頼した司教座聖堂の参事会との間で契約を結び、後者が前者のためにその生前と死後においてなすべき事柄が明記されていることである。

この聖者の奇蹟譚の伝存は確認されていない。しかし、伝記の中には奇蹟の話も収められており、旧版では盲人ではなくて最初から両眼そのものを持たない人が健康な眼を獲得した奇蹟が紹介されている。新版でもこの話は削除されておらず、作者は「突然彼は両眼をみつけ、そして見えるようになった。」と記している。二人の作者は神の恩寵が自然界の不可能を超えていることを強調したかったのであろうが、これは非常に稀な例である。

伝記1

序文

1　聖者たちの尊い御業を記憶しているわれわれは、われわれの口が明らかにしているように、それらのいくつかを正しく物語ることができるわれわれが後世の人びとに驚嘆と手本をつたえ、そして書物によってそれらを記憶にとどめさすことができるよう、主に懇願する。主は「口を広く開けよ、わたしはそれを満たそう。」（詩篇、81・11）と仰っている。友人たちに励まされ、多くの神の下僕たちの、そしてとくにわれわれの司教たちの奨励を受けて、わたしはこの仕事をはじめる決心をした。わたしは彼らの、そしてとくにわれわれの司教――なぜなら、いかなる者も司教に対して不従順であってはならないので――の命令に刺激されてそれに従い、しかし不従順という悪のレッテルを貼られないように、わたしはアンジェ司教聖レザンの善行のいくつかを知ることによって人びとの記憶にとどめおかせようとつとめた。

2　しかし、このいと聖なる司教がいかにして完全なまでに改宗したのか、またはいかにこの方が自分の財産を放棄したのかを、かつてその弟子であったダニエルから語って聞かせてもらったことがある。さらに、わたしはこの方自身やその弟子たちの書簡や小著に少なからぬことが記されているのを発見した。したがって、わたしがこの方によってなされた多くの奇蹟のなかから集め、この小冊子に挿入するに相応しいと判断したものはほんの一部にすぎないが、一人の誰でもよい証言者からではなくて、これらを知るか記憶することができた大勢の信仰深い証人たちの確言からきいて知ったものである。しかし、読者諸賢が追加すべきだとか修正すべきだとおもわれる箇所があれば、直ぐにそうするようお願いする。他方、前記のわれわれの守護聖者レザン様とすべての読者には、わたしがこの敬虔な執り成しの恩恵を受けられるよう身をひくくして懇願する。さらに、読者諸賢はこのことを神意にしたがって認識するであろう。なぜなら、人びとの心にカトリックの信仰を説くために、よき教義や行為に関するなにか新しいことを信者に説明することが価値あることであるように、わたしは諸聖者の手本をきき真似しようとする者たちにとってますます役立つことを、沈黙によって隠すことは非難されるべきと考えるからである。

3　さらに、聖なる父と牧者よ。あなたの命令にしたがう者として、この仕事を実行することを遅らせなかった。しかし、わたしの心の素直さとわたしの精神の能弁さでは、かくも偉大な方の徳性にたいする賛辞を説明することは無理であろう。その方の聖なるそして十分称賛すべき生涯とこの時代に発生した行為がいかなる善行を実践したかについては、その聖者が心のなかに現われた人でないとだれも知らない。すなわち、内に隠されるべきものとして実践されればそれだけ、その方の善行の目的は外にむかって明らかとなる。もちろん、これを目撃した従者がそこにいなかったときでも、そうである。なぜなら、聖者はいつも隠れた所で人びとの目が届かない状態で、これらのことをいつも実践したのであるから。その方は人間の称賛をさけて、ただ神のみに喜ばれ許されることを望んだ。それゆえ、後世において人びとのために伝えられた物語が再現していると考えられるよりもより大きく、そして、より驚嘆すべきことを、実際にその方が行なったことが知られている。すなわち、読者諸賢に大部な書物を公刊しなかったがために、その方の徳性のあるものを見すごしたとするならば、わたしは身をひくくし膝を折って、通常の祈願が許している如く、その限りにおいて忠実な者として同意をえていることを切望する。しかし、聞くことによってかれの奇蹟を理解するすべての人びとが、その方の手本を真似しようと努力するならば、これを手短かに記すよう求められ、そのようにすることは理にかなったことであると判断した。したがって、もし当該聖者の業績をより熱心に探求するならば、常にさらに驚嘆すべきなにかを見つけるであろう。他方、この中でいかなる悲しみにも耐え、われわれの救世主のために善行をおこない、そして永遠の栄光のその報酬のなかで、われわれの主であるキリストをとおして前以上のものとして返還されることを知るべし。

第1章　聖レザンの光り輝き、信仰にみちた生涯

4　それゆえ、いと祝福された司教レザンはフランク諸王の家系の出身で、十分に有益にして高貴で、この世の財貨に殊のほか恵まれていたが、キリストの教えと信仰において非常に高貴で優秀でありつづけた。それゆえ、信仰と年令において大きく成長し、そして日が経つにつれて、より一層十全に神の恩寵によってみたされた。したがって、この聖者がおこなった称賛にあたいする業績の少なからずを、人びとによって彼の弟子とみられていたその親しい人たちが物語るのをわたしは聞いた。したがって、わたしに伝えられたこれらの話は彼らから得られたものである。そして、わたし自身を介して書かれ説かれるべきひじょうに多くは、この方の墓地でその徳をとおしてなされたものと、わたしは認識している。

5　また、この方は、上記の諸聖者に関してわたしが述べたように、幼年期において目鼻立ちが整い高貴で、その上家柄に関しても選ばれた者であった。そして少年時代にはいり、心の優しい少年として大きく成長した。そしてさらに大きくなると、家僕とその知人たちの間に交じって輝く顔で、あらゆる分野において優れていた。その父が息子のかくもの勤勉さをみて、彼があらゆる幸福に恵まれているとしると心から喜び、

さらにその喜びが高まると、主に限りない感謝をささげた。そして主も彼をかくも愛らしき子供でもって勇気づけられたのである。やがて子供が文芸を習得すべく、その勉強に従事するときがきた。教師に引きわたされて、教育してもらうべくキリスト教のこの上なく有能な教師たちによって教えられた。彼は学友たちのあいだでは想像力にとみ、記憶力が広大で、愛される者として輝いた。そして主の導きですべての人びとに謙虚であったが、従順、信仰、愛徳がすべてを凌駕していた。しかし、彼がこの上なく思慮深い人びとによって教育されると、父の家に戻っていったが、その時すでに幼年の心をこえ、勤勉さをもって青年期に入っていた。精神そして英知と謙虚さの面でも、彼は実際の行動において上品に輝いた。そして成長するにつれて徳を積みかさねていきながら、毎日善行と聖なる行為によって光彩を放った。

6　すでに十分に教育を受けて青年期にたっすると、彼の父はすぐに彼を近い親戚でもあったフランク人の王ロテール[1]に託した。すなわち、うえで述べた聖レザンの父は上記の王ロテールの地方長官であって、そして同王の親戚のあいだでも比較的上位の地位をしめていた。上記の聖レザンは賢い若者で、人に愛される顔つきで話し方も丁寧で、王自身と同様に彼の家の者との歩きながらの会話もひじょうに適正で信仰にあつく、それほどすべての善行に相応しく、それに対して無規律には不適であった。そのうえ容姿は優れ強く機敏で活発で、とくに賢くて好ましく、くわえて純潔、愛、謙遜においてはしっかりしていた。

7　上述された王は彼が十分誠実であると知ると、彼を自身の役人に取りたて、あらゆる騎馬の番をする係、つまり自身の厩舎長官に任命した。すなわち同王は彼の戦う徳または力を、彼を護る主が彼の行為において支援することによって、高く評価した。とくに、主の援助をたまわって、彼は敵の多くの密集隊を自身の剣でもっていくども追い散らした。もちろん、彼は祈禱と断食において勤勉で、とくに貧者への思いやりに心をそそいだ。さらに、彼はしばしば読書にふけった。そして聖書に書かれているように、主のものを主に、カエサルのものをカエサルに返した。他方、彼の雄弁さは彼にしたがう者たちすべてに好まれた。悲しんでいる人びとには喜びをもどし、乱暴者たちには規律をあたえ、こうして彼は年上の者、同輩、年下の者のなかで最も有能であった。

8　そうしているうちに時がきて、友人や親族にせき立てられて、相応しいときに妻を迎えるため、殊のほか高貴な家系の出の娘と婚約させられた。また時がくると、子孫をもたないでいることなく、彼は大きな財産をもち、途方もなく大きな所領を所有していたことから、相続財産が固有の相続者なくありつづけることをおそれて、友人と親族が彼の婚約者を妻に迎えるようさらにせまった。彼は友人の言葉と催促にさからえばひどく嫌悪されるので、友人と親族の同意をえて、上記の婚約者を妻にむかえる日を適当なちかい将来に定めた。すべての人びとに説得されて、彼女を妻に迎えようとすると、神の命令によって、すべての人びとの前で癩病にかかっている彼女を見いだした。主はこのように望まれたのであるが、それは彼が将来主の司教になるからであった。心において純潔であったように、身体においても自身を純潔に保ったのである。

9　上で述べたことが起きていた一方、彼は宮廷においていろいろな栄誉によって、そして最高の役人として輝いていたが、彼の不動の想いは修道院や聖所に向けられていた。上記の妻にかんする出来事が彼におきると、世俗のすべての戦闘の職を辞し、すべての聖者の王である主のためにのみ戦うことを、恥辱の淵にいて心にきめた。神の命令によってそれが行なわれたことはほぼ間違いない。主の命令、すなわち、「行け。そして持っているものすべてを売り払え。貧しい人びとに与えよ。そうすれば天国で宝を得よう。来て、私に従え。すべてを残し、霊と司牧の軍隊に加われ。」（マタイ、19・21）にしたがって、彼は考えはじめた。そして彼は主のみに専念するようつとめた。すなわち、以前彼はアンジューの伯または公であって、上記の王の宮廷においては第一人者として有能であった。しかし司祭になるや、ただ主と霊的兄弟にのみに好まれるようにつとめ、清貧で共同の生活をおくることを願望し、地上の豪奢をしりぞけ、自分のすべての願望を神の意思とその奉仕にささげた。

10　そして上記の聖者レザンは霊的愛にみち、信仰において強くなり、聖書の教えにしたがい、神学の書物にかんする知識にみち、キリストのすべての戦士と霊的兄弟にとって愛される者としてあった。そしてとくに、能弁の才能を誠実に活用し、背丈がさらに伸び、殊のほか美しく、外観も優美で、心地よい話し方で、才能にこの上なくたけ、思慮をそなえ、神への熱意と愛にもえ、永遠の純潔のこの上ない遵守者であった。なぜなら、すべての救世主である主は結婚をのぞむ彼を結婚から引き離したので。そして自身の司教になるようにさせ、純潔のなかに生きるようにした。さらに、彼は愛と温和にみち、従順を身につけ、節約をおもんじ、断食にしたがい、「主人が帰って来たとき、目を覚ましているのを見られる僕《しもべ》たちは幸いだ。」（ルカ、12・37）と書かれていることを思いだしながら、夜の長い徹夜にも十分にたえた。

第2章　司教、そして宮廷長官としての聖レザン

11　農民が収穫をおこない、かくも偉大な人の善行がすべての人びとのもとに達するときが訪れた。すでに彼の聖性の評判は各地に、さらに国王の宮廷にまで広く知れわたり、国王の耳にもたっした。それは山の上に位置する町をもそれから隠すことができないほどであった。もちろん、「ともし火をともして升の下に置く者はいない。燭台の上に置く。そうすれば、家の中のものすべてを照らすのである。」（マタイ、5・15）と

福音のラッパが証明するように、全能の主はかくも偉大な男がこのような所に隠れていることにたえられなかった。これらとその他さまざまな善行を求めるなかで、前記の聖者レザンは殊のほか強力な御者として目をみひらいていた。何年間がすぎて、上記のアンジェの町から司教がいなくなることがおきた。そのとき、その地方に住んでいた非常に多くの人びとは、上記の聖者レザンの思慮、信仰、活動、まことに上品な話し方、輝かしい生涯を知っていたので、全員一致で彼を司教に選出することにきめた。

12　他方、そのころ宮廷の指導者たちとみられていた有力者や名声の高い人びとは、彼の親戚でもあった、上記の栄光にみちたフランク人の王ロテールにこの祝福された男の評判をしらせ、彼の活動についても秘密にすることなく、かくもの男を彼らの司教にし、彼らの選出によって最高の聖職につかせるに相応しいことの証拠を提出した。彼らの申し出は主が指示されて、王によって受理された。そして彼らは信仰深き人びとが要望することを自由に遂行した。そしてすべての市民は聖霊においてとどうじに助言を受けいれ、同王の命令とともに、かつて選ばれた主に支援されて、アンジェの上記の教会を指導するため彼がかわりに選ばれた。これに対して、彼は涙をながした。なぜなら彼が神に好まれた者としてあったように、指導するために上記の教会を引きうけ、教会法にしたがって司教に叙任されたのであるから。

13　その地位において、心のなかで大きくなる神の言葉をまき、心と体の病気をいやし、捕虜をお金で解放し、寡婦と貧窮者の世話をなによりも優先させ、主によって託された市民を有益に統治した。こうして司教の役目をはたしながら、主への畏れにみたされ、自分の職務を遂行し、貧窮者にたいする善行を毎日増していった。そしてさらに、宮廷内の雑事と宮廷の筆頭の位を、望まなかったが、王と王の高級官僚全員の選出によって差配することがおきた。けっきょく、前記の聖者はかくも徹底した気前のよさによって、貧者への奉仕にかがやき、そのため遠隔の地方や町へも名声はひろがり、貧者の無数の群れが司教である聖レザンのもとへ元気を取り戻してもらうべく殺到した。

14　けっきょく、わたしが考えるかぎり、彼がどのようにそしてどんなに行動したかをいかなる言葉によっても説明することができない。なぜなら、彼は神の掟に熱心にしたがおうとしたので。そして彼は生涯の行動を主に向けられたものとしてもち、その予言に注目した。彼の目は常に主に向けられた。彼の足は平和を福音するために向けられた。彼の助言と仕事は常に主に向けられた。中断することなく説教と祈禱に没頭した。さらに、主にとって誠実で思慮深い下僕であるべく、主の家族にときをみては食物を配った。そのため彼は自身に委ねられた人びとをあらゆる方法で霊的食物によって活気づけようとつとめた。さらに霊において救い、心遣いは怠ることがなく、善行にとみ、町においてかがやき、金持ちと貧者の間にいつもいて、権力者ではなくて礼儀正しい人びとの生活に目を向け、主を恐れる人びとの生き方を重んじた。親切に説き、優しくすべてを教え、そして罪を犯す悪習からすべての人びとをあらゆる徳でもって引きはなそうとつとめた。普通より正しく神聖に生きているとみとめた人であればだれでも、それに値する高さで褒めたたえた。もちろん、彼は貧しい人びとに食物を提供し、彼らの役にたち、彼らの足を自分の手で洗いふいた。衣服を着ていない者に対しては、可能なかぎり服を着せてやろうとした。

15　自分の司教管区内の修道院や教会を訪問したとき、施しのために説教をおこなった。こうして、彼は衣服とすべての着衣において粗末であるが、司教としては威厳をゆうし、教義によって自らをかためた。世俗の名誉を拒絶し、霊的なものを愛し、危機において強く、逆境において辛抱強く、慈悲において評判が高く、教義の法においては強靭で、寛大さには機敏で、従うことには逆らわず、主が言ったこと、「憐み深い人たちは、幸いである。その人たちは憐みを受ける。」（マタイ、5・7）を常に頭のなかで反復していた。宗教会議にはいつも出席することにしていたが、そこでは裁判についてよりも慈悲について論じた。他方、聖職剝奪に関しては、心も体も決してあらわにすることはなかった。他の人びとから職を剝奪されようとしていた聖職者を擁護するために、心と体のそうほうで思慮をもって関与し、理性をもって弁護した。

16　すなわち、彼はすべての良き行為にかんしては躊躇なく行動して没頭し、とくに修道士と巡礼者の接待には殊のほか献身的で徹夜であたった。そして彼らにたずね、善行であれば何でもきき、それらを記憶した。したがって、上記の聖者はル・マンの町の司教ベルトラン[2]に、使徒たちにささげられた修道院[3]の創建を支援するために、土地と葡萄畑を与えた。なぜなら、その当時同司教は聖なる使徒たちのために、彼の教会管区の領域内、上記ル・マンの町の近郊に創建し、自分の財産および彼の司教座聖堂の財産の一部を寄進し、豊かにしようと努めていたので。上記の修道院にかんして上記のベルトラン様が、何人かの誠実な人たちの合法的同意をえ、王と参事会によってかためられ、自らの手でしたためた遺言書[4]のなかに、以上のことが記述されている。

17　上記の聖者レザンは毎日ミサを心の大きな悔恨をもってとなえた。彼は主に熱心に一身を捧げ、主の身体と血の聖体を献身的な気持ちでうけ、自身に委ねられた人びとにも受けるようすすめた。さらに、彼は彼らに聖なる福音の証しをといた。主は「わたしを食べない者もわたしによって生きない。[5]」と言っている。そしてさらに真実は、「わたしの肉を食べ、わたしの血を飲む者はわたしの内におり、わたしもまたいつもその人の内にいる。」（ヨハネ、6・56）と言っている。そして、その他にもこれと類似したことがある。

18　さらに、聖者の禁欲、謙遜、聖性、そして規範については、われわれのだれも十分に語ることはできない。なぜなら、もしわれわれが上記の人びとから教えられたことすべてを書きはじめようとしたならば、言葉で説明できるまでには日にちがかかりすぎて、間にあわない。すなわち、われわれは他のことについては何もいわないが、彼は三日間かそれ以上後にまで断食期間をのばし、大抵の日は大麦のパンか泉水の水を最高の楽しみとしてあじわった。同様に、いつも外側が粗布でつくられた外衣に身をつつみ、そして同様に、徹夜と断食にさいしては、直ぐに四肢を痛めつけて、二倍の苦しみを生じさせていた。また言葉と模範によって、神の恩寵に助けられ、無数の人びとを世俗の華美から引きもどし、ただ主のみにしたがい、主に専念するようしむけた。そして彼のもとに至る所から蝟集する人びとの群れにむかって神の言葉をとき、そして多くの人びとを神の名において、いろいろな病気から解きはなち、こうして神の恩寵はこの方に大きな徳の印をさずけた。わたしは、キリストの賛同をえて、この聖者の奇蹟の力のなかから、以下の言葉によって少しだけ急いで公表することにする。

第3章　聖者レザンの奇蹟——孤独を求めて——

19　ある日上記の神の司教、聖者レザンがいつものように三日間の断食を祝していると、悪魔をはらんだある女性が人びとを前にして、騒ぎたて大声をあげて悪魔の踊りをまいはじめた。聖者が彼女をみて、人びとに騒ぎと儀式に加わらないように目で合図した。すべての人びとを前にして十字をきり、一時間悪魔払いと聖なる祈禱をささげると、神の恩寵がはたらいて、彼女を悪魔から解放した。彼女は教会のなかですべての人びとを前に、自分のなかに七つの悪魔をもっていたと告白した。

20　同じく、ある日曜日上記の神の司教である聖者が自身の教会のなかで厳かにミサをおこない、神の言葉を人びとのなかに播いていると、ジソと呼ばれる両方の目から光を失ったある男が司教に、「あなたの徳と祈禱で自分に光を取り戻してくれまいか。」と頼みはじめた。聖者は彼に、「兄弟よ、なぜあなたは私と人びとの邪魔をするのか。」といって叱った。するとこの失明者は応えて、「私の主よ。神によって選ばれし司教よ。私の願いはあなたの聖なる祈禱によって光を取り戻すことを最も大事なことと考えています。なぜなら私は主においてあなたの徳と祈禱によって、光をうるに違いないと信じているからです。」と言った。するとその夜ある聖者が幻視のなかで私のもとにやってきて、「あなたの所へ急いで行きなさい。あなたの徳によって私が光を取り戻すだろうから。」とわたしに命じたのです。その聖者の命令にしたがって、わたしはここに来ました。今直ぐわたしはあなたが命じることすべてを喜んで実行します。すると、神の聖者は彼のために祈禱をささげるよう聖職者と人びとに命じた。ミサが終わり、人びとがそれぞれ家に帰ると、聖者は執務室で祝福されたオリーヴ油をこの男の目のまわりにつけると、神の恩寵がのぞまれて、彼に光を取りもどしてやった。

21　これを聞くと、称賛から大勢の失明者と身障者が毎日絶えることなく彼のところにつめかけ、自分たちの健康の回復をもとめはじめた。そのため彼は非常に困惑し、自慢の罠をさけるために身を隠し、一人の聖職者と自身につかえる二人の従者とともに、秘密の場所でじっとしていた。世俗の雑事から遠くはなれて、主のみに専念しはじめた。そのため、大勢の麻痺者、失明者、びっこ、その他多くの病気にかかった人びとの群れが押しかけ、神の聖者が声をだして祈っていた聖所の門前に陣どった。彼らの多くは彼の徳と祈禱で健康を回復し、健常者として家路についた。彼は隠れたいとねがってそうしたが、隠れることができなかった。栄光をさけたのであったが、神が望まれたように、栄光は彼についてまわった。

22　他方、聖者はこうして押しよせる人びとの群れから遠ざかっていることができないとしると、上記の王または他の聖職者たちと司教たちに、隠者の生活にはいり、そこで神のみに専念する許可を申請した。このような申請に司教たち、聖職者たち、王、そして人びとは反対し、神から発する教会の権威を所有しているのであるからそれを果たし、神によって委ねられた信者をおろそかにせず、賢明にみちびき思慮をもって統治すること、神の言葉を理解することができるので、彼らの多種多様な人びとを代表して主のみ前に現われるように、そしてあなたの主の喜びのなかに入るようと、彼に求めはじめた。聖者はこれらの励ましに屈した。すべてのこと、すなわちすべての良いこと慎ましいことに従順であったように、そうする以外に道はないと悟ったからである。そして賢明に説教し、自分に委ねられた信者たちを思慮をもって指導し統治しはじめた。それによって彼は主の恩寵を獲得することができた。なぜなら、聖書は「善を行なう者すべてに主は協力する。」（出典不詳）と言っているように、彼のすべての行動のなかに主は常に現われていたのである。

第**4**章　聖者レザンの手になる建物とその他の奇蹟

23　以上のことがこうして実現されたのであるが、われわれは別のことに移ることにする。ある日聖務を終えて、司教様が自分の弟子であるマグノボに、「これから私たちの職人の所へ行き、彼らが行なっている仕事を見ることにしよう。」と言われた。彼らが歩いていると、失明者と身障者からなる十二名の人びとを発見した。彼らはたがいに手で合図して、聖者レザンの正体をみやぶると、「レザン様。私たちが生きていけるために、あなたが持っているものを何か下さい。」と言った。一生懸命お祈りをしていたので、聖者は彼らに何も答えなかった。そしてさらに、彼らは三度まで聖者をよんだ。これに対して聖者はほとんどいらだち、彼らを見ながら手をあげて、彼らに向かって聖なる十字を切った。たちまち、失明者は目がみえるようになり、障害者は自分の足で立った。そして彼らは聖者の後にしたがった。彼の弟子がうしろを振り向くと、彼らが聖者のあとについてくるのをみた。そして彼は聖者レザンに、「ご主人様。奇蹟を見てください。」と言った。しかし、聖者は彼らをみると、「私が聖なる十字を切った時、私はどの辺りにいたのかな。」と言って弟子に尋ねた。これに対して、彼は聖者にその場所をさした。すると、聖者はその場所に戻りそこにとどまり、彼の弟子を洗者聖ヨハネのために捧げられる教会を建てている職人たちのもとに派遣した。彼らに聖なる十字架のためにささげられた教会を建てるよう命令するためであった。その後、聖者である司教自らがこの教会を建てられた。

24　ある日くだんの聖者レザンは説教し元気づけ、その他の善行を行なうべく自分の管区を巡回して毎日を過ごし、各教会を訪問した。その時ある癩病者が施しを求めにやってきた。彼はきれいな身なりをしていたが、哀れみを欠いていた。聖者はいつも哀れみ深かったので、彼にも哀れみを感じ、彼を施療院に迎えいれ、必要なものすべてをてきぱき与えるよう命じた。ミサと聖務が終わると、聖なる司教は館にもどり、入院者と巡礼者といっしょに食事をとろうとして、自分の前にくだんの癩病者を連れてきて食事をたべさせ、終課の後で自分の所へくるよう命じた。終課が終わり、深夜、この癩病者のために、聖者は徹夜で祈禱に専念した。夜が明け、祝福された水を作り、それで自分の手で洗いきよめ、彼から癩病をとりさった。以前奪いとられた優美さが、神の恩寵のたすけにより、見事な姿で取りもどされた。聖者は彼を自分のもとにおき、文学の知識を身につけさせた。多くの時が流れると彼を助祭に叙任し、それから少し経って生活と行動において証明されると、司祭に叙任した。さらに、彼の生涯は諸教父の聖なる生涯をまねた見事なもので、称賛に値するものであったと、今日まで伝えられている。

25　わたしは、くだんの聖者の奇蹟にかんして、われわれの町でおきたものを話さないでもよいとは思っていない。ある日、くだんの聖者レザンがうえでのべた町の門の前を歩いていると、牢獄に閉じ込められた犯罪者たちが彼に向かって、「儂らの父で牧者様よ。儂らをこの牢獄から解放して、これら無実の者たちが吊るされることがないよう、儂らを助けてくだせい。」と叫んだ。神の聖者は彼らのためにお願いすべく、自身からのお願いだけでこれら全員を解放するよう牢獄の番人のもとへ人を派遣した。そして彼自らが自分の持ちもので、彼らが怠っていたものすべてを喜んで償うこと、さらに獄につながれた者たちがそこから解き放たれるまでは、自分はその日上述の市門または牢獄の前から一歩も動かないと伝えた。彼の願いは牢獄の番人をおどろかせたが、そのことに関しては自分は何もしないと返事した。神の聖者が牢番の不従順と強情さ、自分の願いが彼には通じないことを知ると、この神の慈悲の子は牢獄の門にむかって十字の印をきった。さらに、この聖者の声で、神の命令がくだされ、その門は自然にあいた。誰もそれに触れることなく、門をつなぎ固定していた鉄の錠前をはずしたりこわしたりすることなく、囚人たちは牢獄から出てき、司教によって称賛され、今後窃盗、誘拐、殺人、姦淫、その他の罪を犯さないようさとされた。そして彼らは喜んで自分の家へ帰った。司教も司教座聖堂へ戻っていった。

26　しかし、この方がおこなった大きな徳性によるその他の奇蹟や偉業を冗長さをさけ、簡潔さに徹するために、ここで述べることはしない。その代わり、冗長さのために怠惰な人がこの伝記を最後まで読まないことがないように、そしてこの方の善行についてなにも知らないという人が現われないように別の箇所でそれについては少なからず既述されている。また、われわれが書くのを放棄したことにかんして、主が上記の聖者レザンを通しておこなわせたその他の多くは、われわれには知られていないが、もちろん主はご存じである。しかし、上記の誠実な人びとが物語ったことで、いかに多くのことがわれわれの耳に達していることか。もしわれわれがこれら全部を記録しはじめたならば、すでに言ったことでもあるが、わたしの考えでは、話が終わるよりも時間が先になくなるであろう。以上のように、この方は盲人に光、冒険する者に命、麻痺者に歩行、癩病者に清潔、聾に聴覚、つまり悪魔に襲われた人びとに健康を返したのだ。

第5章　聖者レザンの病気、死、埋葬、墓地での奇蹟

27　従って、あれやこれやの無数の善行において、この方が天使の生活をおくっていると、そして全能の主が自身の戦う人をこの方に定められた賞品にあずからそうと望んでいると、最後の日に苦しめられた。すなわち八月気温が上昇し、体温が上がってたおれた。そして、絶望したあと、主の慈悲によって息をしはじめた。わたしが物語る人びとから聞いたのであるが、彼は泣きながら「私はなんと悲しいことか。私の巡礼は延ばされてしまった。私はケダルに住む人びとと一緒に住んでいた。私の精神は巡礼のようにあちこち歩きまわった。」と言った。さらに、視線と両手を天にむけ、「私はなんと哀れか。なぜ天使たちの光の外に置かれるのか。すなわち、闇のなかに置かれたこの悪意にみちた世界から救済されるのか。もちろん、われわれが失ったものをまだ獲得していない。しかし、われわれがかつて持っていた全能の主の測りしれない恩寵をわれわれは再びこんなにも獲得しているし、これから先も主の寛大さによってわれわれは手に入れるであろう。主においてすべてが生かされ、そして主に戻されるものはすべて家族の一員に加えられる。」といつも言っていた。そして彼の死去は天の家に住むことを意味する。それについて、彼は別のときに呻吟しながら、

「わたしは御もとに身を寄せる者、先祖と同じ宿り人。」（詩篇、39・13）とよく言っていた。また、彼は「この世を去って、キリストと一緒にいたい。」（フィリピ、1・23）とも言っていた。徹底した禁欲と普通の倍の断食でまねいた身体の病気に苦しむたびに、彼は「自分の体を打ち叩いて服従させます。それは、他の人びとに宣教しておきながら、自分の方が失格者になってしまわないためです。」（コリント一、9・27）と口にだして言っていた。そして、「肉も食べなければ葡萄酒も飲まない」（ロマ、14・21）ことはよいことである。また、「断食し、魂を苦しめた。」（詩篇、35・13）。そして、「その人が病の床にあるときは、支え、力を失って伏すとき、立ち直らせて下さい。」（同上、41・4）。そして苦痛の棘のなかにあって、まるで自分に開かれた天国を見るように、驚くべき忍耐でそれにたえた。そして「鳩の翼がわたしにあれば、飛び去って、宿を求め」（同上、55・7）と言っていた。

28　他方、上記の司教レザン様はこうして、自分に委ねられたお金を、それぞれが贅沢のためでなく窮乏を脱するために必要な額を一人一人に分けられた。なぜなら、貧者のなかでそれを貰わずに戻る者は非常に少なかったであろうから。それを獲得したのは、富をふやす知恵ではなくて、管理する知恵によってである。彼はいつも、「憐み深い人は、幸いである。その人たちは憐みを受ける。」（マタイ、5・7）、「水が燃え盛る火を消すように、施しの業は、罪を償う。」（シラ書、3・30）、「不正にまみれた富で友を作りなさい。そうしておけば、金がなくなった時に、あなたがたは永遠の住まいに迎え入れてもらえる。」（ルカ、16・9）、「器の中にある物を人に施せ。そうすれば、あなたたちにはすべてのものが清くなる。」（同上、11・41）と応答していた。そして、ネブカドネツァル王に宛てたダニエルの言葉[6]にあるように、彼が自身の施しによって自身の罪を償ったことを思い出せと。彼はこれと同じこと、またはそれに類似したことを聴衆に言っていた。

29　しかし、彼は病気にかかったが、それほどひどくは苦しまなかった。なぜなら主は彼の病気の進行を阻止していたので。いつものように忠実に聖務をおこない、あらゆる善行の恵みにみたされ、彼の最期の日がくると、十二月一日幸福に主のもとに旅立っていった。そして彼は、自らが最初から創建した洗者聖ヨハネの教会に大いなる敬意のなかで埋葬された。同教会に修道士の群れが集まり、規則にしたがってそこで戦うことを決心した。さらに、彼らがそこで祈禱をささげるなか、弔問のために訪れた人びと全員によって、聖者の墓の前に多くの捧げ物がおかれた。すなわち、彼の埋葬の日、そこにおいて医者の誰も考えだせないような香りが漂ったと伝えられている。すべてが甘美の香りにつつまれたように、人びとは主をこの上ない喜びで讃えた。

30　こうして、その日に二人の盲人が聖者の徳によって光を与えられた。そしていろいろな病気に苦しむその他の人びとも癒された。更に、われわれはこの方の墓の前で、無数の発熱者が癒され、いろいろな盲人が光を取り戻し、自分の足でなく、他者によって運ばれてきた足の悪い人たちも歩行を取り戻し、聾者も聖者の徳によって聴覚を回復するのを目撃した。その他、これ以外の大きな徳の無数の異なる奇蹟がなされるのを人びとは目撃した。更に良いことには、われわれは数多くの罪を犯した者たちの重荷をこの方がそこで熱心に、神の恩寵に助けられ、解いたと確信する。

31　さらにわれわれはある男がくだんの聖者の墓の前で寝ているのをみた。彼は両眼とももっておらず、視力のいかなる印も感じなかった。顔と同様に、目がある場所は平らになっていた。つまり、彼は目がなければならない場所にくぼみをもっていなかった。彼はわれわれの地方に住むすべての人びとになんと怪異と映っていたことであろうか。彼はくだんの聖者レザンの徳によって、その墓のまえに長い間ねて、本当にその方に仕えることによって、まるでそれまで盲人ではなかったかのように、両眼に光をえたのである。
32　この聖者の数多くの奇蹟や善行のほんの少しを、許されるかぎりにおいて、われわれは書きしるした。この方がおこなったその他すべての善行をペンで記して、全体のなかに挿入しようとつとめた場合、われわれは読者に膨大な量の書物を提供することになったであろう。しかし、われわれは短いことを心がけ、その他はより熱心でより賢明な先生たちに書いていただくよう提供する。われわれが言ったように、この方の尊き安息の場所で、その不思議な徳の多くがおこなわれ、実際にそれらをわれわれも見たし、われわれの主イエス・キリストの名において、今日にいたるまで多くのいろいろな病気がいやされている。聖者はイエスと父である神にとっての誉れ、聖霊において永遠に称賛と栄光でありつづける。アーメン。

伝記2

序

1　司教にして証聖者、福者レザンの生涯と事績を説明しようとねがう者として、われわれはすべての英知が発している主なる神の加護を祈ることをのぞんだ。それは、聞き手にとって有益な真実をおおすぎることなくわれわれが話せるよう、上記の聖者が執り成して、われわれに物語の入り口を示してもらうためであった。われわれはこれからそうすることができると思う。しかし、われわれが古い版からそれらを収集したように、事績のなにも書きもらさないようにするが、散漫と見せびらかしの欠点をもっている、そして読書に飾りをつけるよりも読者に嫌気を起こさせてしまうもろもろの追加と反復を徹底して取りのぞいた。目下の仕事は、われわれの兄弟たちを結びつけるようにすることが最大の目的である。なぜなら、古い版では冗漫な話による思慮のない多弁さが題材の威厳をそこねているように思われるので。またそれは、ある程度、言葉の同じような繰り返しによく起因する話し方の欠陥を意味している。他方、われわれは心の軽率さや見栄、またはその他によって駆りたてられない、ちょうど別の著書の修正者として探求心を見せることで、意味のないお喋りと対決しようとおもう。そしてむしろ、われわれは永遠の報酬にうながされ、人びとのために偉大な仕事を拒否しないようにとの誠実な人びとの願いに圧倒された。また、われわれは自分たちの力でなくて、神の支援を信頼している。それゆえ、われわれは上記の聖者の称賛と神の栄光のために、あらゆることをそのまま信じて、可能なかぎり語られねばならないキリストの御業の許に戻ることにする。そして、同時に単にわれわれの都合のみならず、すべての読者諸賢の都合に合致するようつとめる。読者がそれによって教化されることを記すことによって、多くの人びとの進歩に役立つ人はその探求から大きな成果をうるであろう。それゆえ、われわれは普通のひかえめな言葉を使うよう心がけることにする。それは威厳が不明瞭、謙遜が低劣さ、冗長が倦怠を作り出さないためである。これに対して、注意深くそして忠実にこれらを受け入れるのが読者諸賢の役割となるであろう。彼らにあっては、救済のために用意されたものが破滅へと方向を変えることがないように。ともかく、今からわれわれは物語を開始する。

第1節　聖レザンの勉学、宮廷職務、聖者としての生活の表明

2　それゆえ、この上なく有名な家門（なぜなら、彼の祖先のなかにはフランク諸王が姿をみせているので）の出身者であるレザンは、自然の成り行きによって、心身両方におけるすべての長所に恵まれ、自分の幸福を徳性の探求によって増した。そのため彼の生活はすでに少年時代から、彼のなかに将来の完徳の片鱗と求められる手本の姿が輝くほどであった。すなわち外見の優秀さと、見つめる人びとの心を目に見えない力によってなごませる柔和な顔にくわえて、それは子供においては一つの名誉と考えられていた。なぜなら、年令とともに植えつけられると考えられていた、そしてあたかも自然の掟に従ってのごとく、すべての人びとのなかで我がもの顔に振るまうあの悪徳を、その時すでに神の恩寵によって前以って知らされていたため、彼はそれらを撥ねつけていた。さらに、彼は遊ぶことに夢中になったり、食べることにうるさかったり、話すことに冗舌になったりはしなかった。彼は理由なく怒りを集めることもしなかった。彼は同輩のあいだにあって暴力でもって暴れることもなかった。落ち着きのなさは子供の特徴で、熱心にはじめたものを突如放棄してしまうのであるが、心の軽率さによって直ぐ気が散ってしまうこともなかった。要するに、子供においては、如何に徹底しているかが男らしいと見なされていた。

3　それゆえ、貴族の子供たちがそうであったように、アルファベットを習得すると、読み書きの学習に専念した。そこで高貴な性格からの寛大さと限りない才能をもって努力した。教師がいうことを聞いてすぐに理解し記憶した。多くの人びとがそうであるように、言葉の恐怖が彼の注意を独占したのではなくて、知識欲が彼の注意力を高めたのである。彼は博士には尊敬、家庭教師には従順、同級生には好意、すべての人には謙虚さを見せようとつとめた。他人の愚鈍を不快に思わず、自分の英知を自慢することもなかった。行

動と同時に言葉の醜さを非常に恐れていたので、他の人における醜さも許されるべきとは思わなかった。彼は子供であったが、もし不正なことをした場合、友達によってその風紀の厳しさですでにはっきりと恐れられていた。彼は競争者の敵愾心を好意的に受けとめ、それをすみやかに終わらせた。彼は怒りを忍耐で、傲慢を謙遜で打ちまかした。仲間の中傷に耳も口も差しはさまなかった。自分に加えられた侮辱を隠し、他人に加えられた侮辱をやわらげた。こうして、彼は生徒たちの告白において、風紀の教師となった。

4　それゆえ、この勉学で少年時代を過ごし、聖書と文芸において教師たちがもつ知識を持ち前の熱心さで少なからずたくわえると、宮廷で王につぐ地位を占めていた父の命令で、哲学を断念するよう強制され、閑暇から労働へ、勉学から戦いへ、学校から宮廷職へ移された。王ロテールは、この若者において際立っていた近親関係から、すぐれた容姿の威厳から、優雅な生き方から、彼を喜んで迎え入れた。それから少しして戦士の肩帯をおくり、友人のなかで十分ふさわしい者として遇しはじめた。そして彼とともに重大なこと、王国の統治について論じた。協議に際しての慎重さ、秘密に際しての信頼、実行に際しての俊敏さが彼にはそなわっていた。彼は適切な能弁、正義に対する愛も欠けていなかった。従って、彼は訴訟をおこすことと権利の行使において非常に有用だと思われていた。

5　それに加えて、彼は永遠の貞潔の維持者にして信奉者で、彼と王とのすべてにおいての親密な関係でもって法廷を飾った。彼は仲間の戦士たちに対して、ある従順さによって各人の好意を獲得しようとつとめた。すべてに対して愛想よく振るまった。あらゆる者の困窮に対して、もし力を貸すことができないならば、助言でもって対応した。すべての人たちの反対にあうと、悲しくなった。すべての人の幸福を自分の利益と見なした。王のもとで可能な限り多くの人びとに役立ったが、自分が望んだ人びとにはかならずそのようにした。このように、彼のなんらかの善行が届かなかった人はどこにも見いだされなかった。誰もが自分以外に自分の徳について黙っていると、彼は各人の勇気の行使を称賛した。宮廷の警護において、長官の職務を遂行した。そのため、次のことが起きた。誰もが要求するので、王によって戦士たちの長官に任命された。これは今日厩舎長と呼ばれるものである。彼はこの役職をこれ以上ないと思われるほどに遂行した。しかし、この職にあるあいだ彼の心はいつも神に向けられていた。そしてこの世から無傷のままで連れさられないようにと、彼はたえず神に純粋な祈禱をささげていた。彼はできるかぎり聖書を読むことに力を注いだ。その熱心さによって、彼は天国へ行きたいとの願望をより一層燃えたたせた。人間の心が遊蕩や放蕩によって傲慢にならないために、彼は頻繁に断食をおこなったが、自身の予想に反して、青年の情熱を消し去ることはなかった。彼は場所と時間に関係なく、助けを必要とする人びとに対してなにも惜しまなかったほどに、貧しい人びとや病人に対して慈悲の心を限りなく与えた。彼は戦いにおいては修道士、活動においては瞑想家となった。このように両方の中立からどちらかへ行くことには慎重であった。

6　その間彼には幸運なことがつづき、世襲権によって美《うま》し故郷がやがて彼の手にはいり、そして国王の寛大さによってこの上なく多くの栄誉で飾られると（すなわち、アンジュー伯になったとき）、友人や国王にうながされて、神の国にふさわしい生活をおくり、すぐに栄誉を捨てて、神に心身を委ねるときめていたが、その心の誓いに反して、この上なく誉れ高い家柄の娘と婚約した。彼女と結婚する準備をしていると、いうのも不思議なことであるが、荘厳な式の最中に彼女が癩病にかかっているのにきづいた。こうして、彼は不幸の神に邪魔され、友人たちの助言が彼に求めた結婚をすませる必要から解放された。

7　他方、彼は自分の屈辱をべつの結婚を早くすることによって消しさろうとはしなかった。それよりも、彼は神の摂理を自分の誓いに一致させることをかんがえ、不慮の出来事を好機にかえた。それはふたたび試みるように勧められないためであった。なぜなら、以前に試みたことを完全に捨てきっていなかったからである。こうして、自分の気持ちが確かめられると、かつて望んだことをさらに遠ざけた。そして、使命にしたがって、戦士としての剣帯を直ぐにはずし、虚しい栄誉も拒否し、自分のすべてを神への奉仕に委ねるために誓願して、聖職者になるための剃髪をうけた。修道士たちの仲間に入ったことはなんという喜びか。神へのいかなる讃美でもってすべての人びとの口を満たしたことか。栄光に輝いた、姿において勝れた、役職と富において抜きん出ている、この上なく高貴な家柄のこの寵児がすべてを捨てて、キリストとの結びつきの前に貴族の誇りを曲げるのを見たとき、そして金持ちから貧者、力ある者から力なき者、主人から奴隷に自ら変身したのを見たとき、いかに多くの人たちの心を悔恨のなかに陥れ、いかに多くの人びとの目を涙で濡らしたことか。もちろん、これは大きな称賛をこめて叙述されるべき希有の出来事であるが、もし唯一の希望を逆境のなかでも決して放棄しなかったであろう者たちが同席していたならば、彼らは迷うことなく軽蔑したであろう。しかし神の下僕は、自身の地上で蓄えられた優秀さはすべて価値をうしなうことから、将来の栄光を考えていた。不確かな富の中にいるのでなくて、主である神に自分の希望を託すこと、神の近くにいることが彼には良かった。

8　彼が聖職者としてどれほど昇進していったかについて、われわれは先輩たちからの証言で知ることができる。それまで世俗の役職にあてていたすべての勤勉さを、彼および彼と生活をともにしていた修道士仲間たちの心に役立つことに向けた。そして意見が分かれて彼が両方に必要な場合、いつも人びとをまとめて相手の方に加わった。人びとは決して彼をこの上なく高貴な生まれの栄光で喜ばせることはなかった。それよりも、彼は最も卑しい人びとの葬式に参列させられた。そして彼の博識はけっして無教養な人びとの純朴さを刺激することをしなかった。断食しているとき、他の人びとの食事を邪魔することはなかったし、徹夜するとき、寝ている人びとを起こすことをしなかった。疑いをもつ人びとに対しては、すぐに平和へ引き戻した。不従順な人びとに対しては、すぐに規律へ連れ戻した。すべての人びとに対して、自分が良いとおもったことはすぐ真似すること、他方悪いことは用心するようにと提言した。そして彼はすべての人びとから父として愛され、同時にすべての支配者と同じように敬われた。

第2節　聖レザンの司教としての業績

9　キリストの定めにしたがって、修道院の共住へとさそわれ、新しい場所で生活していた。従って、主によって彼に、「さあ、もっと上席に進んでください。」（ルカ、14・10）と言われるときがやがてきた。身体の病気がアンジェ司教座の司教を苦しめていると、「この人に席を譲れ。」と言われた。従って、その前にアンジェの町の司教座教会を監督していたとおもわれるオドヴェが亡くなると、聖なる人の評判が長い間そして広く行きわたっていたとき、聖俗両界の人びとの歓呼によって、国王のすみやかな同意をもって望まれ急がされ叙任された。そして彼は神の館に身をおくことを選んでいたため、推薦されたのではあるが、泣きながら教会を司るよう強制された。長い間閑暇にまかせて自分のなかに培ってきた善行を、今度は神の摂理によって、大勢の人びとのために役立てることは、もちろん、これ以上に相応しいことはない。

10　それゆえ、その役職を引きうけると、名誉よりも負担をふやすべきであると判断し、まるでそれまでなにも彼を突き動かさなかったかのように、達成してしまっていることをその時にはじめ、生き方の神聖さにおいて他のすべての人びとをすでに凌駕していたので、ただ残っていたこと、つまり自分自身に勝つことを心にきめた。しかし、彼には徳のいかなるものも欠けていないことが証明されており、それによって大きくなれるものをもっていなかったので、数において追加することができなかった場合、量においてふやした。それゆえ、徹夜の時間をのばし祈禱を長くし断食を頻繁にした。粗布で皮膚をこすり、身体を冷水で痛めつけた。そして、償うものをもっていなかったので、キリストにならって、自身に委ねられた人びとの罪と怠惰を自分に移しかえた。そして彼は施しに非常な愛情をそそいだため、遠くの地方から貧者の群れが彼のもとへ殺到した。もちろん、彼は寛大さに関しては、いささかも惜しまなかった。着物をもたない人びとには着物を与え、飢えた人びとには食事をとらせ、病人には薬をほどこし、死んだ人びとには墓をあたえた。旅行者には宿を提供し、悲しみに暮れる人びとには慰安をあたえた。捕虜には身代金、孤児には庇護、寡婦には保護をあたえた。貧者の足を手で洗いきよめ、目で泣き、口で接吻し、髪の毛で拭きとった。要するに、彼は人びとの生活が不幸に苦しむかぎり、それだけの慈悲をあたえた。貧者に対してのみならず、すべての階層の人びとに対しても、さらに一部の司教に対しても、彼の寛大な心は届けられた。

11　その間、自分がついていた役職を果たしながら、神の摂理の秘密を実践し、民衆に神の言葉をつたえ、罪を犯した人びとに罰の恐ろしさを認識させ、悲嘆にくれる人びとに早く死ぬことの喜びをといた。彼は慈悲と審判を汝、主に向かって讃えた。すなわち、背く者たちに審判、哀願する者たちに慈悲を。そして彼の唇から好意が溢れでていたので、彼がいったことは誰にも不快をあたえなかった。彼はひそかに個人の過ちを非難したが、人ではなくて罪を非難した。だれもが彼から言われたことについてよく考えたとき、不当に言われたことを見いだすことができなかった。さらに、自分の生き方を手本にしていたので、彼には教導するにさいして、話題を欠くことは一度もなかった。彼が言ったことが彼に求められるたびに、彼は行なったことをすぐに思い出していた。

12　裁きの厳格さに関しては罪を追及したが、本性を大切にした。それゆえ、悪徳を憎むが人間を愛した。犯罪者を裁判にかけて告発したが、悔悛者を温かく迎えいれた。両方とも犠牲にしたり、また傷つけたりすることなく、熱意を寛大さで、寛大さを熱意でやわらげた。宗教会議の場においては、いつも慈悲について論じあい、そして理性が許すかぎりにおいて、犯罪者の弁護に頭と舌を働かせた。聖職者が告訴された場合、大概は彼らを弁護した。人を受け入れる場合、彼は名声よりも性格に注意した。彼は名声が欠けている人びとがそれだけ一層神を愛しているのを理解していたので。彼は教会を巡回し、修道院を訪問した。彼の方をみる人びとには心の喜びがわいてきた。心を言葉で、身体を食物で活気づけた。いたる所で悪徳を根絶し、そこに美徳を持ちこみ、病気を追放して健康を回復させた。顔色を変えず心はいつも同じくして、両方の運命をみつめた。そのため繁栄によって陽気になることも、絶望によって挫折することもなかった。服装と所作において控え目を維持した。仕える者たちの数に関しては最少を、彼らの質に関しては誠実さを要求した。いいかえるならば、あたかも私生活を軽蔑するごとく、公のために仕えたのである。またあたかも公のことに気を使っていないかのごとく、私生活に気を使った。多くの人びとがそうであるのとは反対に、光から煙となって後退することはなかった。そうではなくて、光から光、小さな徳からより大きな徳へと進んだ。

13　やがてゴール全域に彼の光が放射し、ただ彼の名声を求めて、少なくない貴族が世俗の富をすてて貧者となってキリストにしたがった。そのため、そして彼はその場に居合わさなくても大勢の人びとを改宗させた。やがてフランク人の王や、有力者たちの希望と行為はとくに彼の威光に頼った。そして彼は司教たちによっても偉大で驚くべき人であると思われた。彼を求める人びとはすべて、あたかも泉を探し求める人びとのごとく、彼をぜひとも必要とした。誰でも、望むすべてのものを彼から汲み出した。本当のこと、やがてすべての人びとに人間の姿をした天使、いなそれよりも人間天使と見なされた。人間の限界をこえた、比類のない神聖さのほかに、彼は非常に大きな奇蹟の力で輝いたので、誰もが彼に使徒としての威信が備わっていることを疑わなかった。われわれは奇蹟の一部をこれから列挙することにする。それらに基づいて、読者は残りの奇蹟に関する確証を判断することができよう。すなわち、少しから多くを、良いものからより良いものを、露わなものから隠れたものが収集されるのが習わしである。

第3節　聖者レザンによる教化、静寂の探求、奇蹟

14　厳粛な断食のさいちゅう、人びとがひっきりなしに教会を訪れていると、実際に彼らは彼らの牧者の教えにしたがって、心から彼を信頼していたのである。ご覧なさい。悪魔にとりつかれた一人の婦人が声をあらげ、狂ったような動作で内陣に入ってきた。そして教会のなかを走りまわりながら、無言の道化をえんじ、そして酒に酔った人がいつも吐くような、訳のわからない言葉で人びとの笑いを誘いはじめた。聖なる人は、可能なかぎり神の支援を阻止しようといつも機会をうかがっていた悪魔の仕業をみぬいた。それゆえ沈黙を命じ、居合わせた人びととともに、悪魔にとりつかれた女に対して、後に付いてくるよう命じた。人びとが見ている前で、そして他のことを考えるのをやめ、出来事の結果に注目している前で、彼女に向かって祈りを行なうと、十字の力と聖なる誓いによってたちまち敵を追い出した。正気にもどったこの女性は感謝をしたくて、自分の口で公然とこの事実を告白し、すべての人びとにこの奇蹟をたたえた。すなわち、そ

れまでに七つの悪魔が彼女に住みついていたことが明かされた。わたしはその際だれも神への讃美を口にしなかったと思ったであろうし、聖職者の徳についてなにも語らなかったと考えたであろう。実際に、頭の形が手足のなかに照り返り、同時に徳の形において、弟子は師にならうものである。キリストがマリアから七つの悪魔を追い出したように、聖なる人レザンはキリストの助けを借りて、この女性から同数の悪魔を追い出したのである。下僕は主と比べられることはできないとはいえ、ああ、この奇蹟において質と質、特徴と特徴、数と数がいかに一致していることか。

15　また、日曜日いつものように人びとを荘厳ミサに誘っていたときのことである。ギソとよばれるある盲人が中腰の状態で、大声をあげて静寂をやぶった。そして司教に対して「教えの言葉で頭の闇を追い出した方が、その聖なる祈禱によって自分の目から暗闇を取り去って下さい。」と哀願した。この聖なる人は人びとの意識が乱されないために、今は聖務を中断すべき所ではないと答えてやさしくさえぎると、この男は「いと聖なる司教さま。あなたはこれを無思慮でなくて信仰と結びつけて下さい。私はあなたの徳によって光が私を受け入れるであろうことを疑っていません。つまり、夜が明けた時、幻視を通して、この感謝が捧げられるのはあなたであることが私に明らかにされたのです。それ故、私が切望することをあなたによって私に与えてもらうために、私はあなたの許へ駆けつけるよう命じられたのです。」と言った。司教はこれを聞くと、確かな徳の効き目をけっして疑わなかった。しかし、自分の徳に委ねるよりも教会全体の祈禱に委ねるほうを選び、この盲人のために一斉に祈禱をささげるよう命じた。こうして荘厳ミサの儀式が終わると、彼は人びとを帰らせた。それはこれから起こる奇蹟の感謝を奪いとられたくなかったためではなくて、彼自身が低俗的な名声を好まなかったからである。次にこの盲人をこっそりと自分の方へ引きよせ、彼の目を聖なる油で洗ってやると目がみえ、喜ぶ彼を故郷へ帰らせた。

16　聖者レザンの広く知れわたった徳に病人の群れが殺到し、民衆の訪問によって、瞑想にふけっていた心が苦しみを味わっていると、神の下僕は奇蹟のもつ力を好むことは神のもとでの彼への報酬を小さくするのではとおそれ、以後参集する民衆に会わないことをきめ、奥まった独房にこもって一人の聖職者と二人の下役をともなっただけで、天使の静寂について考えはじめた。しかし、門の所で押しとめられていた人びとは声を出して入ってきたので、このように押しかける群衆を排除することができなかった。そして彼は不誠実だとして、非常に多くの人びとが彼に無理やり意見を求めてそれを引きだそうとした。彼は必要にせまられてその職を辞し、そこから国王や同僚の司教たちに、自らは隠棲地に赴きたいので、自身の職に別の人が代わってつくための容赦を求めはじめた。彼のこのような訴えにすべての人びとは反対した（牧者の不在によって見捨てられたキリストの仔羊たちが、強欲な狼の餌食になるであろうとだれが心配しなかったであろうか）。そして利益の半分にいるよりも、損失の半分にいるとして彼を非難した。くわえて、自分の願いを求めるのでなくて、多くの人びとを幸せにするために彼らの願いをかなえるべきで、私的な都合を公的な利益に先行させることは慈愛の掟に反していることを強調した。けっきょく、彼は兄弟たちの願いと意見に負け、孤独の生活への願望をすて、そしてすべて一新したごとく、自分に委ねられた摂理を実行することに没頭し、キリストの家族に必要なものを供給しはじめた。中止した瞑想の損失を実りおおい行動の成果で一生懸命に補おうとした。それゆえ、自分のすべてを周囲の人びとの利益にささげることによって、神からより大きな恩寵がえられるようなことがなされた。このことを人びとにはっきり示すために、主が彼をより大きな、そしてより頻繁な奇蹟でかざった。われわれはこれらの奇蹟の多くについて語らねばならない。しかし、そのほんの少しでも、それらが偉大であるため、数の多さに匹敵することができる。
17　この聖なる人は町のそとの、周壁から遠くない所に修道院を創建しはじめた。やがてたくさんの土地やものが寄進され、彼は自分が望んだようにこの修道院を洗者聖ヨハネにささげた。(7) ある時、この建物をみるべく、最も親愛なる一人の弟子をともなって歩いていると、貧しい人びとの群れと出会った。彼らはうるさいほどの大声を上げて、彼に施しを要求しはじめた。彼らは十二人であったが、ある者は盲人である者は足が悪かったと思われる。司教は彼らになにも答えなかったので、もちろん彼らに取り囲まれていても熱心な祈りの意図が彼の心を捕らえていたのであるが、叫び声を繰りかえし彼を困らせ無視する自由をまったく許さなかった。それゆえ、動揺させられしばらく立ちどまった。そして自分を守るために、彼らに向かって右手を上げ、迫ってくる彼らに十字の印をきった。たちまちこの聖者の愛に不具と盲目は仰天し、すべての病気は逃げ去り、十字の力は彼らに健康をもたらした。それゆえ健康を取り戻した者たちは、彼らが負っていた感謝を表明するために、すでにその場を立ち去っていた聖者のあとを追った。前を行く者が後を見て、このマグノボ（この名前は弟子のそれである）が奇蹟に気づき、前を行く師が奇蹟をおこしたと驚きのあまり叫んだ。そして師自身も振りかえり、知らないうちに享受していた恩寵を確かめると、ありあまる贈り物に対して、創造主に多くの栄光をささげた。この弟子によって腕の確かな職人たちがすぐに呼び集められ、師が奇蹟をおこなった所をふたたび探しだし、そして聖なる十字の栄誉と記念に教会を建てるよう命じた。この教会は今でも存在しており、信じる人びとにとって古い奇蹟を象徴しつづけている。

第4節　聖レザンのその他の奇蹟、病気、死、埋葬

18　言われているように、聖なる司教にとって自身の司教座の管区を巡回し、自分自身や聖職者の怠慢によって自身に委ねられた仔羊の群れが危険にさらされないように、敬虔なる配慮からたんに各地域の必要のみならず、各人の必要にもすすんで応えることが習慣となっていた。彼はいたる所に神の言葉の種をまき、堅信と祝福によって人びとを強くした。このほかにも、彼の力で不足している人びとの欠乏を補充した。そしていつも訪問者と一緒に食事をした。それゆえ、ある時いく人かの貧しい人びとに混じって一人の癩病患者を接待することがおきた。彼の体格は立派で、手足も均整がとれていて、それが不幸な病気よりも大きな羨望となっていた。聖者は自分の食事で彼を元気にさせ、祈禱のなかに彼を迎えいれ、彼がやってきたその日の夜自分もそばにいて、祈禱によって疲れることなく、哀れな人のために主の慈悲を叫びながら、眠れないその男を教導した。やがて朝がくると、聖者はこの病人をきよめた水で洗った。この聖なる手にふれると、いうが早いか癩病は消えさった。ああ、預言の力をもった人よ。ああ、古い力の新しい手本よ。旧《ふる》い人びとは、古い律法を『新約聖書』よりもまえに置くため、奇蹟のなかで栄光に輝くことはない。しかし、両者の主は一人であり、その水は両者において力をもつ。われわれは水をもっている。われわれには預言者がいる。われわれは癩病患者をもっている。われわれのそばにはナアマン、エリシャ、ヨルダニスがいる。しかし、この世においてわれわれはより浄められている。なぜなら、われわれはもはや古い生き方にはもどらない。聖なる人はエリシャから神の言葉をまなび、キリスト教の教えを叩きこまれると、服装をかえ、くしゃくしゃの髪をやめた。こうして低い役職のとき適性がすぐに証明され、ついに聖職者の地位につくにいたった。その生き方は称賛にあたいし、師の足跡からはみだたず、その後多くの人びとに申し分なく生きる見事な手

本を提示した。
19　司教座都市の門のそばを司教が通りすぎようとすると、市門に隣接する牢に捕らえられていた罪人たちは、司教が通りすぎたのをしると、涙声で彼を呼びとめた。司教は彼らの状況の困難さに心を動かされ、この哀れな人びとを解放するまでは、その場から立ちさらないと決心した。もちろん、彼らと一緒に自分も縛られているとかんがえ、同情から彼らの鎖を自分のなかに移動させた。そこで使いの者をやって牢番をよび、捕らえられている人びとのために贖罪金を支払うことを申しでた。しかし、どう頼んでも、いかなる金を払ってもその番人の強情さを曲げることができなかった。しかし、牢番の信念はいつもそうであった方向へ向かった。なぜなら、人間の悪い品性によってなしとげることができないことでも、人に感じられないものによって見事に獲得することができるので。従って、司教は牢屋の戸にむかって十字をきった。するとたちまち、いうのも不思議であるが、鉄の強固な鎖がはずれた。信仰がより強く働くと、自然は鎖のいつもの固さを維持することができなかった。こうして鎖から解放されると、すべての罪人が飛びだし、聖なる司教によって言葉とお金が与えられ、喜んで故郷に戻っていった。このほかにも、人びとの記憶にとどめられるべき奇蹟がおこった。しかし、割愛したとしても、以上で十分である。すなわち、信仰のあつい人はこれ以上を望まないであろうし、不信心者はこれ以上は受けいれないだろう。これから彼の死に移ることにする。
20　神の下僕は十分な戦いをたたかいぬき、生涯を歩きおえ、そして信仰をかためた。正義の審判者からの報酬、勝利の冠と賞品が彼に残されていた。値する戦士に良き畑、生きつづける人びとの土地がすでに用意されていた。時と熱の重さをになってきた労働者には永遠の静寂という代価が用意されていた。それゆえ、八月に激しい高熱の病気におそわれ、導かれたいとの希望のなかにほとんど委ねられたので、われわれはこの上ない喜びのうちに彼の死をまった。しかし、しばらくして熱が引いたが、彼はいつもの情熱が引き裂かれ、次の避難所に入れないのをしって、悲しみのなかでうめいた。もちろん、彼はこの世の生活を難破したものと判断し、将来の国を全力で探してきた。願望が間隔をおいて大きくなっていったが、再びなんかいも現われる発熱をまえにして、これまでの禁欲の習慣をいささかもゆるめなかった。それゆえ、より柔らかい寝床に横たわることも、また食事や飲み物の質を良くすることもしなかった。それよりもむしろ、今やすでに感じられる主の入来を願い、生き延びるかぎり、常に心を身体に引き戻し、これから向かう地について考え、置きさったすべてのものを忘れさった。

21　すでに四月が過ぎ、キリストの純金が苦難の溶解炉であることを証明した。それゆえ、すべてにおいて主の永遠の宝のなかに置かれるにふさわしい者として、十一月一日いと聖なる司教は身体をはなれ荘厳に埋葬され、あらゆる階層の人びとがひっきりなしに、彼が最初から建設した、そして神に熱心に仕えるために修道士の集団を配置した洗者聖ヨハネの修道院をおとずれた。彼の葬儀には天使たちも参加し、地上のいかなる恩寵ともくらべられない、いつもと異なる薫香に突如ひたされ、参列した人びとすべてがそれを認めた。しかしそこで奇蹟による慰めが示されると、牧者の他界を悲しむすべての人びとの悲嘆は軽くなった。すなわち、その日彼の墓のまえで二人の盲人、そして多くの病人が健康を取りもどした。それからわれわれの時代まで続くあいだ、その場所において心と身体の健康に関する神の恩寵が絶えなかった。こうして心から求める人びとに贖罪が付与され、病人に望み通りの回復が、この世で窮乏する人びとには援助が与えられた。

22　こうして執り成してくださる守護聖者の力をとおして、単なる奇蹟とはよべないような大きな奇蹟が示された。すなわち、もし失われた光が目に戻ってくるという奇蹟であるならば、これまで目のなかった人に目をつくってやることは明らかに普通の奇蹟をこえたものである。そして盲人とは目をもちながら視力を奪われた人のことで、目そのものをもたない人は盲人以上の人である。従って、盲人以上の人で、あつい信仰心で輝く人が、出来事の成果が証明したように、聖者の墓にもうでて長い間熱心な祈禱と心からの願いに没頭していたが、この人には全く新しいことがおきていた。なぜなら彼には眼窩もその場所もなく、怪物に似たもの、眉毛から下がのっぺらぼうの顔が降りてきたのである。各地から大勢の人びとがこの光景をみに集まってきたのであるが、これほどの怪物の新奇さがそれまでどこにおいても誰の注意も引かなかったのに、これまで聞いたことのない奇蹟がおきるや、その評判はその後より広い地域でとどまりつづけたほどである。それゆえ、彼は間断なく祈りをつづけ、自分の身体のまえに聖者の存在を感じると、突然両目をみつけ、そして見えるようになった。自然の力が彼から奪いとっていたため欠陥者であったが、神の恩寵により、聖者の奇蹟をとおして両目を獲得し正常になったのである。

23　われわれはこの著書の終わりに、結語として、特に次の言葉を持ってくることにした。それは、これまで上で叙述された物語の本体の如何なるものも残されていないいま、最後が語られるために、最初のことが思い出されるからである。何よりも最初から、われわれのこの仕事の全ての意図が向けられていたのは、自然界の不可能が神の恩寵を妨害することはないがゆえに、われわれの主、キリストを通して、そしてキリストと共に、如何にして十分に最高の主に奉仕するか、そして如何にして信者の心をいささかも失望させないかであったことは明らかである。

24　わたし、アンジェ司教座聖堂の不肖の助祭マルボドは同教会の参事会員たちの求めにおうじて、司教聖レザンの伝記をかき、実際にそうしたことをみとめる。このため同参事会員たちはわたしに、わたしの仕事の代償として、教会のなかでいつもおこなわれる祈禱と善行への参加をみとめ、わたしが生きているあいだ、毎日朝のミサで衆禱「不信心者を義とされる神」をおこなうことを約束した。他方、わたしの死後については、祈禱とミサにおいて一人の参事会員のためにおこなわれるすべての儀式、そして毎年わたしの誕生日の記念を、一人の参事会員としておこなう。そのうえ、毎日祝祭日以外に、この世の終わりまで、わたしのために第一時課のあとで、参事会室を歩いているあいだに、参事会員全員で『詩篇』「深い淵の底から」(詩篇、130)、「永遠の安息を」、衆禱「主よ、すべての死者の魂を解き放ってください」を歌うことを約束する。わたしと参事会員とのあいだのこのような取り決めに関しては、わたしの主人聖レザン様がその執り成し、証人、後援者となった。アーメン。

註

(1) Lothaire.一世、在位五一一–五六一年。
(2) Bertrand.聖者、在位五八七–六二三年。
(3) 五九五年、ル・マンの町の囲壁の外に創建されたサン・ピエール＝サン・ポル・ド・ラ・クチュール Saint-Pierre-Saint-Paul de la Couture 修道院を指す。
(4) 六一六年三月二十七日に書かれたとされる、この遺言書は G. Busson et A. Ledru, *Actus pontificum Cenomannis in urbe degentium*, Le Mans, 1902, p. 101-141 に収録されている。
(5) ヨハネ、6・57では「わたしを食べる者もわたしによって生きる。」とある。
(6) 『ダニエル書』、4・24参照。
(7) Saint-Jean-Baptiste-et-Saint-Lézin 修道院を指す。

第五話　聖マンブゥフ

解題

聖マンブゥフは五七四年頃アンジェの南東十キロ、ブランまたはアンダールで、フランク貴族の両親の間に生まれる。聖レザンの手から剃髪を受ける。同聖者は彼にシャロンヌ・シュル・ロワール修道院の監督と小教区の司牧を委ねる。それから少し経って、同聖者はローマ教皇から洗者聖ヨハネの聖遺物を手に入れるために、彼をローマに派遣する。聖レザンは、死の床で、マンブゥフを次期司教に指名するが、マルボドの追加記入によると、カルデュルフが後継司教に選ばれており、従って、マンブゥフが司教職に就いたのは六一〇年以降となる。彼は六一四年のパリ、六二五年のランス、六二七年のクリシーの公会議に参加している。禁欲生活、精力的な活動、貧者訪問は民衆崇拝に値した。サン・ジャン教会の傍にサン・サテュルナン修道院を創建し、哀れな人々の休息所にした。彼の死後、信者たちによって同修道院はサン・マンブゥフ修道院と改名された。彼は六五五－六六〇年、十月十六日に埋葬される。彼の聖遺物は約一世紀後高価な櫃に移され、一五二四年に再度移動させられる。大革命まで彼の聖遺物はアンジェのサン・トギュスタン修道院に保存されていたが、一七九一年に散逸してしまった。彼が農村で動物の守護神として広く崇拝されている理由はゲルマン語 Maganbodo の語義とは関係なく、単に語呂合わせ Main-Boeuf、つまり名前の中に牛を意味する言葉 boeuf が含まれていることから来ていると考えられる。

聖者の名前はフランス語表記では Maimboeuf または Maimbod、ラテン語表記では Magnobodus, Mannobodus となっている。

伝記は、十二世紀にレンヌ司教マルボドによって執筆されたとする説と、聖者と同時代人の作とする説があるが、仮に後者の説に立つとしても、後世に手が加えられていることは明らかである。伝記の底本としては、AASS, Oct. 7, p. 940-950 を使用した。

この聖者に関しては、伝記しか知られていない。そこでは聖者の誕生から司教になるまでの経緯が記されたあと、直ぐに奇蹟譚へ入っている。同聖者は洗者聖ヨハネの聖遺物を手に入れるためにローマに派遣されているが、地元の聖者以外の聖遺物の獲得に乗り出すのは非常に珍しい。本書解説、一で述べている如く、ゴール以外の聖者の遺物が競って求められるようになるのはカロリング時代に入ってのことであるので。また、これまでの聖者文学に現われた奇蹟体験者は地域の人々に限定されていたが、ここでは聖者の奇蹟力の評判を聞きつけて、ローマから少女がやってきている。七世紀においてもゴールの人々は、古代から継承されたローマ世界の観念を持ち続けていたのであろうか。

伝記

第1章　聖者の誕生、聖職、ローマ巡礼、司教職。

1　それ故、キリストの栄光に包まれ、卓越した司教マンブゥフはアンジューにおいて、神のしるしに導かれ高貴の家柄に生まれ、奇蹟の大きな特典で輝いた。至る所で行なわれている彼への称賛が証明するように、彼は身体能力と会話の熟練を獲得する以前、天から諸徳の見事な贈り物が彼の中にもたらされた。彼の両親は人間の子孫の系統によれば、彼らの市民の間において非常に目立った家柄で、シルペリクの息子ロテール[1]の支配下にあって、そのため低くない地位を獲得していた。同ロテールは、自身の親族であるテオドリクとテオドベール[2]と共に青年の域に達していたが、あちこちに出現した偽の支配者と争っていた。それ故、マンブゥフの誕生に際して、キリストのお導きによるもので、前記の両親は彼の誕生を非常に喜び、尋常ならざる不思議さに歓喜した。われわれが賢明な探索によって確認しているように、彼の誕生は御公現の祝日(一月六日)の直後にあり、そのため豊饒で純潔な聖母から生まれた生命の創始者は彼が人々によって導きの星として敬愛され、豪華な贈り物によって称賛されること、さらにはヨルダン川での水浴によって浄められ、泉水の水を葡萄酒の芳香に変えることを望まれた。そして、その日の小さな光が間違いなく公告されるために、雄鶏の鳴声がこだまする中で生まれることで自分の誕生をこのようなしるしで飾った彼が、将来光を愛する人、光の触れ役となることが明らかに証明されるために、母の胎は聖者をこの世に生み落としたのである。

2　こうして、上記の両親は罪への本源的接触を断つために、再生の水浴を享受させる目的で、ローマの町の聖堂に参拝するための許可証とされていた通行券を手渡すことを切望していた時、ロワール川の狭められた箇所が一行の前進を妨げた。彼らが船の助けによって既述の川の流れを渡ろうとしていると突如嵐が起こり、彼らの救済の力をほとんどすべて奪い取ろうとした。豪雨の嵐が発生し、川の大きな渦が小舟を今にも粉砕しようとしていた。櫂が奪い取られ、漕ぎ手たちは流れの圧迫を受け、危険を回避できないとの絶望という罰によって恐怖に陥った。恐怖に満ちた不安が全員に広がり、目の前にはただ死の幻影のみが恐れられた。船乗りたちはどうしたのか。彼らは力の限り救助を求め、巨大な波と渦巻く流砂が彼らを阻んだが、しかし、われわれが信じている通り、突然神の命令によってすべての風の吹きが弱まり、思ってもいなかったと同時に願っていた平静が周囲を支配した。全員が驚き、そして不思議で表現できない速さですべての脅威から解放され、心は喜びで満たされ、川岸を通って救済の港に到着した。それ故、当初の目的がすべて達成され、そしてすべてが手続き通りに終わると、一行は元気よくそれぞれの故郷へ戻っていった。

3　年月が経ち、前記の両親が息子の高貴な才能を認めると、彼が文学の聖なる探究に打ち込むように仕向けた。そのため彼は、その年令が許す限りにおいて、すべての注意を学校の教えに向け、神の教えの実践に専念した。耳で感じたことをすべて心の奥に貯めておこうと大きな精励をもって心掛けた。彼が幼年時代と少年時代を過ぎて、すでに青年時代に入っていた時、アンジェの町の司教聖レザン(3)によって頭頂部の毛髪が剃られ、聖なる教会の幾つかの役職に就けられ、位階の誉れにおいて高められ、聖職者集団の懇願にわが身を委ねることになる。つまり、同輩の間にあって、彼には驚くべき誠実さ、この上ない従順さ、偽りでない慈愛、謙遜に満ちた好意、祈禱における徹底さ、徹夜における自発性が備わり、自制の扱いにひいで、聖性の特典で飾られ、習得した教えの多さによって博識の、英知の光で輝き、言葉の蜜のような賢明さに包まれ、それをつけた者たちによって魅力的と考えられているキリストの頸木《くびき》をいつも担い、担ぐ者たちによって軽いと思われている荷物を立ち止まることなく運んでいた。それ故、上記の司教は彼の勤勉さと彼の考えの素晴らしい意思を認め、彼を幾らかより上の位階にすえること、そしてあらゆることにおける彼の補助者であるために、そして他の人たちを彼の手本の競争者にするため、手許においておくことに決めた。事実、燭台の頂に置かれた明かりがその光の明るさによって他を明るく照らし、神の意思に関する教えによって従う者たちに手本を示すため、司教は彼にシャロンヌ・シュル・ロワール[4]の修道院でキリストに仕える聖なる修道士集団を、父として監督させた。

4　しかし、前記の司教聖レザンが上述されたアンジェの町の郊外に洗者聖ヨハネのために見事に建てられた教会[5]を奉献しようとした時、教会の役職についていた崇められるべき聖性の人マンブゥフを呼び出し、使徒たちの遺骸が相応しい尊崇で敬われているローマの町に彼を派遣した。それは最高の司教から聖遺物を入手するためで、それによって現在の信仰に合わせた教会を奉献することができるからである。そこで、聖なる人は司教の命令に従って、道を急いだ。そしてローマの至福の教皇の許に到着すると、旅の理由を報告した。そして教皇から温かく歓迎され、しばらく彼と会談した。教皇の命令で、慣例に従って、荘厳ミサにおいて神聖な務めを果たしていると、朝の讃歌に教皇と共にやってきて、『詩篇』と賛美歌の旋律の中に加わることが起きた。そして、ローマ教会の慣習に従って、祭壇で朗読をしなければならなくなった時、教皇の祝福を受けて立ち上がり、朗読に専心した。長い間朗読に没頭し、始めた仕事に中断なく専念していると、周囲に立っている人々の誰かが嫉みで顔が赤くなり(話すことは許されていなかったので)、神の人が見えるように使われていた明かりを無謀にも消してしまった。しかし、聖なる人は自分に仕向けられた争いと察知したが、それでもより一層その仕事に専念し、小さいランプに助けられて最後まで進み、本のページを読み終えた。それは外部に現われている肉の明かりによって自身が元気づくのみならず、聖霊によって内部で光り輝く霊的な明かりによって完全に燃焼することを全能者の愛において確認するためであった。

5　それ故、神の人の旅の目的である聖ヨハネの聖遺物がこうして手に入ると、その心地よい聖遺物を持って、アンジェの町の司教で尊敬すべきレザンの許へ、幸せな足取りで戻って行った。レザンは早速それを受け取ると、心の中で考えていたように、新しい手法で建てられた礼拝堂の中にそれを安置し、注目を集める手続きで奉納した。この礼拝堂の中に修道士たちの集団を呼び集め、聖なる告白の規約に従って生活することを定めた。そして、そこで神のために戦う者たちに非常に多くの土地を寄進し、そして病院、孤児院、その他諸々の施設を建てることに従事した。これらが順調に完了し、多くの年月が経過すると、全能の主はアンジェ司教をこの世における苦難に満ちた虚しい生から解放し、聖マンブゥフをその教会の父に据えることを望まれた時、病気で自身の力が抜けはじめていた同聖者は修道士たちを呼び集め、聖体拝領を求め、聖なるキリストの体の聖体を受け取ると、栄光のうちに再生するために、弟子たちによって最高の注意をもって土中に埋葬された。こうして彼が天国へ召されると、アンジェに住む聖俗界のすべての市民は同じ心で一つにまとまり、ロテールの息子で有名なフランク人の王ダゴベール(6)の同意を得て、すべての賢明な人々と一緒になって、マンブゥフが自分たちの父に選ばれることを喝采し始めた。ただ二人の司祭が位階において勝っていたので、彼らは非常な強情さでもってこの選挙手続きと住民の規定をひっくり返そうと企てた。それらの二人とはルドボーとアンブリュルフで、聖者の徳と敵対していた。しかし、全体の規定が彼ら二人の陰険な企みに打ち勝った。そのうえ、神の審問が燃え盛り、二人は盲人になってしまった。そのため、彼らは右目を明白な体験によって失い、これまでの健康を回復する望みも得られなくなってしまった。このようにして、彼らの巧妙な策略は罰せられ、神の人の選出は、神の命令通り、先行する様々なしるしが示していたように祝福された。

6　他方、聖マンブゥフは、住民の同意を得ると直ぐ、聖職の頭飾りをつけ、全員の願いに促され、大聖堂において司教の位についた。この司牧の責任を引き受けると、彼は直ぐによき牧者として、自分に委ねられた仔羊たちのために見張りを開始した。彼は厚かましい者に対してはそれを直すように促し、善良な者に対しては毎日毎日善を増やすことによって前進するよう説いた。彼は言葉で教えたことを行為によって示した。地上において自身のものは何も求めず、他者の利益に役立つことを考え、病んでいる人に手を差し伸べ、困窮している人に援助を提供した。貧者を訪問し、困窮者を慰め、修道士、在俗聖職者、女子修道士の面倒をみ、寡婦と孤児への配慮を熱心に示し、敵の策略に対しては祈禱で対抗し、彼らが愛の誓約によって鎮められるよう努めた。雄弁にひいで、気持ちは穏やかで、信仰と慈愛の武器で身を固め、正義と公正の盾で身を守り、敵に対しては力強く、繁栄において謙虚で、恐怖に屈すること、贈り物に惑わされること、追従にだまされることがなかった。助言において思慮深く、行動において力強く、何事もこの上ない誠実さにおいて認識した。断食に身を委ね、施しにおいて物惜しみせず、福音の教えに前進的で、『詩篇』と賛美歌に徹夜して専念し、聖書すべてを暗記していた。汚れない聖体となり、生きたまま神の神殿に入るために、毎日自分自身を神の犠牲として、つまり砕かれた心の祭壇において犠牲として捧げた。以上のことやそれらに似た数々の徳で身を包んだマンブゥフは聖界の長に任命され、アンジェの町の市民を教導した。彼の驚嘆すべき行動を誰もが認めようとしたことは、次の話が虚偽の外装をまとうことなく説明するであろう。

7　従って、このような明白な承認とすべての人の言葉によって、聖マンブゥフに司教の冠が被せられると、上記の国王ダゴベールはフランク王国の国王の地位を獲得するや、聖者の善行の評判を聞き、当時自分が滞在していたパリの自分の所へ呼び寄せるよう命じた。聖者は同王の命令を受けると、躊躇することなく参上することにした。それ故、その町に入るに際し、入り口を通り抜けようとした時、罪を犯して捕らえられ、強制労働所に入れられていた人々が聖者の到着を知り、厚かましくも声を上げて叫び、聖者に救済を求めた。聖者が哀れな人々の悲痛な叫び声と彼らの哀れな災難を聞き、慈愛に動かされ、祈りのために教会に行く準備をしていた人々の後に付いていった。そして大急ぎで裁判官の許へ行き、投獄されている人々に特赦を与え、出ていく自由な権利を認めるよう執拗に求め始めた。これに対して同裁判官は乱暴であったので、誠意のない返事をして、聖者の意思に反対し、成果を得られないままで、立ち退かせた。邪悪な軽視を受けた後、聖者は目指していた教会に入ると、犯罪者に出ていく力を与え、犯罪者を革紐から自由にするようキリストの慈悲を祈った。このように彼が祈りに専念していると、突如足枷がすりきれ手枷がはずれ、牢獄の入り口には閂がかかっておらず、捕らえられていた者たちに開かれていた。即ち、彼らは飛び出し、聖なる司教の足許に平伏し、感謝の行為を始めた。彼らの救済のために、聖者は国王の慈悲を懇請し、求められた赦免が得られると、以後このような罪に犯罪者が陥らないように、脅しをもって禁じた。

8　同じ頃ある人が目の光を失っていたのであるが、聖者の徳を聞きつけ、その救済によって自分の目のそれまでの健康を回復できるとの希望を頼りに、お伴の先導でアンジェの町に行くことを決めた。町に入り司教に薬を求めると、聖者は聖堂の構内で聖務に従事していて、荘厳ミサを執行しているとのことであった。

彼はお伴の人からそれを知ると、教会に行き、言われた通りに、聖務を行なっている聖なる司教を見いだした。そして彼は迷惑な声で叫びながら、失った光を取り戻すよう司教に懇願した。聖なる司教は彼の苦情に同情し、彼の健康な体のために祈りを捧げ、ミサの務めが終わると、祝福を唱えながら聖なる身体を彼の口に入れさせた。その男はたちまちすべての盲目から解放され、長い年月の間暗い場所に向けられていた目に光が取り戻された。そして、彼はキリストの力に感謝を捧げ、心身ともに爽快な気分で故郷へ戻って行った。

9　次のことも黙過すべきでないと考える。善行に専心していたある司祭に起きたことである。彼はお腹のものが流れ出ることに苦しみ、内臓の病気で自分の腸が生命の危機につながるまで下がっていると判断された時、彼が出し得た命令によって、「出来るだけ早く神の人の許に行き、自分が届けようと決めた聖パンを聖者に差し出すように。」と召使たちに命じた。召使たちは彼らの主人の命令に従い、主人が命じたものを大急ぎで運んだ。聖者は彼らを丁重に迎え入れ、病人から差し出されていたものを喜んで受け取ると、まず事の次第を認識し、パンを祝福をした後、それを持って帰る者たちに渡し、その病人が即刻それを受け取るように命じた。彼らは急ぎ足で戻って行き、司教の贈り物を病気で苦しむ主人に渡した。その主人がそれを受け取り、口に入れてそれを食べるや、たちまち腸のすべての苦しみが消え去り、内臓が力を回復し、これまでの順境に戻り、彼をかくも破滅的な災難から救ってくれた司教に感謝を捧げた。

第2章　聖マンブゥフがさまざまな奇蹟を起こす。

10　こうして、最高の聖性を備えた人が自分に委ねられた司教管区を明るく照らし警告しながら巡回していた時、いつもクァルティニアクス(7)と呼ばれている荘園にやってきた。お喋り好きの少年たちがかたまって同じように道路を進んでいて聖者と出会うと、大笑いし大声を出して騒ぎ立て、相手を挑発することを躊躇《ため》わなかった。聖者が不敬な罵詈雑言を浴びせられ、驚きながら彼らを見ていると、突然ふざけていた少年たちの一人がすっかり土まみれになり、猛烈な勢いで身体を持ち上げられ、広い空中をまるでボール玉のようにあっちこっちと運ばれていった。その時仲間たちと両親は悲しみと恐怖で打ちのめされ、あらゆる脇道を進み、大小の谷間の曲がりくねった道を追いかけたが、疲労の苦しみを除いて、何も成果は上がらなかった。彼らは何をすべきだったのか。ついに道がなくなり、藪に覆われた小道に迷い込み、絶望の淵に追いやられた時、密集した茨の茂みの中にやっと弱々しい息をして、半死の状態の少年を発見した。両親は激しく呻きながら、その少年をマントにくるみ、そして殆ど全身が傷だらけの子供を聖者の前に運んで行き、両膝を折って、子供の苦しみに同情して下さるよう懇願し始めた。すると聖者は教会の祭壇の下に少年を寝かせ、彼に代わって主の慈悲を祈願するように両親に命じた。もう一度群衆が立ち去り、上記の両親が苦悩しながら教会に来た時、そこにもう死んだと思っていた息子が元気になっているのを発見した。そして主の人が少年の手を取り、回廊の出口から促して、健康で生命が踊る息子を両親に返した。彼にもたらされた欺瞞に代えて、善を授けたのである。これに対して両親は喜び平伏して約束の供物を差し出し、故郷へ戻って行った。

11　他方、トゥードジェジルという男が重い病気の難儀で苦しんでいた。医者のどのような技もよく効く薬も彼に健康を回復させるには至らなかった。しかしこのように病気で衰弱し、これまでの健康を取り戻すすべての望みがなくなった時、前記の司教の善行を思い出し、この司教と会うために運んでくれるよう弱々しい声で要求した。司教は恐るべき病気の腫瘍によって動けない状態になっている彼を見ると、キリストの決定にすがるため、彼に代わって祈禱の務めを神経を集中させて実行し始めた。こうすることで、神の慈悲が味方して、その男は身体のすべての苦しみから解放され、健康を獲得し、来る時は他人に助けてもらってベッドに乗せられて運ばれて来たが、今度は自分の自由な意思で、故郷へ戻って行った。多くの人々が話していたあの奇蹟について述べることも価値あることである。即ち、尊敬すべき司教が弟子の一行と共に、ウドンと呼ばれる村(8)を出て、自分の町の城壁へ向かう途中で川岸に着いた時、信じられていることによれば、神慮によって次のことが起きた。安全に川の流れを渡ることができる船がいなかった。川のこちら側に小舟が見えたが、その操縦を知っていて、そのままで運転できる者がいなかった。司教はいつものように祈禱の儀式に助けを求め、長い間祈り続けると、突然小舟が繋がれていた所から櫂はなく誰かによって動かされることもなく船首が進んできて、司教が待っていた川岸に全員の願いに応えて、波を立ててやってきた。司教は、お供の貴族全員と一緒に、恐れる者たちの意思を自分のものとし、彼らの願いを叶えさせた全能の主に感謝を捧げ船に乗り、自身が目指していたそして意思が向かっていた場所に軽快な航行によって喜びのうちに到着した。

12　他方、マンモルと言う病人がいた。彼は四日熱で健康がひどく害《そこ》なわれ、長い間痩せ細るばかりであった。毎日この残酷な病気が哀れな病人をひどく苦しめ、殆ど救済の手段を持たなかったので、病気が進み、死の境界へ追いやられ始めた。この男が臨終の間際にあった時、人を介して神の人に自分を憐れんで下さるようお願いした。すると司教は彼の治る見込みのない苦しみに同情し、聖なる祝福に与ったオリーヴの油を病人に差し出し、それを塗るよう命じた。それを受け取って塗ると、苦しみのすべての要素が逃げ去り、健康な身体になり、更に何年も長生きした。同じく、アンジューにバルドトリュードという少女が住んでいた。彼女は目の光を奪われ、そのため絶望の淵に投げ込まれ、生きる希望が永遠に拒否されているように思われた。彼女の両親はこの障害を苦痛に感じ、聖なる父であるマンブゥフの前にこの子を連れて行き、すがる気持ちでこの子に薬の効果を分け与えて下さいと頼んだ。司教は彼らの願いに耳を傾け、彼らの信仰を確信すると、誕生の時から盲人として生まれるよう命じたこの娘に光を返してもらうため、祈禱という手段に頼り、平伏して主に祈った。こうして司教が祈禱に専念していると、少女は少しずつぴくぴく動き始めた。そしてすべての盲目が取り去られ、完全な光へと飛び出し、自分の力で両親の家にたどり着いた。

13　その間、ドニオルという男が長い間病気にかかり、痩せ細った手を動かすことなくいつもぶら下げていた。つまり、この身体の形が存在するのみで、力の効力と感覚の力が欠けていて、ある物質が詰まった荷物のように、彼にくっついていた。それ故、殊の外秀でた人を知る機会に与ると、聖者はオリーヴの油を含んだ布を祝福し、それを痩せた腕に塗るよう命じた。男は救済の薬が塗られると、たちまち身体中の血管が元気づき、筋肉が力をつけて力を取り戻し始めた。堅固さのすべての結合の中に収まり、力強さを伴い、大喜びで故郷へ戻っていった。

14　聖者を介して全能者の好意によって実現された、表現しきれない神性の奇蹟について何をお話ししようか。つまり、ある時のこと、飢饉によって断食を迫られた時、神の人の許に、いつもそうであったのであるが、至る所から貧者の群れが集まって来た。聖者はいつものように物惜しみしない施与者として休むことなく施しを行い、必要なものを分配した。そして彼らの食糧のためとして少なくない貨幣を追加し、全員が十分に元気を取り戻すまで、その額を増やし続けた。彼らが次々にやって来るので、司教に仕える者たちは大量の貨幣を見つけだし、それらは困窮者の食糧に当てられた。そして与えることで、消費した金額が倍に達したのを知った。彼らはその多さに茫然とし、司教の所へ行き、事態がどのようになっているかを知らせた。事実、困窮者の費用に当てられるべきとして計算していた額を百五十も越えていた。しかし司教は自分の徳に頼る傲慢な人間にはならず、神の慈悲に帰し、心の底から感謝を捧げ、全員に沈黙して事実を隠すよう命じた。何故なら、司教は悪徳の策動を警戒していたからである。

15　この奇蹟によって神の人の力が明かされる一方、新たに別の奇蹟が続いた。身体が麻痺する病気に捕らえられたある婦人がベッドに乗せられて、上記の司教の許に知人たちによって運ばれてきた。彼女は、上で述べた通り、四肢のすべての関節が外れすべての機能を無くしていたので、元気な息を一つ吐くことさえ苦労なしにはできないほどであった。主に仕えるお方は彼女を見ると、慈悲の心が動き、彼女の健康を取り戻すために、天の王に真剣に祈りを捧げた。祈禱が終わり、司教は婦人の所にやって来て彼女の手を取り、地面から立ち上がるよう命じた。すると彼女は直ぐに立ち上がり、すべての苦痛が消え去り、思いがけない喜びに満たされて、故郷へ帰っていった。それから余り年月が経っていなかった時、ルイというひとりの盲人が捕らえられ、苦難に満ちた困難な生活を送っていた。そしてこのような窮乏に陥った生活であったので、即刻司教の目の前に連れて行かれることをあらゆる努力をもって切望した。結局、彼のうるさい叫び声で迷惑を蒙った人たちは、仕方なく救済の布で治療する医者の所へ連れて行くことにした。司教は彼のために顔が涙の雨で濡れるまで祈禱に没頭すると、盲目の闇が去り太陽が現われ、盲人に見ることの贈り物が授けられた。

16　その外、ポワティエ[9]の教会の助祭長にアジェリクというこの上なく質素な男がいた。彼は、聖者の聖性の特典のために、聖者から稀有の保護を得ていた。彼は歯の激しい痛みに苦しみ、慈悲深い司教の許に来て、口の奥で感じている大きな痛みを悲しそうな顔をして打ち明けた。彼の苦しみに上述の司教は同情を示し、回復のための聖なる十字の印を並んでいる歯の上で切り、すべての不都合を口から取り去った。こうして健康の証明書で守られると、病気の状態で後にした教会へ急いで戻って行った。とうとう同聖者は、自身の徳に関する評判が広まり、聖なる母教会の地位を長として維持すべく、司教の冠で飾られるまでに市民によって司教に選挙された。その後の出来事も彼が神にとって相応しく、行動において優れた人であることを明らかにした。ほぼ同じ頃、ヴェルナント荘(10)の出身の、ナナンと呼ばれる男があらゆる悪魔の攻撃に会い、長い間苦しめられていたのであるが、革紐と鎖紐で全身をきつく縛られて頭が錯乱した状態で、神の人の許へ連れて来られた。彼はキリストの血によって贖《あがな》われた被造物が敵の姦計に襲われているのを知ると、深く溜め息をし、全能の主の助けにすがり、頑強な敵が最も忌まわしい支配の権力を、そのために地上にやって来て、死を受けることを恐れなかったお方に向かって行使しないようにと、平伏して祈願した。なぜ私はぐずぐずしている必要があるのか。やがて祈禱が終わると、聖者は身体の中で動き回っている狡猾な敵に対して、キリストの被創造物から今直ぐ立ち去るように威嚇した。敵は姦計が失効して無力になるとその男から逃げ出す一方、悪魔に取りつかれていた男は正気を取り戻し、すべての力を獲得し、司教の祝福を受けて帰って行った。次のことも語られるべきと考える。誰もがカバリアケンシス(11)と呼んでいる行政区(12)出身のある少女に起きたことである。その当時生きていて目撃したすべての人々が確かなことと認めていたことによると、彼女は身を裂くような悲しみのもとで右手を失ってしまった。彼女は長い年月を経て、この手の喪失に耐えていたが、彼女の願望に促され、上述の聖なる司教の許に連れて来られた。彼は聖なる祝福の贈り物の中につけられたオリーヴの油を少女の右手に塗ることを許した。これによってすべての病気のしがらみから抜け出し、司教の命令で健康を回復、そしてキリストの徳と、主によって聖者に授けられたこの徳の力を讃えながら、完全な身体で故郷に帰ることができた。

17　それ故、もしこの聖者マンブゥフに関して、この方が肉をまとって生きていた時に行なった奇蹟のすべてを一つ一つ物語ることを望むならば、大きな本でも足りないであろう。そうではなくて、われわれの貧弱な泉の非力でも出来るように、多くの人々の話で明らかになったことだけを簡単に叙述することが道理にかなっていると考える。つまり、聖なる人は徳の花で内部も外部も輝いていて、知識の大きな恩典に秀でていた。事実、古くからの敵に仔羊が身を晒して、キリスト自らが自分の尊い血を流されたその群れが何か損害を蒙らないようにと、自身に委ねられた仔羊のために注意を怠らなかった。貪り食う獲物を探す獰猛なライオンの欺瞞に満ちた策略に対して、いつも巧みに監視し、そのすべての罠を絶え間ない注視によって飛び越えた。即ち、家長の家に身を置いている間、貯蔵用にとってあった大量の小麦を配給し、主が自身の到着を知らせた時、眠っている自分でなくて起きている自分を発見してもらうため、自分に委ねられた仔羊の救済と繁栄のために熱心に徹夜した。そのため祈禱の強化に真剣に没頭し、神の聖なる教会の地位が維持されることを不屈の精神で祈った。聖者が毎日行なった仕事の中で、特に主に犠牲を捧げることが自身の特別な仕事であった。その中で、自らを生きた聖体として、祭壇において引き裂かれんばかりの心で絶えず自らを捧げた。神をお産みになった聖母とすべての聖者を思い出し、神の贈り物としての聖体を謙虚な祈禱のうちに受け取り、それを非常に多くの病んでいる人々に薬として、そして危険に身を置く人々に救済として与え、寒さ、旅行、その他の苦境の妨害が立ち塞がっても、それを断念しようとはしなかった。他方、昼夜における『詩篇』、賛美歌、聖歌の合唱に没頭し、そのためそれら以外には何もしていないように思われたほどである。神の人はモーセの五つの書とすべての歴史も覚えており、一連の聖なる書物も聡明な頭で暗記していた。

他方、断食と質素な身なりで有名で、肉断ちの回数を多くした。事実、四旬節の苦行の日々、聖者は独り房にこもって、ただパンと水で満足し、体重を計ってこれを確認し、大いなる欠乏の下で生活を送った。それ故、いつも山羊の毛の肌着で身を包み、剛毛の外衣を着てまでして、このような極度の欠乏と断食とによって自分の肉体を征服した。

18　聖なる人は貧者、窮乏者、巡礼者を熱心に世話した。そして孤児は彼を父と呼び、両親を無くした者と逃亡者は彼を慰安者と大声で呼んだ。つまり、彼らは彼の施しによって養育され、彼の仕事によって食事を与えられ、衣服によって包まれていた。もし誰かがお金で他者に苦しめられ、困窮による破産に追い込まれたり、またどんなに恩知らずであっても、彼に救済を求めることを余儀なくされた者たちの許に、彼は直ぐに現われた。何よりも、病人の世話が彼の仕事であった。彼らの不安をいつも熱心に慰めてやった。もし誰かが死が迫ってそれを迎える時、その葬式に参列することを心がけた。そしてもし必要であれば、自分のお金で埋葬させた。そして、これ以上何を言う必要があろうか。聖なる人はすべての人々に対して、すべての人々を豊かにするために、すべてのことをした。しかし一連の物語にペンを戻し、われわれが語るのを怠った聖者の内に隠されていた徳を明らかにすべく、その方に向かうことを、時が要求している。

第3章　奇蹟に関する話が続く。

19　プロクラというひとりの修道女が重い病気に罹り、更に殆ど死の危険に瀕していると言われていた。彼女の上司である神の人は信仰心の篤さで彼女をよく知っていたので、彼女は彼に訪問してくれるよう何度もお願いしていた。神の人は彼女の祈りを支えてやり、その夕方の集会で神の女下僕が自分を見ているのを知ると、彼女の幸福のために、全能の主への祈禱に没頭した。それが終わり、聖者が直ぐに命令すると、彼女からすべての病気が逃げ去り、その後彼女は何年も健康で生き続けたとのことである。

20　しかし、非常に多くの人々が嫉妬と悪意に満ちた恨みに苛まれ、良き行為と生き方のために示された手本を見習わねばならなかったにもかかわらず、自分たちの怠惰によって脱穀板を過熱させ、そのため自分たちの破滅へ向かって一層悪くなっていった。そしてわれわれが一層率直に打ち明けるならば、修道院長の地位にある人が、その役職の仕事を実践するだけであれば、誠に相応しいことであるが、しかし、エラクルーなる人物は司教である聖マンブゥフの徳の勲章を認めていたが、嫉妬の胆汁に捕らえられ、毒を飲ませて彼を殺そうと企て、そして自分の悪意に満ちた不敬の共犯者を誘惑し、密かに神の人に死の杯を飲ますよう命じた。神の人は彼らがやって来るのを見、神慮の明示により、彼らの死をもたらす企みを悟り、「敵を愛し、あなたがたを憎む者に親切にしなさい。」（ルカ、6・27）といった福音の掟を思い出し、彼らに食物と飲み物を提供して、可能な限りの謙虚な態度で接した。食事の後、彼らを自分の所に呼び寄せると、彼らに救済の忠告を、そして兄弟殺しに等しい惨事を引き起こすことによって、永遠の呪いという深淵の剣によって罰せられないように、このような非道で避けるべき策略から離れるよう命じた。このことや類似の言葉の説得で彼らを死に値するものときめつけ、蛇の闘争心ではなくて、鳩の純真さを真似するように諭し、平和の接吻を与えて無罪放免させた。そして彼らは恥と同時に恐怖で動揺し、自分たちが指導されていた人の所へ戻り、どのようなことがあったかを話した。その男は自分の屈折した欺瞞が暴露されたのを知ると、動揺で心が混乱し、恐怖のあまりトゥール(13)のサン・マルタン教会に飛ぶようにして行き、匿ってくれるよう求めた。しかし彼は裏切り者として真実を言う人々から何回も証言され、彼が行なったことが皆のいる前で宣誓によって申し立てられると、彼はこのような呪うべき悪業から自分は無罪であると告白した。このように二重の犯罪、即ち殺人の罪と偽証の行為から逃げようとしたので、彼は神罰の復讐を受けた。つまり、額に災いの傷を刻まれて、医者の如何なる救済の技術も手が出せないほど長い間憔悴してしまった。そしてこの有害な傷によって長い間体力が消耗し、予期せぬ死を迎えることとなった。彼は聖者の命を狙う者としてあり続けた。こうして聖者は嫉妬者から解放されると、キリストの慈悲に助けられて、自身が多くの徳の贈り物によってどんなに力を持っていたかが繁栄に満ちた子孫たちに明らかにされた。

21　以上のことが行なわれていた時、ローマの町に住む、非常に高貴な家系から生まれたひとりの少女が三年間高熱に襲われて、耐えがたい拷問に苦しめられていた。すべての人々からこの不吉な病気は不治の病であると見なされ、殆ど死の淵に追いやられていた時、アンジェ司教である聖マンブゥフがゴールにおいてキリストの力を得て行なっていた奇蹟の効力について聞き知ると、神の人の許へ治療のために運んで行ってくれるよう哀願し始めた。彼女の家族は彼女の一方的な要求に耐え切れず長い旅に出発し、アペニン山脈(14)を越え、危険で困難な道を進み、ゴールに着いた。彼らは聖なる司教がアンジェの町に住んでいるのを知ると、足取りも軽くなって彼の所へ急いで赴いた。司教が荘厳なミサを挙げているのを見ると、非常に疲れてはいたが、直ぐに旅の目的を報告した。司教は彼らを優しく迎え、聖なる手で触った神の身体の神秘を少女の口の中に入れた。たちまち長い苦しみの毒が取り去られ、彼女は以前の健康な身体に戻り、喜んでお供と共に、出発した町へと戻って行った。

22　その頃、ニウルフという修道院長がいた。彼はかつてアンジェの町の司教であった聖オバンが肉をまとって眠っている修道院を聖なる宗教の規則に従って統治しようと努めていたが、通風という有害な病気に罹り、手のすべての機能を奪われた状態でいた。そのため彼の兄弟たちと従者たちは悲嘆にくれ、どのようにして自分たちの父の苦しみに応えられるのか分からなかった。しかし、司教がそのことを知ると、病人を訪問することが習慣であったので、訪問のために彼の許を訪れることとした。そして彼が大きな苦痛の中に置かれているのを認識し、祈りの祈願を終え聖なる祝福によって聖体を包み、病人にそれを食べるよう促した。病人がそれを誠実に受け取ると、彼を襲っていたすべての苦しみがたちまち彼から消え去り、全身の健康を獲得した。そして司教に感謝をし、それから長い間上記の修道院において皆を指導し主に献身的に仕えた。

23　それから程なくして、ドドという男が幼年時代から表現し難い病気に罹り、長い間潰瘍性の病気に苦しんでいた。そのため彼は毎日司教である聖マンブゥフによって実践されていたことを思い出し、故郷にいる家族の一人を呼んで、出来るだけ直ぐに彼の所へ行くよう命じた。そして自分の病気の原因を同司教に明らかにし、彼から受け取った祝福の贈り物を持って帰るよう哀願し励ました。そしてその男は直ぐに出発し、神の人の許に着くと、自分の訪問の目的を告げた。聖者から祝福されたパンを受け取ると、休む暇もなく引き返し、彼が代わりに行った主人に救済の贈り物を手渡した。主人はそれを食べると、そこに神の力が宿っているのを感じた。事実、長年の厄介が逃げ去り、力において健康になり、以後非常に快適な幸福に包まれたとのことである。

24　同じ頃、アキテーヌ(15)で生まれ助祭長の地位にあったレーム某は六年間手足が固くなって動かすことができなかった。健康を回復する希望が全く得られなかった時、神の恩寵によって、広く遠くまで流布していた有名な司教の評判を聞き、アンジェのこの方の所へ行くことを心の底から願っていた。彼は涙を流して司教に、自分を憐れんでくれるようお願いした。司教は彼の苦悩に同情し、彼があらゆる方法で慈悲に与れるよう、それなくしては人間の薬も役に立たない、神に救済を願うよう忠告した。他方、司教は三日間祈りを捧げ、毎日その病人のために神の神秘を讃え、聖体に与らせた。そうすると、内部に隠れていたすべての不潔な病気が逃げ去り、彼は感謝しやってきた道を喜びながら戻って行った。

25　以上に述べられたことは偉大であるが、もっと偉大な話が追加されねばならない。神の人の評判が四方に広まると、高官と聖なる地位にある他の者たちは保護を求め、異常なほどの感情でこの方を敬った。またもし道中の苦境や不慮の死が襲った場合を考えて、祝福の聖体をこの方からもらい、まるで武器のように携帯し、自分がそれによって守られていると安心した。それに関して、次のことが起きた。マルタンという名のある聖なる修道院の父が、自身に委ねられた修道院の必要に迫られて、船を使ってボルドー地方[16]に行き、宿泊のために、盲目で衰弱したある婦人の家に立ち寄ろうと思った。彼は婦人の障害を考え、宿泊の代償を思い出して、われわれが言ったように、祝福の代わりに携帯していたパンという無償の贈り物を、既に夕方に入っていたが、その婦人に渡し心からそれを受け取るよう命じた。彼女はそれを受け取り、祈りでその晩徹夜し、朝の光が差し始めたと同時に、夜の暗やみが目の奥から消え去った。朝の光がゆらめくと、光が視力を明るくした。家族はそれを知って奇蹟の新奇さに驚き、この上ないどよめきが起こり、キリストの力と自身の聖パンの恵み深い薬を讃えた。それ故、この書物の中でわれわれが虚偽の飾りを用いることなくしばしば公言しているとおり、キリストは、いつもは居合わせなくても、奇蹟を起こすときは必ず居合わすという、そのような形で存在していたのである。

26　そこで、この書に挿入される一連の奇蹟が追加される。一般にカバリアケンシス[17]と呼ばれていた荘園にボドメラという名の五歳の少女がいた。消すことのできない闇が彼女の目の光を閉じこめていた。彼女は他の人たちの助けによって聖なる司教の許へ連れて行かれ、慈悲の業を分けてくれるようお願いした。これに対して司教は言い表わせない三位一体の秘蹟に訴え、彼女に向かって十字のしるしを切ると、天の支援を受けて、誕生の声を上げた時から獲得していなかった明るい光が少女に戻った。次にお話ししなければならない、同じような奇蹟が起こった。それはゴドレーヌと呼ばれる娘で、彼女は少女時代に目が見えなくなり、両方の目は闇の夜のように真っ暗になった。彼女はキリストの司祭の評判に接し、オリーヴの油を塗られ、十字架で撫でられただけで、長い間遮られていた明るい光をたちまちにして獲得した。

27　それから少し経って、別の奇蹟が確かな噂によって公表された。またも、ゴダと呼ばれるある婦人は同じような暗い盲目に苦しんでいた。そこで他の人たちに支えられて、栄光に満ちた司教マンブゥフの前に連れて行かれた。彼女は大声で優秀な告白者が自分を憐れんでくれるよう叫び始めた。彼女の求めに同情し、司教は祝福したオリーヴの油で彼女の目の周りを濡らした。それが塗り終わると同時に、予期していなかった太陽の光がやって来て、闇が追い払われた。同じ頃、青春期に達していたある若者は、千の策略を使って人間の心を騙《だま》していた旧《ふる》くからの敵に襲われ、それに取りつかれひどく衰弱していた。彼はどこへ行くにも、革紐と鎖でくくられていたが、その状態で神の人の前に連れて来られた。彼は正気でなかった。しかし、司教はキリストの被創造物が掠奪者に侵されているのを知ると、自身が祈禱に専念していた小房の傍にいるよう命じた。そして四旬節を通じて彼を自分の傍にいさせ、彼のために祈りと願いによって主に祈ると、主の力を借りて、強情な敵は逃げ去り、健康を取り戻した。精神において正気になり、感情も生気を取り戻し、そこから出発しなければならなかった故郷へ自力で戻って行った。

28　さらに、その後で司教が行なったあの有名な奇蹟をここで追加することにする。コルニエと呼ばれる村[18]のある娘が十五歳を過ぎた頃、身体の不調に陥り、手足の自然の機能を奪われてしまった。すなわち、体液と筋肉の活力が失われ、まるで木材のように硬くなった上述の手足を、役に立たないまま、いつも持ち歩いていた。彼女が聖者の目の前に運び出され、オリーヴの油が祝福のために塗られると、彼女はすべての苦しみから解放され始めた。つまり、神経と血管の機能が回復すると、歩行の技術を習得し、司教の命令で故郷へ戻り、再び自分の力で生きた。しかし、次に語られることも沈黙の下に隠されるべきでないと信じる。人々がジャルゼ[19]と呼んでいた地方に住むある女性が一人の息子を出産した。彼は誕生の時から手足が不自由で、独りで這って歩く方法を実践していた。両親はこの不吉な出来事にひどく悲しんでいたが、神の摂理の助けを得て、夜の予期しない沈黙の中に立派な身なりの人が彼らの許に現われ、「少し前にあなたが不具の状態で受け取った息子を司教マンブゥフの所へ運び、そして彼を宗教の役職に就けることを望みながら、聖なる神秘で浄めてもらうよう頼みなさい。」と言った。両親はこの幻視に目を覚まされ、眠りの中で聞いたことを互いに語り合い、空が白みかけると起床し、年齢が増して、聖なる信仰の下僕が花開くために、将来聖職者になる者として息子を教会に差し出した。それが済むと、手足のすべての障害がたちまち逃げ去り、身体の力によって支えられ、司教の面前で立った。司教は成長するようにと、彼の頭の毛を切り、彼の聖なる世界に迎え入れた主に心の底から仕える者として、彼を神の神秘に与らせた。

29　他方、私はレタという名のある女性についても語ることにする。彼女は硬直した右手をぶら下げていて、そのため家事を上手にすることが出来なかった。彼女は真心を持って聖者を訪れ、自身に加えてきた悲痛な不満と失われた希望について告白した。聖者は彼女の哀願に同意され、全能者の助けを求めて十字を切り、彼女に左手と同じように健康な右手を返すと、紡がれたり捻られたりする糸のように、すべての関節が力の結合によって強化された。天上の恩寵が働いて、カリウイリフィという男に起こった奇蹟も記憶されねばならない。彼は深い闇が到来して盲目になった。従って、案内者を使って、神の人の許へ行こうとした。彼は大きな悲しみのうちに身体の障害を告白し、慈悲を授けてくれるよう嘆願した。彼の不幸のために、聖者は主に祈りを捧げ、夜のような闇に包まれた目に向かって十字を切った。すると目から斑点が消え去り、目の中に光が生まれた。

30　また多くの人々に知られている、マルシアという女性の奇蹟も語らないわけにはいかないと思う。彼女は高熱で苦しみ、昼も夜もすべての静寂が彼女から逃げ去ってしまっていた。そして、このような窮乏に苦しんでいるため、聖なる司教の面前に行くことになった。聖者からいつものように聖なるオリーヴの油が塗布されると、その死をもたらす病気はたちまちなくなり、この上ない幸福を手に入れ、他の人たちに助けられて出発した自分の家へ自力で戻って行った。

第**4**章　その他の奇蹟が語られる。聖者の死と埋葬。

31　それ故、もしわれわれが他人の話から知ったことが真実と認められるならば、われわれが自分たちの目で目撃し、そして非常に詳しく調べたものとして公開することが些末なことと判断されることは絶対にあってはならないことである。一人はネクテリア、他の一人はトゥードシルドと呼ばれる二人の姉妹がいた。彼女たちは人間の血統としては輝かしく、二人とも自身の償いをしているし、両親が犯した罪に苦しめられてはいるが、裁かれる必要は全くないと、われわれは考えている。上記の司教の力が何度も明らかにされていたことから、二人は目の光を失っていたので、彼女たちの歩行は他者の助けによって進められた。司教の面前に連れてこられると、祈禱の補助を得ながら、オリーヴの油が湿布によって彼女たちの目に塗られると、すべての障害がなくなり、自然の喜びが輝き、しっかりした足取りで自分たちの家へ帰って行った。

32　それ故、聖者のあれやこれやの奇蹟のしるしが至る所で輝き、その行為の光が広くかつ遠くまで輝いた。その方は賢い人であったので、聖なる宗教の信仰に対してどのような態度を示すべきか、如何にしてキリストの下僕たちを増して集めるか、神の聖なる教会の規則を公表し、彼らとその他の人々の救済の推進のためには何をすべきかについていろいろと考え始めた。その方は、トゥールーズ[20]の町の初代司教であった、栄光に満ちた殉教者サテュルナン、すべての殉教者たち、そして多くの聖者たちのために教会を献堂することを決めた。それ故、心の中で考えたように実際にもそのようにし、修道院を最高の豪華さで創建し、聖なる計画の下に身を捧げた人たちを結集させるよう腐心し、さらに巡礼者、貧者、その他大勢のために、境内に施療院と孤児院を建設した。そしてそこで戒律に基づいて共同生活する仲間たちが何も食べないでいることがないように、すべての必要なものを貯え、出来る限り多くの荘園や多くの財産を分配した。そしてその方は死後、自身の遺体がその境内に埋葬されることになる修道院で起居する者たちに対して、自身の再生の最高の日を待つようにと命じた。

33　あれやこれやが最高の優美さで完成し、すべての建物も、その方が心の中で熟考した通りに創建された頃、トゥードボというある有力者には、如何なる治療によっても治すことができないほど激しく苦しんでいる娘がいた。彼は悲しみ嘆き、その娘を聖なる司教の所へ連れて行かせ、敵に侵された娘に手を差し伸べて下さるよう跪いてお願いした。聖者は彼に「これは私の仕事ではなくて、これができる完成された父たちの徳によって主から獲得することができるものです。」と応えた。しかし懇願する人たちの願いに打ち負かされた聖者はオリーヴの油で祝福し十字を切りながら、諸聖者の聖遺物を娘の首の上に置いた。すると掠奪者の敵は不正に侵入していた壺を置いて妄想と共に逃げ去ると、娘は心と感覚において正常になり、健康を取り戻した。このようにして聖者は奇蹟の行為に飾られすべての人々から敬われ、すべての人々から讃えられた。両親は娘と一緒に悲しみながら出発した故郷へ、大喜びで帰っていった。

34　この奇蹟が聖者によって実現され、それによって聖者はより一層輝いた。事実、プリスカという女性は誕生の日から三十年間盲目であり続け、この視力を失った辛苦の中にいた。それ故、彼女が司教の所へ運ばれると、自分の上に力が示されるのを感じた。聖なる十字の名を右手に刻むと、たちまちにして、これまで見たことがなかった太陽の光の存在を確認することができた。その時人々の間から歓声が上がり、多くの人々が喜び、聖なる司教は生まれた時から目の見えない人々を治してきた神の子と同じことをしたのだと言った。

35　同じ頃、ヴァンシモーという青年が身体の不都合を蒙り、目の視力を失っていた。そのためいと清澄なる司教の許を訪れ、祝福されたオリーヴの油で目を塗ってもらうと、間もなく闇が消え去り、病人として失っていた健全な光を取り戻した。こうして幸運を手に入れ城壁の高い所を歩いていた時、思いがけず高所から下へ落ちてしまった。しかし聖なる司教から塗ってもらったオリーヴの油の祝福された力が働いていて、多くの人々の証言によると、彼はまるで落ちたとは思われないほど無傷のまま発見されたとのことである。

36　続いて別の人が運ばれてきた。その人は五年間厄介な病気に罹っていた。優れた牧者が慈悲に動かされ、祝福の贈り物に浸されたオリーヴの油を塗り、祈禱を熱心に捧げていると、手足の力が急に元気を回復し始めた。こうして激しい苦しみが去り、寝たっきりの病人として到着したその男は、見事なことに、その聖者の中において、諸聖者を通してこのような偉大なことをなさってきた永遠の王の寛大さを讃えながら、真っすぐ立って家路についた。その後、時が流れ、ジルドアール某が長患いが度を増し聴力を失ってしまった。その男は尊敬すべき司教の面前に運ばれてくると、持てる限りの力でもって救済を約束してもらいたいと願った。前述の聖者はこの男に近づいて、彼の耳に指を差し込むと同時に、オリーヴの油を一滴注ぎ込んだ。するとたちまち耳から汚い液が湧きだし、周囲の人々が耐えられなかったほど恐ろしい臭いと共に飛び出した。それによって聾であった耳は聴力を取り戻し、二重の贈り物をいただき、喜びながら自分の家への道を戻って行った。

37　しかし、次のことも人々に記憶されねばならない。それはウォレンシス(21)と呼ばれる村に住むある女性に起きたことである。彼女は、自分で言っていたことによると、家事をしていて、ある仕事を始めると、彼女の目はその力を減退させ、長い間暗やみで閉ざされるという病気に苦しんでいた。それ故、他の病人がするように、神の尊敬すべき人を訪れ、自分の不幸と自分の境遇の無情さに関して起きていることを話した。これに対してその人はキリストの言い表わせない力を祈願し、その女性が曖昧なものとして持っていた不明瞭な光を確かなものとして固め、そして闇を追い出し、大喜びで帰途につかせた。それ故、われわれは虚偽の疑いもなく証明し、追加することができる次の奇蹟についても言っておくことにする。ヴェルキアケンシス(22)と呼ばれる村に住む、同じく女性であるが、生まれた時から、偶然によって、普通の人が持っている光を失うことを余儀なくされた。彼女はアロヴェイアと呼ばれ、いと寛大な人の所へ連れて行かれると、その人は彼女のために祈りを捧げてほしいとの周りの人々の願いに負けた。その方は祈願する人々の願いを拒否せず、全能者の助けを呼び起こし、救済の塗油によってその婦人に視力を取り戻させると、彼女はやって来た道を喜んで帰って行った。

38　われわれの面前で行なわれた、次のことも割愛すべきでないと考える。実際、アリガンドと呼ばれるある婦人が同じように目から光をなくし、その上手足のすべての関節が外れ話すこともできず、力を取り戻す希望をすべてなくしていた。彼女が生まれた時から住んでいたコンフラン村(23)から神の人の許へ連れて行かれ、三日間祈願を続けた結果、手足のつけ根が完全に固定され、帰途には他の人たちの助けを必要としなかった。それ故、はっきりとした証拠の下に、これらの奇蹟の実践によって有名になった聖者に対して、非難する人々からの異論が沸き上がった。しかし、敵への愛を自慢する者は罰せられる。もっと判りやすく話すならば、王宮に伺候するある人が食欲に心を奪われ、その後の出来事が証明するように、教会の利益のために提供した家畜を無謀にも襲い、自分のためにそれらを消費した。このことが司教の耳に達すると、彼は争いを起こすよりも黙って隠しておくことを選んだ。しかし次の夜、天罰がこの男に下された。彼が眠りについてしばらくして、眠りの中で彼は自分が火の玉で包まれ、司教が恐ろしい顔で自分を責めているのを発見した。この脅迫に腰を抜かし、聖なる司教の許に行って、自分の家に来てもらうようにと大声で叫び始めた。司教は彼を訪ねることを拒まず、神の聖なる教会の攪乱者ではなくて、キリストの下僕たちを尊敬し、攪乱者たちの世話を受けないようにと、仲間として注意した。それが終わって祈りを捧げていると、彼に健康な身体が戻り、教会に加えた損害を回復するよう命じた。彼は司教の命令に直ぐに従い、不正に横領したものを返し、自由で幸福な者として帰って行った。

39　このようにして、福音の説教という大きな栄誉を担い、信仰に満ちた大いなる献身の下で、何回も名前が挙がった聖なる司教が主によって委ねられたアンジェの町の教会を長い年月統治し、そしてその間大勢の人々をカトリックの教えによってキリスト教に改宗させた。天の王国への愛が一人一人の胸の中で燃え、人々は定められた日に聖なる教会の懐に集まり、聖職者と一緒に歌って、至る所で賛美歌を響かせた。キリスト教は、確実に力をつけていた。悪徳のしるしは排除され、善行の増加と上記の奇蹟の花火によって神の聖なる教会はあちこちでその力を増し、いと敬虔な牧者は自然の成り行きに従って死へと向かい、齢を重ね死後の宴に近づき始めた。その方は兄弟たちを自分の傍に呼び集め、聖なる教えの下で十分説いて聞かせたことであるが、自分の身体の死を告げ、この世の苦しみから脱することを知らせた。そして少し経って、熱が元気さを減少させ、その方は身体の力を失い始めた。聖者の死に際して、聖職者たちと人々は集まって、出来るかぎり訪れたいとの願いをもって、自分たちの守護聖者に仕えた。聖者は出せるだけの力を使って、彼らに忠告し教育し、罪の罠から身を遠ざけるよう努力し、あらゆる場合主の教えを思い出し、主の意思に服し、正義を追求し、慈善の誓約を平和の穏やかさで守るよう促した。それはこの辛苦に満ちたこの世での生活から天へ昇る時が近づいた時、無気力な者、怠惰の者としてあるのではなくて、善行に目を見開いた者として準備するためである。

40　それ故、聖者がそれによって兄弟たちを教えた委任の諸特権が失効すると、両手を天に向かって伸ばし、祈りの言葉の間に熱心に主を呼び、十月十六日、兄弟たちの手の中で魂を主に返上し、肉体を地上に残した。その魂は、われわれが真実として告白するように、天使の集団によって連れられ、神の御前に運ばれ、栄光のうちに歓喜した。聖者の葬儀に町や村から大勢の人々が参列し、呻きとすすり泣きで周囲を満たした。聖職者や庶民は彼のこの上なく聖なる遺骸が納められた柩を担ぐと、聖者が最高の入念さでもって献堂した教会の中に運ばれ、遺骸が最高の栄誉をもって石の棺の中に安置された。さらに、そこには非常に多くの信者の遺体が相応しい尊崇を受けて安置されていて、自分たちの再生の日と訪れる裁きの審判を待っていた。その場所で、主の意思と合わさって、多くの奇蹟が行なわれた。盲人は目が見えるようになり、足の悪い人は足がよくなり、癩病者は癒され、悪魔に取りつかれた人たちからは悪魔が逃げ出し、麻痺した人たちは真っすぐ立つことができ、ここでお話しすると余りにも長くなり過ぎるほど無数のことが起きた。それらの中から記憶してもらいたい一つのことを次のページに挿入すべきだと、われわれは考える。

41　神の人の死後、ル・マン[24]地方出身の二人の男は、一人はガウド、一人はボドシャールと言ったが、彼らの敵であるアンジューの人々によって運悪く捕らえられ、足枷と手枷で縛られ、苛酷な苦しみの中に投げ込まれていた。すなわち、恐るべき牢獄の中で欠乏と絶食とぼろ布で包まれ、見る人々に笑い者にされていた。こうして革紐で結ばれ、恥辱を味わわせるべく、痩せ細った状態で道路や散歩道を歩かされていると、神の思召しにより、上記の司教の遺体が安置されていた教会の入り口に、護衛によって守られながら二人がやってきた。彼らが上記の司教の墓に近づくと、突然革紐は解け鎖の繋ぎ目も外れ、それまで縛られていたと思われた二人が自由の身として現われた。扇動者たちはこれを知り、それまで見たこともない奇蹟への畏怖に動転し、このことをあちこちで吹聴し、皆が知るところとなった。そして、このことが町の有力者たちに知られると、これを聖マンブゥフの力に帰せしめ、彼らの所で敵意に満ちた方法で押し込んでいた囚人たちを本来の自由の身に戻し、立ち去ることを許した。他方、上記の二人はすべての厄介な病気が治ると、彼らをこのような苦況から救ってくれたキリストの徳と聖マンブゥフの力を讃えながら、自分の家がある故郷へ無事に戻って行った。

42　このことが民衆の耳にまで達すると、聖なる司教の墓への大きな尊崇が生まれ始めた。そのため多くの遠隔の地方から、さまざまな病気に苦しむ人々が集まって来た。そしてそこに寝て、すべての病気の難儀から解放された。人々が毎日栄光に満ちた司教によって行なわれた表現できない奇蹟を聞いたり見たりすることによって、至る所で聖者の思い出が祝され、至る所で聖者の徳が間断なく讃えられた。

43　それ故、われわれはこの方がこの世に生き続けているごとく、祈る人々の願いに積極的に耳を傾けてくれるよう、敬虔な心と祈禱に耽る者としてその敬虔な心の慈悲を祈願する。それは、毎日われわれの上に積まれる償いの捧げ物のために、この方が進んで執り成しとして存在してもらうためである。そしてそれは背徳のすべての罪から浄められ、われわれが地獄での滅亡から自由になることができ、そして諸聖者と共に、栄誉と力が父と聖霊と共に永遠の相においてとどまるわれわれの主の助けを受けて、永遠の喜びの中で享受することができるためである。アーメン。

註

（1）　Clothaire. 二世、ヌストリ王、在位五八四－六二九年。
（2）　二人はクロテールの又いとこに当たる。テオドベール Théodebert 二世はオストラジー王（在位五九五－六一二年）、テオドリク Théodoric 二世はブルゴーニュ王（在位五九五－六一三年）。
（3）　Saint Lézin. 本書第四話、一七六頁参照。
（4）　Chalonnes-sur-Loire. 本書第一話、四三、四五、四八、五七頁参照。
（5）　Saint-Jean. 本書解説、地図1、二三頁参照。

（6）Dagobert. 二世、在位六二三－六三三年。
（7）Chartrené, ar. et cant. Baugé、または Querré, ar. Segré, cant. Château-Neuf.
（8）Poitiers. フランス中部の都市。
（9）Vernantes, dép. Maine-et-Loire, ar. Baugé, cant. Longué.
（10）地名不詳。
（11）地名不詳。
（12）ager. フランク時代に使用された管区名の一つ。
（13）Tours. フランス中部の都市。
（14）Appennin. イタリア半島を縦貫する山地。
（15）Aquitaine. フランス南西部の地方名。
（16）Bordeaux. フランス南西部の都市。
（17）地名不詳。
（18）Cornillé, dép. Maine-et-Loire, ar. Baugé, cant. Seiches.
（19）Jarzé. dép. Maine-et-Loire, ar. Baugé, cant. Seiches.
（20）Toulouse. フランス南部の都市。
（21）最初の数文字から、Vaulandry, dép. Maine-et-Loire, ar. et cant. Baugé の可能性が考えられるが確定には至っていない。
（22）Les Verchers, dép. Maine-et-Loire, ar. Saumur, cant. Doué.
（23）地名不詳。
（24）Le Mans. フランス西部の都市。

第六話　アルブリセルの聖ロベール

解題

聖ロベールは一〇四五年頃、フランス西部、ブルターニュの中心都市レンヌの南東三十四キロ、アルブリセル村で生まれる。勉学のために上京し、パリの学校の尚書官になる。レンヌに戻り、レンヌ司教シルヴェストル・ド・ゲルシュのもとで主席司祭になる。アンジェに滞在した後、クランの森に退き、隠修生活を始める。一〇九六年、第一回十字軍を勧説するためにフランスを訪問中の教皇ウルバヌス二世と接見した後、悔悛を説くため地域を巡歴し始める。その過程で大勢の放浪者がついて来るようになり、フォントヴローに定住して、そこに男女共住の修道院を創建する。同時に、彼の弟子も、ヴィタルがサヴィニィ、ベルナールがティロンに修道院を建立する。この新しいフォントヴロー修道会はサン・ブノワ戒律を採用するが、女子院長によって監督される。ロベールは一一〇〇年のポワティエ公会議に出席し、フォントヴロー修道会は一一〇六年にローマ教皇庁によって承認される。それ以降も彼は説教行脚を続け、主としてフランス中部に約二十の分院を建立する。ロベールは説教行脚で立ち寄っていた、本院から西百七十キロのオルサン分院で、一一一六年二月二十四日、死去する。

しかし、彼はローマ教皇庁によって公認された聖者ではない。プランタジュネ王家や英仏王族が埋葬され、英仏王族が院長を務めたことのあるフォントヴロー修道院は広く知られているが、その創建者は生誕地で崇敬されているに過ぎない。ロベールの死後、彼の特異な生き方やそれを痛烈に批判する高位聖職者たちの存在などから、歴代の院長は彼を聖者にしようとすることに関心を示さなかった。十七世紀にようやく内部からその動きが起きたが成功せず、フランス大革命でこの修道会は終焉を迎えた。十九世紀にも同様の動きが再燃するが、これも失敗に終わっている。

最初の伝記はブルターニュ、ドル司教ボドリ・ド・ブルグイユ（在位一一〇七－一一二〇年）によって、そして聖者の晩年と死に焦点が当てられた第二作はフォントブローの修道士アンドレによって、一一一七年から一一二〇年にかけて連続して作成されたと考えられている。これらのフランス語訳は既に十六世紀から試みられている。Le Père Y. Magistri, *Chronique de Fontevraud contenant la Vie de Robert d'A., par Baudri de Dol et André*, Paris, 1585 は訳者未読であるが、S. Ganot, *La vie du bien-heureux Robert d'Arbrissel, fondateur de l'ordre de Fonteurauld*, La Flèche, 1648 が正確に訳されているようである。最近のものとしては、A. Le Huërou, *Histoire de maître Robert, fondateur de Fontevraud*, dans id., *Baudri de Bourgueil, 3: Oeuvres en prose*, Paris, 2013, p. 58-97 がある。

聖者の名前のフランス語表記は Robert d'Arbrissel、ラテン語表記は Robertus de Arbrissello である。伝記の底本としては、Migne, *PL*, 162, col. 1043-1058 を使用した。

中世に編集されたロベール・ダルブリセルの伝記は、既述の如く、二篇伝存する。これら二編には奇蹟の話は出てこないが、それらの執筆はともに修道院長ペトロニルによって五年の間に連続して依頼されたもので、新版編纂の理由は聖者の晩年と死に関する話を簡略化し過ぎた感のある旧版を補完するためだったと考えられるが、自身の恥部が暴露され、修道女間の同性愛への言及さえある旧版に代わるものを同院長は必要としたためとの意見もある。更に、新版でも上記の目的は十分に果たされてはおらず、特に死後に関する記述が不自然な終わり方をしている。聖者は本院から遠く離れた分院で死去し、同分院において心臓が取り出されたあと、遺体は直ぐに本院に運ばれたが、本人の意思に反して、特定の人しか近づけない内陣に埋葬されてしまった。この事実を知り得たのは、新旧両版のフランス語訳などが収められた、一四九一年から一五三四年にかけて編纂されたブデ Boudet 版によってである。

更に、この伝記は読者に違和感を感じさせるに違いない。その原因は伝統的なベネディクト派修道院の院長を務めたことのある者が当時あちこちで起きていたシトー会、プレモントレ会といった新しい修道運動の旗手の一人の伝記を書いていることにある。その違和感は聖者の出身地と、作者自身が司教を務めていた都市が含まれるブルターニュ地方をサソリが棲むところと酷評したり、男女共住の新しい修道生活を一面的に描写しようとした態度などで強く感じられる。

伝記

序章　神の恩寵によって、相応しくはなかったが、ドル司教の地位にあるボドリが
フォントヴロー修道院の尊き院長であるキリストの女下僕ペトロニル(1)と
彼女の指導下にある同修道院のすべての修道女に挨拶を送る。

1　あなたなしには、さらに、神の花嫁であるあなたに教えるためとはいえ、わたしは「娘よ。聞け。そして見よ。」（詩篇、45・11）などといった言葉を決して信じない。もちろん、あなたは聞いているし、そしてあなたは「あなたは生まれ故郷、父の家を離れて…」（創世記、12・1）と告げるあの声を真実のこととして聞いている。あなたはあなたが所有するすべての屋敷から離れてしまっている。あなたは父の家から出てきている。あなたはまとわりつく肉欲の誘惑を嫌悪し(2)、そしてあなたはフォントヴローにやってきている。そこであなたは豊饒の泉、説教の泉、信仰の泉を発見し、そこからあらゆるものを飲み干した。すなわち、わたしたちの時代における傑出した説教者、優れて評判の博士、言葉と行為において見事な、称賛され模範とされるべき人であられる修道院長ロベールを発見した。ここで時々修道女たちと生活をともにし、聖なる生活の中で教育を受けると、聖霊に導かれて、あなたの家族やあなたの父の家を忘れ、院長ロベールと協力して、修道院長の位に昇進された。それまではあなたは修道女たちの悩みに寄り添ってきたのであるが。むしろん聖なる教会の必要と便宜が、不当なことではないにしても、人間社会の諸制度を頻繁に曇らせている。それ故、神はあなたをその高い玉座に据え、ローマ教皇パスカリス(3)の賛同を得て、あなたを修道女たちの指導

者に選んだのである。むろんそこにいる乞食のような、孤児のような修道女たちもこのような母を必要としていたのである。わたしは「これらの女性たちは神のために清貧を受け入れ、監督者の下で養われねばならなかった。」と言う。他方、あなたは彼女たちの監督に全力を注ぐならば、すなわちもしあなたが重荷を引き受け、あたかも駄獣のように自己を犠牲にしたならば、そしてもしあなたが自分自身をすべの中で最も劣った者と信じたならば、あなたは良いことをしたことになる。

2　実際、前述のロベールはわたしたちの教父の道に入り、そして信じられていることによると、死すべき存在としての性質が取り去られ、神によって勝利者として迎えられ、不死の衣を獲得した。しかし、わたしたちの非常に大切な方の不在のために、人間性がわたしたちに悲しむことを強いていると、この想い出の中にあって特に何を悲しむべきか、何を喜ぶべきかは容易に判断することができない。そして、わたしたちのロベールはわたしたちのために神との仲介者となるべくわたしたちの神の宮殿へ上っていかれたのであって、この保証がわたしたちに喜ぶよう命じているのである。その上、このうちのどちらをすべきかわたしたちはまだ知らないので、その間わたしたちは両方に注意を払い、そして両方においてわたしたちは涙の谷間から抜け出すまで努力する。それによって、わたしたちの目は涙を流して泣くが、それは善良で雄弁な博士にして神の友がわたしたちの許から去ったからである。同時に、わたしたちの心は喜ぶのであるが、それはわたしたちのロベールがこの世から泥まみれの脱出によって、わたしたちに用意されている宮殿へわたしたちに先んじて移ったからである。殊のほか愛しい母は彼が地上で暮らしている間に送った、そして人々の共同生活から遠く離れての修道生活を、それが一連の文字に委ねられるために、書き記すことをわたしのこの非才に命じたのである。それは将来、人間というはかない存在に役立つために、何らかの形で参照されるであろう。実際、わたしたちはこのようにして記された、苦しむわたしたちのための仲介者であると信頼している教父たちの足跡を再発見し、さらにそれらをより積極的に見習うであろう。むろん、この作品はヴェルギリウス(4)やキケロ(5)の文体に近づこうとしている。ペトロニル殿、無常なる現世の多くの嵐がわたしを不安にしている時、そして特にサソリと一緒に住み、野獣の如き二重の狂暴さがわたしを砦のように取り囲んでいるブルターニュにおいて、あなたはわたしの非才に大きくて重い責任を押しつけられた。結局、サルスティウス(6)の手桶から一滴のしずくも落ちていない、この叙述方法をどうすれば色彩豊かなものにすることができるのだろうか。わたしは「何重もの罪で押しつぶされそうなわたしが、如何なる大胆な試みによって、如何なる引き裂かれた口によって、神聖にして正しき人ロベールの名を呼ぶことができるのか。」と問う。結局、わたしは何を言っているのだろうか。あなたはわたしに数葉の紙を渡されましたが、それにはロベールに関することは、彼がわたしたちのブルターニュの出身であると述べていることを除いて、殆どなにも含まれていないのです。

3　しかし、わたしは神が価値のない者にも恩寵を授けるということをかつて聞いたことを覚えており、そして最高の職人が野生の動物、つまり小さなロバに人間の舌の機能を提供したことをかつて読んだのを思い出すとき、子供たちの雄弁な舌を作った人がわたし自身のためではなくて、何度も上述されたロベールの徳のために、その雄弁さをわたしに与えてくださることをわたしは疑わない。そして、その雄弁は、もし彼が望んだのであれば、わたしの鉛の管を通して、後世にとって役立つ、この上なく澄んだ水を撒くでしょう。それゆえ、この上なく聖なる修道女たちよ、特にわたしが身を委ねるあなたたちの祈りに励まされて、わたしはあなたたちが常に憧れているわたしたちの師についてしばらく何か言うことにするが、放浪の旅人のように途中で倒れないかと不安である。この試みにおいて、もしわたしが何かよいことを言ったならば、それは神の恩寵によるものと考えるようお願いする。わたしが恐れていることであるが、もしそうでなかった場合、年老いていくこと、または手の震え、わたしの怠慢、罪の中で根を張ったわたしの修道生活に責任を帰せてください。しかし、一人を除くすべての人々が罪の重荷を背負って生きていることを忘れてはいけません。それでは、お元気で。

第1章　聖ロベールの誕生、勉学、助祭長職、知識の披歴、悔俊。

4　わたしたちは、今まで「高い所からあけぼのの光が我らを訪れる。」（ルカ、1・78）ことを止めなかった、主であるわたしたちの神に感謝する。また真実がそれを予言したとき、イエス自身が「わたしは世の終わりまで、いつもあなたがたと共にいる。」（マタイ、28・20）との言葉でそれを約束されたときも、不思議なことではない。もし神がわたしたちと共にあるのであれば、如何にしてエマニュエル、如何にしてすべてのものの創造主にして支配者はわたしたちの間において何もしないでおられたであろうか。どうして光のない日があろうか。どうして熱のない火があろうか。どうして冷たさのない氷、輝きのない太陽があろうか。そして神は決してどこにおいても何もしないではいられないのである。しかし、アルブリセル出身の尊きロベールをこの世に鏡として、悪徳を退治する人として、徳を広め教える人として、すべての見捨てられてさ迷う人々の慰安と先導者としてお与えになったとき、今日わたしたちの前でよりはっきりと力を示された。むろんロベールは東の空に輝く太陽であり、一点の陰りもない明星、力強い説教者として地球の西の地方を照らし、無知の暗闇を力強い口で明るくした。

5　わたしドルの町の大司教ボドリが、相応しくはないが、フォントヴロー の修道女たちの願望に同意し、人間たちの間におけるロベールの見事な修道生活を、上品ではないが、文章に託し広めることを引き受けた。それは彼の手本となる生き方の香りが後世においても生き続け、キリスト教についての彼の教えが役立つためである。あらゆる事績に関する話には、一連の講読が推薦するよりも遥かに多くの題材が残されている。ロベールに関しても、ペンによって何度も記述されねばならない、非常に多くのことがまだ残されているが、わたしの無能さがそれを大きく妨げているし、さらに、わたしの能力を鈍らせている加齢、そして健忘症に陥ってしまった嫉妬深い老齢がそれを妨げている。従って、文学の原則の基本に支えられた者がこの作品に取り掛かるのではない。なぜなら、わたしはただ主を信頼しているに過ぎないので。そのうえ、聖霊がわたしの従順さを助けてくれ、そしてロベールの神聖さがわたしを支援してくれるであろうから。アーメン。

6　尊敬すべきロベールについて答えるために、わたしは真実を示してくれる聖霊に懇願する。それは、聖霊がこのことで何が相応しいかを与えてくれるためである。聖霊の助けがなければ、弁論術の雄弁さそのものが沈黙してしまい、哲人たちの想像力が鈍くなるであろう。従って、彼に関する話の土台をより深く掘り起こすために、どの郷でどの両親から生まれたのか、そしてどの時期に才能が花開いたのかについて簡潔に述べ、各真実の証拠を提示するために、もしわたしたちが彼の出自について最初に述べなかったとしても、それは本道から外れているとは思われない。

7　それゆえ、これからお話しすることに決めた聖者ロベール(7)はキリスト教の相続人かつ息子で、ブルターニュ――聖職者が美しいものにした属州――の養父、レンヌ地方の出身で、普通アルブリセルと呼ばれている村の住人でコロヌスであった。彼の父はダマリオク[8]、母はオルガンドと呼ばれた。続いて、同ロベールは幼児のときから、大人に交じって大きくなっていった。それは、一般に言われているように、若い時の自由奔放さを得ようとしたのではなくて、能力に応じて愛らしい清純さを大切にし、そして内面でも清潔さを愛したためである。世界中を巡って捕らえどころのない文学作品を追い求めていたようである。と言うのも、彼は幼少の頃から、結局は達成することができなかったが、文学の研究に熱中していたからである。彼はいろんな州、地方を休むことなく歩き回った。そして、文学の研究にのめり込まない訳にはいかなかった。そして、その頃フランス北部が学校の施設が多くあって繁栄しており、彼はあたかも追放者や逃亡者のように、父祖の土地を出た。そしてフランス北部に着き、パリと呼ばれる町に入り、特に渇望していた文学の勉強が思った通りに適っていると判断し、そこで熱心な読書家としてそれに没頭しはじめた。彼はその修業で完全に疲れはてたが、それによって推奨された生活態度の遵守を疎かにすることはなかった。彼は同級生の間に相応しい厳しさを含んだある程度の威厳を漂わせ、そして自分が将来どうなるかを幾つかの例によってはっきりと示していた。その頃、国王アンリ[9]の息子である国王フィリップ[10]がフランス人の領土を統治し、グレゴリウス[11]がローマ教皇位に就いていた。このことを言ったのは、その時代にロベールが成長し勉強していた、そしてわたしたちが明らかに入りこんでいる時代であるからです。まだ学徒であったので、彼は勉学に戻ったが、そのために神への奉仕を疎かにすることはなかった。彼を知っていた人たちは彼に関して何かあるものをすでに予感していたのであるが、それは彼らが彼の中に何か偉大なものを感じ取ったからである。

8　その間レンヌの町はその守護者を欠いていて、神に向かって祈りを捧げた後、シルヴェストル某[12]を司教に選んだのであるが、彼の誠実な生き方と彼の高貴さが彼を押し上げたのである。彼は血統において高貴で、そして徳においてさらに高貴であった。教養は余りなかったが、教養人たちを積極的に招集した。確かに、彼の中には霊的教義が強く根付いていたが、血と肉が彼に吹き込まなかったものは、神の指導によってはっきりと彼に滴り落ちていた。それゆえ、その頃ブルターニュは少しの人口しか抱えていなかったので、彼は余所から可能な限りの知識人を集めた。ロベールについて調べる人には、彼の厳しさと勉学に関してが知られている。人々は「主よ、今から話すロベールはあなたの子でレンヌ人で、あなたの諸制度に十分適応しています。もちろん自由学科に格別通じていて、体は強壮で、誠実な生活態度を堅持しています。」と言っていた。尊敬すべき司教は旅行の準備がすむとパリに向かい、そしてロベールを呼び出して、「愛しい兄弟よ、見なさい。あなたの指導がないために、レンヌの町の聖なる母教会がどんなに動揺しているかを。特に、ほとんど俗人に近い私がそこの長に就くことが起きている今この時に。それゆえ、私はお願いする。教会のいろいろな問題に関して私たちの代弁者になってくれ給え。そして私はあなたの言うことに耳を傾けるし、あなたは私に質問しなさい。もしあなたが神への熱意を持ち、私たちと共に少しの間戦うことを望むならば、あなたは間違いなく神の民に役立つ人になることができる。」と言った。

9　ロベールは語りかける人の嘆願に同意し、そして教会の仕事と世話に熱心に従事し、何事をするときも、彼は目の前に神を見、何事にも無気力になることなく、恥ずべき営利への欲望から自らを遠ざけた。そして一つ一つに適法に取り組んだ。そして彼の司教をすべてにおいて忠実に庇護した。すなわち、司教は彼の庇護を、自身が庇護者であったにもかかわらず、断らなかった。それ故、四年間ロベールは司教の許で助祭長として仕え、不和の中に平和を再び結ぶことによって、聖職者を俗人の恥ずべき隷属から解放し、聖職者と俗人の汚れた癒着を解き、聖職売買を徹底して憎み、そしてすべての悪徳に力強く立ち向かった。

10　四年がすぎ、尊敬すべき司教は体にかかわる重い病気で人間でなくなり、信じられているところによれば、星辰へ帰り、そしてロベールは孤児たちの間でただ一人の孤児として残ったのであるが、わたしがここでただ一人と言ったのは、彼の徳に満ちた行為を兄弟たちが妬んだからである。彼らの嫉みがやがて彼に対する憎悪を膨らませた。それ故、彼は彼らの嫉妬から身を守り、そして彼の師の声に従って、町から町を放浪することを決心した。[13] その上、彼は誰に対しても不和の種になることを、それが大きくて重大な罪であることを知っていたので、好まなかった。それ故、彼はアンジェにやってきて、そしてそこで勉学に没頭した。だからと言って、信仰から遠ざかったのではなかった。読書のあと、神の教えと取り組んだのであった。彼は無為になることを避け、ある時は祈禱に、ある時は読書に没頭した。こうして肉の誘惑を一層厳しく抑えることをきめ、肌身に甲冑を着けた。そして隠修生活を始める前の二年間この服を着用した。その後隠修生活に進んだが、全身を瞑想に委ねた。他方、その錆色の服で肌身を馴らしていた二年間、それに加えて、柔らかい毛織物で体を覆っていたが、人々の目と好意から身を隠し、神の前で自らを見せた。もちろん全生涯を通じて彼は価値のない流行を軽蔑し、そして恰も毒の如く、すべての追従を遠ざけた。その間食物は安いものを少しだけ摂り、徹夜に没頭した。

第**2**章　隠修士としての厳しい生活における聖ロベールの多くの仲間たち、ロエ修道院の創建、引き受けられた使徒に相応しい説教者としての仕事。

11　世俗を離れ、長い間熱望していた隠修生活に一人の助祭を同伴して取りかかる日がやってきた。彼は森に向かい、人々の集まりから遠ざかり、獣たちの仲間になった。そこで彼が如何に多くの苦しみのなかで苦行したか、恐るべき遭遇にどれほど多く晒されたか、誰が正確に数えることができようか。すなわち、粗布を豚の毛で覆うこと、水なしで髭を剃ること、一つの寝台しか知らなかったこと、葡萄酒と高価で栄養のある食物をまったく摂らなかったこと、睡眠は、生来の虚弱さに促されて、時々とることといった外面から見ることのできることに加えて、心理的な面でももちろん葛藤があり、精神的呻き、心の深奥でのすすり泣きが彼の中で起こっていた。あなたはそれを如何なる最終的救いも訪れない不幸にして不敬なものと見なすことができるだろうし、また多くの人々が役立たず、病弱には耐え難くて度を越していると囁いていたことでもある。彼は神と共に比較できない悲しみと戦い、犠牲のためにすべてを捧げた。そして、すべての人に対して穏やかで控え目で、自分自身とのみ頑固にして激しく戦っていた。

12　彼は到着した人々の大群（実際、多くの大群が彼に会うために彼の許を訪れていた。）に対して愛想よくて快活で、親切で控え目で、曖昧なことに精通していて答えを出すのが速かった。神から与えられた能弁の香りが彼の周りに漂っていた。そのため雄弁さにおいて彼と肩を並べる者はそういなかった。従って、彼の話を聞くと多くの人が感動し、それまでの悪い話し方を放棄したほどであった。ある人は彼の家から帰るとき、彼の説教によって心が浄められ、またある人は彼のそばに止まろうとしたし、彼の召使として仕え、常勤の仲間として彼に近侍する許可をもとめた。このような人々の来訪から好きなときに離れ、自分独りになった。しかし、その時も罪を犯していると思ったことはなかった。なぜなら彼は「これを聞く者も言うがよい、『来てください。』と。」（黙示録、22・17）の聖句を読んでいたので。それ故、彼は自分に委ねられていた、主が婚礼から戻ってきて利子と共に要求した銀貨を分配することに専念した。従って、彼には多くの人々を集め、彼らの一部は遠くからやって来ていたので、途中で横死しないために、食物を与えておかねばならないと思われた。呼びかけに応えて集まった人々は、原始教会の慣例に従って共同生活を営もうと努力した。それ故、群衆は世俗の誘惑から飛び立ち、参事会員からなる修道会が創設された。ロベールが彼らの指導者となり、彼らに殊のほか思慮深い蜂の蜜のように甘く教えた。こうして彼らは共同の家屋を建設し、教師たちによる講義を熱心に聞いた。

13　その頃、ローマ教皇ウルバヌス(14)が、その時の緊急の事情に強いられて、ゴールにやって来ていて、そしてアンジェの町へと向かっていた。彼はロベールについてはすでに聞いていた。実際、このような明かりを桝《ます》の下に隠してはならなかった。彼を呼び寄せるよう命じ、そして彼との会見を心から望んだ。アンジェにおいて、彼はそこの教会の荘厳な献堂式を祝さねばならなかった。そこに世界のすべての高位者が集まったとお考え下さい。この大勢の集まりの中で教皇はロベールに話をするよう命じた。そして、彼はロベールに聞き慣れない言葉を使わないように指示した。

14　それ故、彼は民衆に向かって光彩を放ちながら話した。彼の言葉は教皇様を本当に満足させた。さらに彼は聖霊がロベールの口を開くのを見た。続いて、彼は命令し、そしてロベールに説教者の役職を与え、後者は少し断ったが、この修道院の監督をも委ねた。そして彼はロベールを自身につぐ二番目の神の言葉を広める人と定めたのであるが、それは彼がどこに行っても、その役目が果たせるようにするためであった。

15　ロベールはこの時からローマ教皇の特使としての任務に熱心に取り組み、司教管区内のあちこちを巡回しはじめた。彼はすべての人々によって称賛された。なぜなら、神の恩寵が間違いなく彼と一緒に歩いており、彼は称賛されるべき人であったので。さらに、言葉と行為の称賛すべき同伴者が彼に委ねていた説教は不毛でも、冗長でもなかった。彼は説教したことを行ないで実行した。彼は他の人たちに説教をして、それを実行しなかったならば、彼は直ぐに非難されたであろう。参集した大勢の人々が彼に従ったため、参事会員の数は計算できないとされたほどである。やがてその人数が前の人数をこえ、少なくとも一部ではあったが、志願者の十分の一が参事会員に加わった。しかし心の大きな彼は、参事会員の意思と修道会が許すならば、誰の所へも行きたかった。それ故、彼は参事会員たちから遠ざかろうと考えていた。しかし彼はどうすれば彼らの怒りを起こさずにそれを実現できるかを考えた。参事会員がその管区内で生活していたアンジェ司教の前にやってきて、状況の考慮と教皇の命令に従い司教の助言を受け、そして聖職者たちの許可を得て、より自由に説教に専念できどこへでも誰の許へでも直ぐ出かけられるように、ロベールは自発的にその場を離れた。

第3章　ロベールの説教、フォントヴロー修道院の建設など、修道院の組織と制度。

16　互いに涙を流すなか、彼は参事会員たちの許を離れて、司教管区の内外を巡歴しはじめた。そしてまず何人かの従者たちと一緒になり、神の言葉の種を道路や交差点のあちこちに播きはじめた。神が霊感を与えた人であれば、誰も拒否しなかったので、たちまち大勢の男女が彼に加わった。彼はそれまで、必要に迫られた時をのぞいて、頭を休めることをしなかった。参事会員たちの許を去ったのち、自由の身で杖も袋も持たずに移動することができるために、それまで修道院を創建することを望まなかった。しかし自分に従う人々の数が膨れあがるのを見て、何事も無思慮で行動してはならないため、なぜなら当然のこと、女性たちが男性たちと一緒に住むことになっていたので、不祥事の心配なしに共同で生活できるところをあちこちで探すこと、そしてもし無人の土地があれば、それを見つけ出すことに決めた。その土地は耕されたことのない荒地で、茨の茂みで覆われ、昔からフォンス・エヴラルディ[15]と呼ばれ、人々が住む所から離れていた。修道院はカンド[16]から約二マイルのところにあって、ポワティエ司教管区に属することになる。彼は神の新しい家族と新しい集団が住み働くことになるこの小さな森または林を選んだ。そして数人の土地所有者から寄進を受け[17]、そしてそこにキリスト教の男女の若者たちを迎え入れた。

17　加えて、彼らはそこに当分の間、風の不意の侵入から彼らを守る小屋を建てた。さらに、彼らは神が呼び掛けられ、そして彼らの砦の中で休まれる礼拝堂らしきものをそこに建てた。彼ら戦士たちは神と個別に話ができることを切望し、神との対話によって元気づけられることを好んだ。続いて、自らの手の労働によって生活することができるために、そして無為な者として生活することのないように、彼らは労働にでた。しかし彼は女性たちを男性たちから切り離し、そして修道院の中で彼女たちを祈禱に従事する者として義務づけた。他方、彼は男性たちに労働を担わせた。そうするのは、十分な配慮があってのことと思われた。なぜなら、性においてやさしくそして弱い者を聖歌と瞑想に当たらせ、より強い者たちを実生活の実践に向けさせたからである。俗人と聖職者は混ざりあって歩いた。聖職者が聖歌を歌いミサを行なうことを除いて、俗人が自発的に労働を引き受けた。定められた時刻に、すべての人々に沈黙が指示された。穏やかに答えること、宣誓をしないことが命じられ、そして全員が兄弟愛によって結ばれていた。彼らの間では如何なる立腹、羨望、不和もなかった。首を垂れ、顔を下に向けて歩き、おしゃべりを避け、嘘をつくことを知らなかった。これは委ねられた者たちの決まりであり、彼らがその下に戦っていた法規であった。彼らは彼らの指導者を「教師」とだけ呼んだが、それは彼が「主人」とも「修道院長」とも呼ばれることを好まなかったからである。

18　彼は長い間どの駄獣にも乗らず、香辛料の入った食事も摂らなかった。自らは裸足で歩いた。そして、やがて体が弱くなり、聖職者たちの助言により、靴をはいて駄獣に乗り、小さな体をしばらくの間労わるまでは、粗い織りの下着と苦行帯を着用した。そうしているのは唆《そそのか》されたためではなくて、労働のために少しでも強くなるためであった。欲望を満足させようとして、肉に心を用いていることを(18)、彼は避けていたのである。彼はしばしば断食をつづけ、しばしば祈りのうちに徹夜し、長い断食によって四肢を苦しめ、そして如何なる苦労も彼を怒らせなかった。彼は偽善を自ら完全に根絶し、顔に活気と喜びをみなぎらせ、返答は簡潔で上品で、分け与えることには非常に寛大であった。自分には少ししかしなかったが、修道士たちと修道女たちには多くの恵みを与えた。罪を犯した者に向かって話をする場合、彼は激しく罵ったが、罪から抜けでた者は父の如き愛情で慰めた。従って、大勢の売春の男女が彼の許に集まり、全力で彼に従うことが起こった。もちろん彼は如何なる放浪者も送り返さず、自分の所に泊めて悔悛するまで自分の懐でやさしく暖めた。彼の言葉は効果がないことはありえなかった。なぜなら、わたしに言わせてもらえば、彼はすべての人のためにあったからである。悔悛する人に温和で、邪悪な人には厳しく、悲しむ人には快活で愛想がよく、不敬者にとっては鞭、老人と障害者にとっては杖、心で悲嘆し目は柔和で、助言は静穏であった。この人こそ、間違いなく、イエス・キリストの家、聖霊の寺院にして座、いと高きお方の責任者にして代理人であると、わたしは言ったであろう。

19　彼の説教に接し、罪から体を洗った人たちの群れは、その数が殆ど数えきれないほどに増加した。彼は彼らが「キリストの貧者」以外の言葉で呼ばれることを望まなかった。どのような身分の人であれ、大勢の人々が参集した。すなわち、婦人、貧者、貴族、寡婦、少女、老人、若者、娼婦、男性を嫌う女性が集まった。しかし、すでに用意されていた小屋はやがて無数の人々を収容できなくなったので、キリストの新兵たちはもっと広い家屋を必要とした。キリストにはすべての貢ぎ物が備わっていた。この方は砂漠にいるイスラエルの息子たちを沢山のご馳走で喜ばせた。ロベールもまたこの方の窮乏して乞食同然の家族をこの森の中で、そこで彼らが耕作していない時、彼らがまだ種を播いていなかった、そして収穫をしてなかった時、彼の食糧で養った。さらに、すべてのものの神は彼らを、以前から周辺に住んでいるすべての人々に毎日の食糧を配達し、毎日の食事を用意するように仕向けた。周辺に住む農民たちにパンを届ける意思を永続させていた神がいなければ、それはなされていないことであったが。どのようなことがあっても、感謝の気持ちをもって受け入れられ、またものがなくても神が感謝の行為によって称賛された。彼らは中立に立ち、飽くことを知らない者たちであることを望んだ。なぜなら彼らは現在いる人々に関して喜んで感謝を捧げ、一層確信し大きな希望を抱いて将来を期待していたのであるが、彼らが富を獲得しているのと、不平を言うことなく欠乏に耐えているのとでは、祝福された神は一体どちらにおられるのか。蜜蜂の母、蜜蜂の中で最も思慮深いロベールは食事を乞いに出かけ、そしてすべての人々と話した。そして神の家族に食物が出されたのみならず、裸同然の彼の体を守るための衣服の贈り物、建物を建てるための贈り物が差し出された。すべての者たちに寄進者たちのお金を増やそうとの一つの意思、尽きることのない資産が確認されたが、それはこれによって寄進者が如何なる窮乏にも陥ることがないようにするためであった。有力領主たちと庶民が、普段の節約のために萎れてくすんだような、神の新しい家族を訪問すべくやって来た。しかし、空腹な人々は、彼らが最初に創建の言葉を聞き、そして聖体拝領として聖パンを食した後も、その場を離れなかった。

20　それ故、礼拝堂の壁が広げられ、高くされる時がくると、大金が投資され、必要な労働力が提供され、防御工事が行なわれた。しかし三つ四つの建物だけではこの女性たちの集団を収容することはできなかった。そこで男性と女性が分けられ、そして遠く離れた所で家が彼らに別々に用意された。他方、賢明な師は女性を互いに分け、そして彼女たちを庵と房に分散させ、そして男女をそれぞれ組ごとに編成した。なぜなら両方とも人数が単純に大きくなっていたからである。大きな建物には一度に三百人以上を配置した。その他は百人単位か六十人単位またはその他の単位で配置したので、あるところでは多くなり、またあるところでは少なくなった。しかし、男性は小グループに分けた。

21　しかし彼は労働者のそばにいることを好まなかった、否それが出来なかった。なぜなら多くの国の出身者たちに説教をしなければならなかったからである。女性たちの中から、エルザンド[19]を返答と労働を監督する責任者として選んだ。彼女は自分の光り輝く貴族の素性を軽蔑し、女性の合唱隊に所属し、それまでは無品級であった。エルザンドは信仰篤く、同時に思慮に富んだ者として生活した。ロベールはこのエルザンドに、家政に精通した、そして後に彼が修道院長に選ぶペトロニルを付けてやった。やがてエルザンドは天界へと旅立っていった。こうして彼はこれら二人の女性を、彼女たちの聡明さ、勤勉さ、大きな支柱になる素質を知っていたので、言われるように、他の女性たちの監督者にしたのである。しかし彼女たちについては、ここまでにしておく。ロベールが説教から、または祈禱から一時でも遠ざかることは決してなかった。全身勤勉に身を捧げ、周辺地域やもっと遠い地方を巡回した。そして彼は国王、司教、諸侯、聖職者、そしてすべての民衆に歓迎された。

22　諸王と諸伯は貧しいフォントヴロー修道院の慈善箱に多くの寄進を行なった[20]。しかも、これら有力者たちは必要と思われるもののほとんどすべてを寄進した。他の者たちは彼らの所領を寄進し、個人はあらゆる貢ぎ物を納付した。そのため、同修道院では短期間に家屋、礼拝堂、家具調度品がその数を急激に増やしていったほどである。さらに納付されたものによって、彼らは大きな貧者救済基金を設けた。なぜなら彼らは貧者を迎え入れたし、障害者を追い返すことはなかったから。そして彼らは不貞の女性や妾を拒まなかったし、癩病者も無能力者も拒まなかった。さらに癩病者には彼らの小屋と修道院を建て、一人一人で生活できるように、ロベールが決めた。そして彼が生きている限り、非常に頻繁にこのような人たちを彼は身を低くして訪問した。彼はミサを執行するときも、すべてを捧げ、すすり泣きながらそれに従事した。そして、もし言えるとすれば、賢明にも自分が敬虔でないと思われることをしなかった。師は独りであった。誰もがそれを心配したのであるが、それはなぜ彼は騒がしい中で平静でいられるのかと思われたからである。彼の話はすべて道徳的教化のためのものであった。すなわち、彼が言ったことは神の香りを放っていた。彼は多くの石切工、石工、種々の職人を必要としていたが、それらの心配は彼にとっては差し迫ったものではなかった。なぜなら、正確に言えば、彼の心は神聖な信仰の中に導かれていたいたから。読者諸賢は、一体誰のペンがロベールを余すところなく語り、誰の知性、誰の学識、誰の心がいつも神と一緒にあったとお考えでしょうか。わたしがロベールについて多く言えば言うほど、それだけわたしは驚いてしまうのです。なぜなら、これまで彼に関して言わなければならなかったことがもっと沢山あることに気づいたからです。しかし、わたしは言われなければならなかったことを決して十分には言っていない、否何にも言っていない。ご覧の通り、わたしは圧倒されて諦めてしまっている。そして恥ずかしさのあまり、「豊富さが自分を貧しくした。」と叫ばざるをえないのだ。
23　むろん、わたしたちはロベールの修道生活に関して述べることについて、しばらくの間協議した。そして幾つかは言ったと思っているが、しかしわたしたちはほとんど何も言っていないのである。彼が如何なる親密さをもって神の許で生き生きとしていたかを表現しようとしたが、それが十分にはできなかった。神は今日如何に多くの奇蹟を彼を通して行なったことか。もちろん、ロベールは神にならう人として輝いていたが、神は「主の霊がわたしの上におられる。貧しい人に福音を告げ知らせるために、主がわたしに油を注がれたからである。」（ルカ、4・18）と言っていた。彼は実際に貧しい人々に福音を説き、貧しい人々を呼び、貧しい人々を集めた。もしある女性が彼の許で気高さを身につけて大きくなったならば、ある時はニコデモとイエス、ある時は百人隊長のコルネリウスとペテロの如く[21]、彼女はそれを味わった者と一体化する。パウロが「神は、すべての人々が救われて真理を知るようになることを望んでおられます。」（テモテへの手紙一、2・4）と述べている如く、実際、神の恩寵の迸《ほとばし》りはすべての人々を引き寄せて、誰も拒むことはない。人は自分が考えていることを口に出して言う。そこでわたしは敢えて、如何にロベールが多くの奇蹟を行ない、悪魔に対して厳しく、地上の支配者にとって栄光に満ちた存在であったかと言いたい。なぜなら今日誰がこれほど多くの病人を世話し、これほど多くの癩病者を浄め、これほど多くの死すべき人々を生き返らせるだろうか。地上にいる者は地上のことについて語り、身体に生じた奇蹟に驚く。しかし、病める者たちと癩病者たちの心を元気づけるために、彼らと話をして健康を取り戻させる人が求められているときに、霊に属する人が、事実、病める者、癩病者、死者をも元気づけてきたことが証言されている。従って、すべての人々の平和のために、わたしは言おう。主がその牧者を通じてすべてを話し、すべてのことをなさったのだと。

24　わたしたちと同時代の人たち、わたしたちの司教たちと修道院長たち、聖職者、教会人は他人の苦労の中に入りこみ、そして先人たちが体験してきた彼らの欠乏でわたしたちは大きくなった。そしてわたしたちは恐らく少ししか役立っていないだろう。そして最も恐れるべきは、恐らくわたしたちの不平に関して、「目は脂肪の中から見まわし、心には悪だくみが溢れる。」（詩篇、72・7）と言われていることである。わたしは言う。ロベールこそがそれであると。ロベールがあらゆる点でキリストのために貧しくなり、祖国、そして自分の親族からも追放されたのだ。そして彼が説教した群衆に取り囲まれて、彼らに欠けているものがないように思われるために、フォントヴローの荒野で、誰からの金銭的収入もなく、キリストのために貧者のために多くの家を建てたのだ。そこに礼拝堂を建てようと腐心した。最初の基礎、最初の石を置き、神の男女の下僕を二千、否むしろ三千人も集めた。そして、キリスト教徒の多くの集団を各地の小さな修道院に配属させた。彼は彼らが自給できるように準備した。このような短期間でこの仕事をすることは、有力な国王とて困難だったであろう。読者諸賢もいつか実践したまえ。誰がこの乞食、この欠乏者、この貧困者が富んでいないと証言するであろうか。むろん、彼は富んでいた。多くの人々にとって十分であったものが、何一つ欠けていなかったからである。彼は富んでいたと、わたしは言う。今日でも存在するかくも多くの仕事は彼自身によってではなくて、砂漠におけるかくも大勢の人々に食物を提供することができた神自身によって用意することができたからである。しかし、もっと本当のことを話すならば、ロベールにはそれができなかった。出来事が示すように、明らかに施し主で教師である神がそれに値したのである。つまり、ロベールは神の分配者にして配下にすぎなかった。一人が気前よく滴らせ、一人は忠実にその滴を分配したのである。

両者の間には、どちらがより多くできるのかといった、ある友好的な競争があったと思われる。つまり、より多く提供するか、それともより多く分配するか。確かに、神はロベールが誠実な代行者であることを知っていたであろう。だから神は自分の家族を彼に委ねたし、お金を増やしたのである。実際、「主人がその家の使用人たちの上に立てた忠実で賢い下僕…。」（マタイ、24・45）という聖句がある。神なくして一体どのようにしてこれらのことがなされうるのか。わたしは告白する、そして心から告白する。仕事がかくも見事に調和している人たちの願いは対立していなかったと。そしてそれらは、もしあなたは知らないとするならば、聖ロベールが行なった奇蹟に加えて、神を愛し、神に仕えたロベールの意思にかくも見事に神が答えられたこと、神は彼の従者たちが欠乏していたものすべてを彼の手を介して提供したことである。神は彼の信仰を知っていた。神は彼の意思を汚したくなかった。従って、彼が生きている間、神はロベールを常に高めたのである。それは彼の家族が彼の手の中で毎日大きくなり、彼らが食するものを彼が惜しみなく提供するためであった。

25　時が過ぎていき、ロベールは神と結んだ契約から決して後退ることはなかった。常に神の愛の中で熱心に仕え、いつも若々しく、いつも献身的であった。何年かが過ぎ、いくつかの兆候によってロベールは自分の死期が近いことを感じた。なぜなら手足が衰え、体力がなくなり始めたからである。彼は兄弟たちと姉妹たちを訪問して挨拶することを決めていて、実際に、彼は行なっていた。彼は主においてすべての者を強くし、祝福された口で一人一人に挨拶した。彼は自分の死を弟子たちに委ね、そして決してよき慣習に甘えないようにと励ました。

26　兄弟姉妹に説教をして、聖なる聖体拝領を受け、称賛に値する最期において、すなわちこのような救済の中で、そしてよき行為に身を委ねながら、病気が進み、さらに神が自分の弟子を招き、オルサン[22]と呼ばれる所で、すすり泣く人々の群れの手から霊を取り上げ、信じられている如く、星へと戻って行った。そしてそこでロベールは永遠に天国の助祭として、否むしろ使徒に続く神の相続人、キリストと共同の相続人[23]として、永遠の喜びを享受するであろう。しかし神の家族の、そして特にキリストの女下僕の集団のいっぱいの涙に濡れながら、彼の遺体はフォントヴロー修道院に戻り、そして相応しい墓に埋葬された。それはフランスにおいてルイ[24]が統治し、ローマの町の教皇位にパスカリス[25]が座し、わたしたちの主イエス・キリストが永遠の相において君臨する時であった。アーメン。

註

（1）Pétronille de Chemillé. 在位一一一五－一一四九年。

（2）ペトロニルはそれまでに二度結婚していた。Cf. J.-M. Bienvenu, *L'étonant fondatur de Fontevraud*, p. 162-163.

（3）Paschalis. 二世、在位一〇九九－一一一八年。

（4）Vergilius. 古代ローマの詩人（前七〇－一九年）。『アエネイス』が有名。

（5）Cicero. 古代ローマの政治家・哲学者（前一〇六－前四三年）。多くの優れた著作を残し、後世ラテン散文の模範となる。

（6）Sallustius. 古代ローマの歴史家（前八六－前三五年）。『カティリーナの陰謀』などを著す。

（7）Rennes. 中世ブルターニュ王国の首都。イル・エ・ヴィレンヌ県の県庁所在地。

（8）他の版では父の職業は司祭となっている。訳者が使用した版を刊行したボランディストは聖職者が妻帯していたことを隠すために、この司祭という言葉を意図的に削除したようである。

（9） Henri. 一世、在位一〇三一－一〇六〇年。
（10） Philippe. 一世、在位一〇六〇－一一〇八年。
（11） Gregorius. 七世、在位一〇七三－一〇八五年。
（12） Silvestre. 在位一〇七六－一〇九三年。
（13） マタイ、10・23参照。
（14） Urbanus. 二世、在位一〇八八－一〇九九年。
（15） 地名「フォントヴロー」の語源で、「エヴローの泉」の意。
（16） Candes-Saint-Martin. dép. Indre-et-Loire, ar. Chinon, cant. Chinon.
（17） これらの寄進に関して数通の文書が伝存する。
（18） 『ローマの信徒への手紙』、13参照。
（19） Hersende de Montsoreau. モンソロ城主ギヨームの妻。一一〇三年から一一〇九年にかけて修道院を留守にする時、ロベールは彼女に修道院の監督を委ねていた。
（20） これらの寄進に関しては、それらを記した文書が伝存している。
（21） 『使徒言行録』、10・11参照。
（22） Orsan. dép. Cher, ar. Saint-Amand-Montrond, cant. Le Châtelet, cne Maissonais. 本院の東約百八十キロ。
（23） 『ローマの信徒への手紙』、8・17参照。
（24） Louis. 六世、在位一一〇八－一一三七年。
（25） 前出註（3）参照。

第七話　聖ジロー

解題

聖ジローは十一世紀後半、アンジェの北四十三キロ、ル・マン地方との境に近いバズージュ市、ロワズリエール村の裕福な家に生まれる。バズージュの司祭を務めた後、一〇八四年頃サン・トバン修道院に入る。分院創設の時代にあって、彼はブロッセイのラ・マドレーヌ分院とジャルゼのル・ボワ分院の創設を任される。そして、苦行による死の危険から本院に呼び戻された後、一一二三年十一月四日同修道院で没する。彼はローマ教皇庁によって公認された聖者ではない。従って、一般的な聖者名鑑に採録されていないこともある、その土地の聖者にすぎない。

聖者の名前は、フランス語表記では Giraud, Gérard、ラテン語表記では Girardus となっている。

伝記と奇蹟譚はともに、伝存する手稿本の筆跡から、十二世紀中葉以前に編纂されたと考えられている。しかし、この説は一一五三年から翌年にかけての出来事が記されている奇蹟譚に関しては、修正が必要であろう。伝記の底本としては、P. Marchegay et E. Mabille, *Chroniques des églises d'Anjou*, Paris, 1869, p. 93-126 を使ったが、この版は *AASS*, Nov. 2, p. 493-501 でも使用されている。この版には「序文」の文字も章数も記されていないが、他の版を参照し、「序文」の文字を加え、段落ごとに節数を付すことにした。奇蹟譚の底本としては、*AASS*, Nov. 2, p. 502-509 を使用した。

聖ジローの伝記からはこの聖者の奇蹟力として、遠くの出来事を瞬時に察知する能力が注目される。他方、この作品では煉獄の話が出てくるが、J・ル・ゴフは煉獄の誕生を十二世紀中葉とし、その論拠の一つとして煉獄の定位置化、つまり煉獄が地獄と天国と同等の地位を獲得したことを挙げ、煉獄を意味する言葉の名詞化 purgatorium を強調する。しかし、ここでは従来通り、形容詞 purgatriis poenis としてしか使用されていない。十二世紀中葉以前のアンジューにおいては、同語の名詞化はまだ起きていなかったことになる。

奇蹟譚に関しては、文中の祝祭日と曜日の重なりから、奇蹟発生の期間を一一五三年の夏から翌年の一月までの七カ月に特定することができる。当該聖者に関しては、別の書が書かれたか、それが伝存することは知られていない。多分この期間以外でも、数は少なかったにしても、奇蹟は起きていたであろう。しかし、頻繁に起きていたのがこの短期間であったとすれば、聖者の遺物がその力を発揮する期間は非常に短く、一回きりであったことになる。また、この奇蹟譚からは、それぞれの話の採録、整理の方法を垣間見ることができた。「同じ日」、「同じ頃」、「二、三日後」、「時は流れて」などの時に関する文言から、出身地などよりも、日付に従って話が整理されていたようである。その際、奇蹟の信憑性を裏付けるために、大勢の前で起きたものが選ばれているし、奇蹟体験者の名前と出身地が明記されている。

聖ジローの没年である一一二三年と、奇蹟譚が伝える最初の奇蹟が起きている一一五三年との間には、二十年の隔たりがある。奇蹟発生の要因はどこにも記されていない。また、伝記の中でも奇蹟が既に語られており、これは聖者が起こした最初の奇蹟でもない。この空白の二十年間に起こしたであろう奇蹟はどのように処理されていたのであろうか。『聖者作品目録』(Société des Ballandistes (La), *Bibliotheca hagiographica latina antiquae et mediae aetatis*, Bruxelles, 1898-1899, p. 529) を見る限り、作品の更新は確認されていない。作者の判断で、それらはすべて割愛されてしまったのであろうか。また、奇蹟の発生には波があったということなのか。それとも、それまでは散発的なものでしかなかったが、二十年を経て爆発的に発生したということなのか。それにしても、これ以降奇蹟譚は書き継がれていないので、その後は落ち着いてしまったということか。それにしても、頻発の要因は何であったのだろうか。他方、伝記には一一二一年頃サン・フロラン修道院があったソミュールで「非常に大きな騒動」が起きていたが、司教座都市のアンジェでは既に一一一六年に都市解放運動が起きている。これまでこの運動は司教座都市に限定されてきたが、その余波は地域の有力都市にも及んでいたと推察される。ブルジョワが地域全体において大きな社会的勢力に発展していたことを示しているのではなかろうか。

地図3について少し述べておくことにする。比定可能な地名のうち、十四は二十キロ圏内、十五が二十～四十キロ圏内、八は四十～六十キロ圏内、四が六十キロ以上となっていて、四十キロ圏内が全体の七割、六十キロ圏内が全体の九割を占めている。比定不能な地名の多くも六十キロ圏内に位置していた可能性が高く、そうなるとこの比率はもっと高くなるであろう。これらの地名の中には百六十キロ以上も離れたブルターニュの町、ディナンも含まれており、奇蹟体験者がずっと前からアンジェに滞在していた場合を除けば、評判はあっという間にかなり遠くまで届いていたことになる。しかし、伝達の力と誘引の力とが濃密に重なり合っているのはアンジュー伯領またはアンジェ司教管区の領域内であったことになる。フランスの中世史家P・A・シガルは出身地の分布と聖者が所属する修道院の所領の分布や幹線道路と関連づけようとしているが、この地図を見る限り、彼の主張を積極的に支持するような分布にはなっていない。さらに、これは一人の聖者の奇蹟に関してであって、他の聖者についても同じであったかを確かめる必要がある。その時初めて、奇蹟体験者の出身地分布の範囲と、その社会的、経済的、政治的、宗教的理由が明らかになるであろう。

地図３　奇蹟体験者の出身地

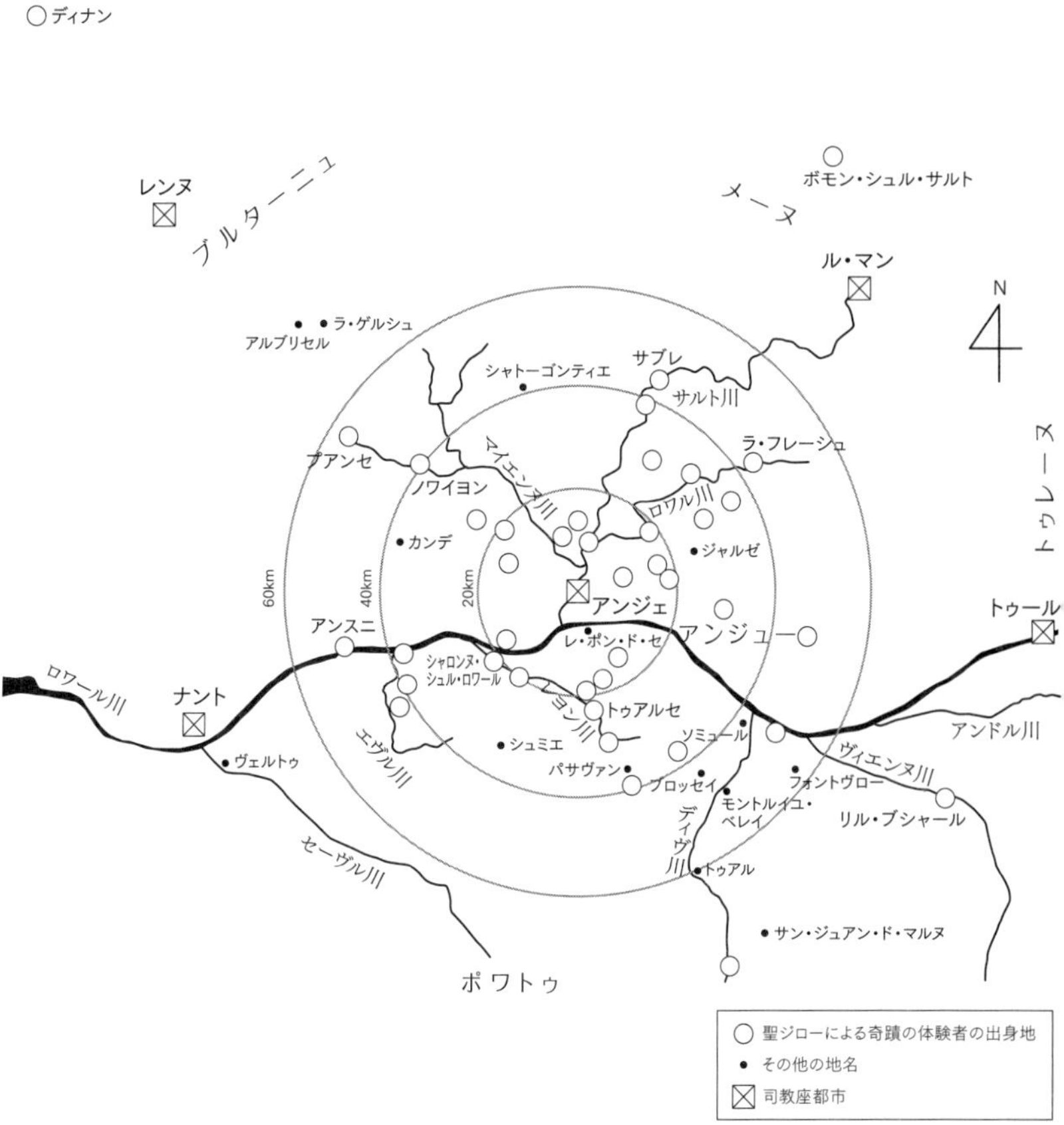

伝記

序文

1　いと聖なるジロー様の事績を叙述し、それを信者たちに知ってもらうことを熱望するに際して、私たちは全知の源たる全能の神の慈悲と支援を乞う。それは、立派に生きる力をこの方に授けた神が、その善行を正しく語る力を私たちに授けてもらうためである。私たちは軽率や傲慢からではなく、ただ敬愛と従順から、年配の修友たちの命令と希願に負け、人間にとって大きな苦しみを引き受けたのである。何故なら、彼らはこの聖者が私たちと一緒に肉を纏《まと》ったまま生活するのを見、聞き、そして愛したのである。従って、私たちはジロー様の見事な行伝を、人々に役立つ手本として、文字に認《したた》めることが価値あることと判断した。人を傷つけるようなことを言うのは軽率であるが、人に役立つことを黙っていることもまた耐えがたいことである。もし私たちの無知と身分の卑しさを不快に思い、賢明な人々と徳にのみ叙述を限定しようとしたことは非難されるべきと考える人がいるならば、この類の非難者は、主イエスが行政官や雄弁家ではなくて、徴税官や罪人を通して、聖なる福音を世界に述べ伝えたことを思い出すがよい。そして同時に、そのような者は、私たちが語りたいと思ったこの聖者が卑賤と卑小に満足し、キリストの愛のために、山のような世俗の物を軽視し、雄弁家たちは溢れんばかりの洗練さよりも聖書の謙虚さを重んじたことを考えるがよい。それ故私たちは素朴と謙虚の称賛者について、素朴にして謙虚にいくつかのことを思い出させ、そして金や銀ではないが、山羊の毛皮を神の神殿に捧げることができる。修友の中で私たちよりも博学な者がこの方の事績の語り手であるべきであったことを告白することに私たちは吝《やぶさ》かでない。しかし、私たちはこれ程立派な人の事績が理由のわからない沈黙で包まれるのを甘受するよりも、大恥をかくことをすべてに優先させることに決めた。事実、博学な人と無学な人とではどちらがより上手に語ることができるかが論じられている間に、多くの有益なことが等閑《なおざり》にされ、忘却に委ねられてきた。従って、今私たちが祝日を敬っているが、諸行為については忘れ去られている多くの聖者たちの伝記と事績録を編纂することを私たちが怠ったならば、それは古い時代の人々の熱意に反することになる。確かに、徳の手本は俗事を好む人々の記憶からは容易に抜け落ちるものである。従って、私たちはこの聖者の立派な業績を流暢な言葉でよりも、事実の言葉で記すという誠に前代未聞の仕事と禁欲を行なうことになる。それは、知者や卓越した人は教会の創建のことで、もし好むならば、この方について流暢に語る題材だけは持っているので。

本文

2　それ故、ジロー様はアンジュー、シャトー・ゴンティエ(1)で、自由人の両親から生まれた。両親の手厚い世話によって育てられ、聖なる洗礼によって再生し、教会の規律と文学に通じ、宗教の指導者たちの手に委ねられた。しかし、少年期からその勉学は既に成熟し、その無垢は他に類を見ず、悪徳にではなくて聖務日課に向けられた熱意は大きなもので、『詩篇』、聖歌、そして預言者の書から抜粋された賛美歌を熱心に調べた。これに対して、羞恥心を無くさない限り、殆ど誰も学んだり教えたりできない滑稽譚や詩人の卑猥な下品さを心と耳から遠ざけた。そうではなくて、色々な時刻に教会で朗誦される権威ある書物の章句、福音書講話、対唱賛美歌、応誦と同時に、グレゴリオ聖歌を学び暗唱することに熱中した。あれやこれやの探究で少年時代を満たし、そして将来神の心に通じる胸を悪徳ではなくて徳のよき香りで満たした。他方、青年時代に入ると、徹夜、祈禱、断食によって身体を鍛え始めた。教会の慣習に従って聖職に就くと、あらゆる純潔で生活を防衛しながら、自らが神とすべての人々に受け入れられる者であることを示した。永遠の純潔の信奉者であると同時に防衛者でもあったので、自身の身体を如何なる汚れにも染まらないように守った。そのため、傲慢に陥っても、下位の者を決して軽蔑することはせず、彼らが向上へと励まされるよう努めた。勿論、この方には純潔や断食を自慢する気持ちなど全く無かったので、野性の動物がパンを運ぶが如く、徳を運んでいた。何故なら、野性の動物はパンによって体力を回復しないように、傲慢も徳によって報いられることはない。従って、この聖者は贅沢、自慢、憎悪、強欲、貪欲を避け、軽蔑し、強く踏み砕いた。周囲の人々の不平、悪口、中傷から心、舌、手を遠ざけた。どの人に対しても親切、温和、従順に振る舞った。そして無為は精神の敵であったので、精神の無為によってその正気を失っていくのを決して許さなかった。大半は麦畑であったが、時には葡萄畑、そして庭畑で何か仕事をしていた。殆どいつも教会に専念し、祭壇が美しく飾られているか、燭台が磨かれているか、壁に煤《すす》が付着していないか、祭服は真新しく汚れていないか、聖器はきれいに並べられているかに心が向けられた。預言者が言うように、「主よ、あなたのいます家、あなたの栄光の宿るところをわたしは慕います。」(詩篇、26・8)と讃えた。このような探究と徳性によって、この方は副助祭、そして助祭として光り輝いた。

3　こうして青年時代を終えると、善良な人々の勧めと支援、否それよりも神慮によって、司祭に叙任された。この品級にある間、この方は徹夜の時間を延長し、断食の日数を増やし、祈禱を多くした。力の限り、施しを貧しい人々に進んで与えた。魂の世話をしながら、無知の者たちに教育を施し、放浪者たちを改心させ、哀れな人々を助けた。権限を掌握しても、所領を拡大したり、家を大きな梁や柱で建てたりはしなかった。それとは反対に、あらゆる節制に満足し、行為においては正直、生活においては謙虚を好んだ。喜ぶ人々と共に心から喜び、また泣き悲しむ人々と共に泣き悲しんだ。この方は貪り喰おうとする動物を探していつも徘徊している見えないライオンから、絶え間ない祈禱によってキリストの仔羊たちの群れを守り、滑稽で恥ずべき振舞いをする者たちを厳しい説教で矯正し、口論者を仲直りさせ、すべての者たちに善行の模範を率先して示した。それ故、この方は優秀な教会博士になった。それは善行を説くよりも実践することに努めたからである。そして、単に神を讃えるだけで、悪く生きることによって神の教えを汚すよりも、神に受け入れられた者として、黙々と立派に生きることが称賛に値することは言うまでもない。それ故、聖者ジローは、完全なる説教でも少ししか教えられていない人々を善行によって教育したのであるが、そうすることで、この方の行伝を敬虔な気持ちでよく読んだ者たちは自分たちがしなければならないことを理解するであろう。

4　その間、この聖なる方の精神はより立派な状態へと向上し始めた。そして、恰もそれ以前何事もその気にさせなかったかの如く、あらゆる願望を込めて、徳性のより広範な実践へと邁進した。即ち、悪意の中に置かれたこの世が悪徳の諸々の曲折と世俗の生活の魅惑によって現世を愛する者たちを堕落させて奈落へと引きずり込んでいるのを知り、私たちのためにすべてを失ったキリストに自らもすべてを失った者として従うべく、自分のすべての罪と共に、世俗を去ることを考えていた。従って、私たちの間で慣習になっている如く、耕地と屋敷、家族を捨て、そしてその他の財産を細分して貧しい人々に与え、サン・トバン修道院で修道士になった。この修道院で宗教において完全な修道士に比肩し、そして、更に称賛すべき完成によって、既に完全な者となっている修道士たちを凌駕するような生活を送ろうとした。事実、この方は驚嘆すべき謙遜の持ち主で、最高の従順さを有し、下位の者の命令をも軽蔑しなかった。あらゆる卑賤と卑小に満足し、その辛抱強さは浴びせられる悪口、侮辱を何度も笑って済ませる程であった。他の修友が守っていた徹夜、断食、聖務日課に関する戒律を自らも完璧に遵守した。しかし、この方は、可能な限りこっそり祈禱し徹夜し断食することで、その戒律の規定を越えていた。

5　特に、悔恨の徳性で満ち溢れていた。それは、実際、涙を流さずして神に悔悛を行なうことは非常に稀か、決してなかったからである。更に、独りの祈禱や『詩篇』の頌読では殆どいつも涙で濡れていた。他方、信じられない断食とその後、身体に課していた長期間の苦行は改心の激情のみによって、一度に身についたものではない。そうではなくて、この方は徐々に、そして時の推移に従って、完徳の最高の極みに達するまで、良い状態からより良い状態、そしてより良い状態から最高の状態を常に設定していたのである。実際、極みから奈落へ落ちることよりも、奈落から極みへ上るほうが美しいに決まっている。それ故、誘惑に耐える者が祝福されるのは、その者がそうであることを証明することによって、人生の王冠を戴くからである。神は聖者ジローが人間の敵によって長い間、幾度となく、あの手この手と品を換え、打ち負かされはしないが、誘惑されるのをそのままにしていた。

6　次に、悪霊はこの方が、恰も純潔の守護者の如く、贅沢を完全に遠ざけ、貪欲を押し戻し、憎悪を寄せつけず、傲慢を避け、食欲を克服し、そして現世をあらゆる滑稽とその魅惑とともに軽蔑しているのを確認すると、この方を妬み、あらゆる奸計と自分がもつすべての悪意の手段を投入した。そして、勿論、悪霊は先ず最初に祈禱の時間に、誤り易く根拠のない考えでその心を疲弊させた。そして、次に、この方が全く屈服するどころか、その反対に、祈禱と涙河に前よりも一層精神を集中して没頭していたので、悪霊は前の考えに無益な空想と睡眠過剰を更に加え、ジロー様の心を動揺させ、公衆の面前、即ち修友たちの集まりの前で、悪霊によってどのような方法で責められているかを公表し、そして、この方のための祈禱が一心不乱に行なわれるよう修友たちに迫った。この悪霊に対して、ジェラール二世(2)という、殊のほか賢明で聖書に極めて博識、上記修道院の院長は説教を行ない、そして古くからの敵の欺瞞を看破し、いろいろな聖なる書物でもって勇敢に悪魔と戦い、神の助けを得て、悪魔を打ち倒した聖者たちの手本を示し、神の下僕ジローを差し迫った危険から首尾よく引きはなすことができた。それ故、主は聖者ジローに対して、それに耐えられるかどうかを試すために、この事件を起こしたのである。続いて、修道院の外においても、この方は上記の院長によって、修道院の分院に派遣され、より密かに且つより自由に霊的修業に専心した。

7 その後、ベレイという名の有力領主の一人(3)が、ブロッセイ(4)と呼ばれる土地を、同地を開発するために、院長が修道士一名を派遣するとの条件で、サン・トバン修道院に寄進した(5)。上記院長によって同地の監督を命じられると、聖者ジローはそこに小さな礼拝所を建て、土地を開墾し、菜園や果樹園、葡萄畑を作り、そしてここでは、まるで隠修士の如く、この上なく狭い畑地で満足し、自分の手を使って生活し始めた。食事は、自身のもとで働く牛飼いや羊飼いと共同であった。但し、時々油や葡萄酒を彼等に与えていたが、自身はこれらを完全に断っていた。実際、その頃から、この方は小麦のパンと葡萄酒を完全に口にしなくなった。油は、既に数年前から、摂るのをやめていた。しかし、魚は、誰かが愛からそれらをこの方の許に届けた時、畑で働く修友たちに分け与えられた。自身はと言えば、豆と生乳を最高の食物として摂取していた。しかし、外で修友たちと食事をする時は、いつも煮魚を食するのが見られたが、常に自慢を遠ざけ、自己の禁欲をあらゆる努力でもってしきりに隠そうとした。勿論、これまで毛皮のマントや毛織物を身につけたことはなく、修道衣の下に着る苦行用の肌着(6)とチュニカ(7)で身体を包んでいただけであった。更に、いつも寝床にしていた場所に、干し草か藁で丹念に覆った垂木とおが屑を置いていた。

8　それ故、この頃から既に、この方はこの世の光から去っていった死者たちの魂を肉体の目でしばしばはっきり見ることができ、そして邪悪な魂を同じく頻繁に凝視して寄せつけない能力を主から獲得していた。しかし、数年前に死んだ私たちの修道院の、一人はギィ、他の一人はピエールという二人の先輩たちが、ある日、礼拝堂の祭壇の前にいる自分の所に来るのを、この方は見た。「ご機嫌如何ですか。」と聞くと、「平和に過ごしておる。」と彼らは答えた。この方は地上の栄光を極力遠ざけていたので、如何なる奇蹟も行ないたくはなかった。殊のほか徳性に相応しい生活を送っていたとしても、奇蹟と些《いささ》かも異ならないことを誰も否定できないような行ないへとこの方を駆り立てたのは、信仰以外の何ものでもなかった。それ故、私たちはそのような行ないの中から、キリストの証しのもとに、いくつかを選び、神への称賛と聖者としてのこの方の想い出、そして大勢の人々の啓蒙のために、紹介することにする。

9　この方が神の下僕として住んでいた上記の所領の近くに、今も小さな森がある。この森の木々は丈も太さもそうたいしたものではなかった。しかし、棘のある木や藪があちこちにあり、そのためこの森を走る道はほとんど識別できなかった。そこで、ある日、一人の農夫がその森の近くを散歩していると、藪と茂みの間を走り回る動物の大きな声を聞いた。それが猪か牛だろうと思って眺めていると、恐ろしい顔をした、これまで見たことのないような大蛇を眼前に発見した。これを見た農夫は大きな恐怖に襲われ、大きな悲鳴と叫び声をあげて助けを求めた。この声を聞きつけた神の従者は礼拝所を飛び出して走り、その農夫に襲いかかろうとしていた蛇を見つけた。忽ち心に慈悲が湧き上がり、この方はその蛇に向かってキリストの名において十字を切り、その農夫を放し、出来るだけ速やかに逃げ去るように命令した。すると、その悪い獣は言ったことに即座に従い、森の奥に入って行き、以後二度とその場所には現われなかった。神の従者は、恰も発熱した病人の如くそれまで震えていた、助けられた男を勇気づけて慰め、そして正気が戻ると、すっかり元気になってから自分の家に帰るよう命じた。それ故、この方をこの奇蹟へ駆りたてたのは憐憫と愛であった。何故なら、兄弟の許に駆けつけないことよりも、徳を行なうことのほうが価値があったので。

10　同じ頃、狐が近くの森から出てきて鶏を奪って食い尽くし、この土地の農民に害を与えていた。そのため、これらの哀れな人々は神の従者ジロー様に度々苦情を持ち込んでいたのであるが、ある日、朝早く狐がやって来て、奪い取る餌食を探し求めて、哀れな人々の家の周りを俳徊し始めた。それ故、その場所で狐を見つけると、農夫たちは狐を棒や木の枝で追いかけ始めた。更に、その中の一人は棒を投げて狐を刺した。狐は礼拝所の傍で祈りながら坐っていた神の従者の膝元へ一目散に逃げ込み、そして恰も飼い馴らされた子犬の如く、その後ろにくっついて回った。すると、ジロー様はこの狐を膝の間に迎え入れ、棒で地面を叩いて犬を追い払うと、まるでその狐をそこいらの動物の如く、手で軽く叩いて叱り、いつもの謙虚な態度で「これこれ、小狐や。どうしてお前は哀れな人たちの鶏を奪い取ってきたのかね。何故そのような損害を私たちの領民に与えてきたのかね。お前はもう少しで捕らえられて殺されるところだった。良いか、もうそのようなことをするではないぞ。もしそうやって、捕まえられたのなら、お前は自分の毛皮以外に何の保証も与えることはできないのだぞ。」と話した。こう話すと、日の出からその日の第一時課(8)まで修道衣の下に隠れているることをやさしく許し、その気になったら、元気に森の中へ帰るよう命じた。これに対して、狐は言われたことにできるだけ速やかに従い、自分の巣へ戻って行き、そして哀れな人々の鶏を、私たちが聞いた限りでは、その後決して襲わなかった。これが奇蹟でないと言う人がいるであろうか。この奇蹟を前にして、神を称賛するために口を開かず、そしてこの上なく神聖な下僕ジロー様の功績を讃えない者がいるだろうか。

11　更に、非常に大勢の人々が見て、唖然とさせられたことには、常に人間のいる場所から遠ざかっている小さな鳥たちがいつもこの神の従者のところへ飛んでいきて、大胆にもこの方から餌を受け取っていたのである。小鳥たちに小麦の粒と木の実を与え、一部の小鳥たちが満足して飛び立った後、他の小鳥たちが腹を満たすために入れ替わりにやって来ていた。しかし、これらのことが如何に驚嘆すべきことであったとしても、この方が行なっていたその他のことと、これから直ぐその話に入ろうと思っている、そのこの上なく厳格な禁欲を比較した場合、それらのことは全く卑小であると考えられる。従って、十年余に亘って神の従者が上記の小さな荘園に駐在し、そして天使の如き生活を送っていた時、人間の敵はドゥエ[9]と呼ばれる近在の城の、ジョフロワと言う騎士を使ってジロー様を迫害させた。即ち、この騎士は、上記の荘園をサン・トバン修道院に寄進していたベレイ殿[10]に対して敵意を露にした時、神の従者ジロー様をベレイに味方する修道士として憎悪をもって見、そしてその所持品を奪い取ろうと企て、ある日、配下の精鋭を連れて、不意をついてジロー様の家を襲った。勿論、神の従者は騎士の到着を前以って察知し、哀れな農民たちを避難させていた。ジロー様はと言うと、自分の家畜と身の回りの物を持って、いつもの洞穴に身を隠した。そのため、自分が探していた人々や家畜を発見できなかった、不安の子ジョフロワは荘園内をあちこちと駆け回った後、怒りで逆上し、洞穴を奪取し、神の従者ジロー様を殺すか、家畜を捕らえて、彼を無一文のまま放置してやろうと考え、火と煙りでもって洞穴の中にいる聖者様に攻撃をしかけた。しかし、長い間そして何度も同伴者たちとともにこれに全力を注いだのであろうが、彼はそれに成功しなかった。誠に不思議なことであるが、武器を持たず、防衛者もなく、如何なる門のような障害物もなく、そして悪魔が自分の手下を介して、外から火を放ち、煙りで燻り囃し立て、そしてまるで小さな壺の割れ目を通って、彼が恐るべき、そしてすべての獣より獰猛であることを、少しでも見える者たちに見せた時、老人が独り洞穴の中で坐っていて、そしてついには神の従者の祈りに行く手を阻まれ、騎士は打ち負かされ、動転し、退散してしまった。従って、慈悲深きお方はこの不幸な男にこのうえなく愛情に満ちた涙を本心から流され、彼に対して寛大であった。そして以後、彼は誰に対しても決して権利を不当に要求することはなかった。

12　他方、サン・トバン修道院の院長と修道士たちは、悪魔が加えた迫害を聴くと、神の下僕を上記の村から呼び寄せ、セルメズ(11)と呼ばれる所領に転居させた。そこでこの方はこの上ない禁欲で自らを苦しめ始めたため、一緒に生活していたユルジェと言う修道士は修道院に来て、この神の下僕は空腹のため本当に死んでしまうでしょうと、院長に知らせた。それ故、この方がこの所領で犠牲に捧げられた者として毎日衰弱していた時のある日、古くからの敵が幻視や夢の中ではなく、公然とそしてはっきりと、武装した配下の大軍を率いて、礼拝所に坐るお方を突如襲った。そして、急襲することで、祈っている者を襲い、祈禱から離そうと企てた。しかし、この方は大して驚きもせず、天へ光が舞い上がる中、神と聖母の助けを乞い、そして神の仁慈に信を置き、敵の恐ろしい脅迫と獰猛な顔を見下していた。そして、主に向かって叫ぶと、その助けに守られて、この方はその汚れた霊に対して、即座に十字を切った。すると、悪しき霊をもったその大軍はすべて、風に晒された煙りの如く、四散した。しかし、その古くからの敵は後退しながらも、恐ろしい音でその礼拝所を揺さ振った。そのため土地は震動し、独房は土台から崩れ落ちるのがこの善良なお方の目に映った。そして更に、その時家の南側半分の小寝室で寝ていた修友たちもこの震動で飛び起きた。それ故神の従者は、敵が逃げ去ると、神に向かって賛歌を歌い始めた。それは、その時主が竜の頭を粉砕し、弓、盾、剣、戦といった諸々の力を破壊し、そしてこの方を永遠の山から照らし出したからである。従って、人々が称賛し感謝する中、主イエスは天の頂のアーチの中に立ち現われ、そして後で自ら告白する如く、手を上げてこの方を祝福したのである。このことは信じられないことであってはならない。と言うのも、主自らが福音書の中で「心の清い人々は、幸いである。その人たちは神を見る。」（マタイ、5・8）と言って約束されているので。本当のところ、真実の約束はある時はこの世で叶えられ、またある時は、将来において叶えられるべく維持される。それ故、この幻視に神の従者は大喜びし、従って、その後悪魔の攻撃がより一層自分の目に現われようとも、決してそれを恐れないほどに不動となった。

13　この後、修道院長の命令に従って本院に戻り、そこで許可を得て、修友たちの施物分配を監督していたオドワンと言う名の修道士に、水で解いた灰を混ぜて作った小麦のパンをこっそり要求した。意見通りにパンが用意されると、この方は何日間も小さなパン一個で済ませた。葡萄酒と魚と肉を完全に遠ざけ、時々木の実と生の草を塩をかけずに食べた。飲み物は月桂樹の葉を混ぜて沸かした水であったので、大変苦かった。こうして、このような食物をかなりの間とり続けた後、この方は一層厳しい断食を始めようと思った。勿論、神に自分の心を密着させていたのであるが、もし向上すべく常に前進しなければ、衰退を招くと思われた。それ故、福者ジロー様は、その時から、すべてのパンと飲み物を断ち始め、そして草、根、木の実、果実、玉葱を最高の食物として満足した。もしそれらが無かった場合、ある時は蜂蜜、そして特別な日には魚を、塩や飲み物をとらずに食した。しかし、このような信じられない程の厳しい断食を理由に、聖歌をうたう聖歌隊を欠席することなく、それどころか、昼であれ夜であれ、神への奉仕に際しては、他の修友に先んじた。毎晩礼拝所のなかで、徹夜の前の夜の大半を眠らずに過ごした。これに対して、徹夜の後もベッドには戻らなかった。そのため、院長と修友たちの意見が一致し、上記の施物分配長によって教会の横に小さな庵が建てられた。その中で、以後、この方は一日中断食をして、夕方過ぎに休養をとった。更に、その庵の中で、昼夜の区別なく、涙と呻きを伴いながら、絶え間なく祈禱に専心した。しかし、これ程の徳を備えたお方は、このことで、高慢の悪徳に決して屈することはなく、他の人々の食事を少し分けてもらうこともせず、それとは反対に、油脂または葡萄酒と混ぜて作った粥を自分の手で病弱者にしばしば食べさせた。そして、もし分院長の指示が少しでも遅れたならば、気を使って、即刻彼らに慈悲が施されるよう分院長に要求した。自分の食物の残りを乞う病弱者すべてに喜んで差し出し、そして自分の許を訪れる修友すべてに、大いなる欠乏を自ら経験している時でも、自分の食物を快く与えた。このように、一人でも空腹のまま自分のもとを去ることを決して許さなかった。

14　ところで、それまで神の従者は肉断ちの中で生活してきたのであるが、鉄の鎖をこの禁欲に加え、それでもって自分を殊の外しっかりと、そしてきつく巻きつけた。こうして、首に鉄の輪をはめ、さらにその首輪に石を吊り下げた。幅がほぼ指三本程の鉄製のバンドで、山羊の毛の肌着の下から腹部を巻いた。更に、鉄の輪を両腕の肩の近くと手の近く、即ち、各々二箇所に嵌めていた。同じく、両方の腿と脚にも鉄枷を嵌めていた。このような、そしてこれ程までの危険な状態で自分の身体を痛めつけた。もし少しでも眠りを感じたならば、頭に木の切り株か石を載せて、地面に横たわった。他の人々が感じたものを無視した。私たちはジロー様がかくも多くの苦痛を通して途方もない殉教、それ故、毎日の落涙、呻吟、そして中断のない祈りに耐えたことを自信をもって証言する。次に、家に隣接する庭を散歩する時、この方は非常に小さな鍬《くわ》を使って雑草を抜きながら、口ではいつも『詩篇』を唱え、訪問者には陽気に応対し、そして彼らに聖なる宗教に関する助言を与えていた。その顔にはいつも何か聖なる喜びと恥じらいとが現われていた。そのため、この方の断食を知っていた人々は、その顔の澄んださまを見て心から驚いていた。勿論、ほぼ七年以上もの間、主の身体と血を除いて、すべてのパンとすべての飲み物を断っていた。しかし、私たちが言ってきた如く、このためにそのお顔が悲しくなることも、また青白くなることもなかった。

15　それ故、このお方を今や福者と呼ぶことに誰が反対したであろうか。そのすべての意思とすべての探究は神と隣人を愛し、神への奉仕に専念し、現世で見られるその他すべてのものは、真に生み出されたものではないと見なすことであった。現世で肉の牢獄に取り巻かれて人生を送ったとしても、その人生のすべては使徒の教えに従って、天上にあったのである。そのため、この方は単に善人のみならず罪人の心を特によく注意して見てきた。即ち、ある時、彼らがある親しい人に語ったところによると、神の次にすべての徳、すべての探究、そしてすべての力でもって崇拝していた聖母マリアが、ある夜、教会で徹夜をしていたこの方の許に現われ、その殊のほか聖なる右手をこの方の頭上に差し出され、聖なる断食が神に喜ばれ、そして神の補助者となるであろうと言った。それ故、慈悲の聖母が約束したその補助者の役目を、この方は最後には担うであろうと、聖ジロー様に言われた。そしてその後、そのことから、私たちが聖者に代わって、より十分に語るならば、この方は神の聖なる名前を讃えながら、最後の息を引き取ったのである。しかし、これから、この方についてこれまでに言っておくべきであったことに戻ることにする。

16　同じ頃、聖者は、数年前に死んだある父親の魂が、罰によって煉獄に引き止められているのを見た。

このお方はこの男に殊のほか同情し、全身全霊で神と向き合い、極度の精神衰弱に陥りながらも、毎日救済の犠牲を払いながら、この男の解放のために、激しい息づかいと涙の中、祈りに没頭した。そして、その男の魂が解放され、自分の許に再び現われ、そしてその男が、自身を解放してくれたことから、頭を垂れて感謝するまで、ジロー様は祈りを止めなかった。更に、現世から去って行った他の大勢の人々の罰と救済も見たし、そして、ここではその名前を公表しないほうがよい人々の破滅も知った。勿論、聖者がこれらのことを語っている時、それらのことは一部の人々には信じられないことのように思われた。しかし、人間としての生き方よりも霊的に生きることを選択した人は、人間の特性に反して、霊の本質を見ることが出来ると言うことが全く信じられないことであってはならない。更に、聖書に全く通じていないある人々は「もしその人間が、霊的な創造物を見ることができる程に霊的であるならば、何故これまでに霊的な人々が行なってきたその他の奇蹟を行なわないのであろうか。」と言って、不満を発している。私たちはこの方の聖なる断食が、他の奇蹟が決してそれに正当に匹敵し得ない程何か途方もない奇蹟であったことを教えることで、彼らに答えることにする。即ち、主は多くの奇蹟が福音書の中でなされていることを証言している。審判の中で「主よ、主よ。私たちはあなたの名において予言し、そしてあなたの名において多くの徳を実行しなかったでしょうか。」と言う人々に対して、主は「アーメン。私はあなたがたに言う。私はあなたがたを知らない。」と言うであろう。従って、奇蹟を行なわなくても、純潔な生活を送ることは、良心を欠いて奇蹟や不思議なことを行なうことよりも貴く、立派なことであることは明らかである。世俗文学に精通しているある者が「栄光においては完全なものではなくとも、知者は徳の果実を良心の中に注ぎこむ。」と言う時も、同じことである。ジロー様は、世俗文学を全く知らなかったとしても、この不備を完全に補おうと努力する。何故なら、先ず、この方は良心に満足していて、奇蹟から派生する栄光を追い求めはしなかった。勿論、この後に私たちが物語ろうとする如く、そのために健全な心身がこの方に欠けていたのでは全くなかったのであるが。

17 アンジェの町のサン・ロラン(12)教会に、長い間そこで神に仕えるペトロニルと言う隠修女がいた。彼女は神の従者ジロー様の食物の残りを貰えるに値するようになることを熱望していた。これを知ると、この福者は、それを乞い求めるすべての人々にしていたと同じように、自分の食物の一部を喜んで彼女に届けさせた。彼女はそれを大喜びで受け取ると、自分の家に大切にしまった。それから間もなくして、ある婦人が病弱の子供を上記のサン・ロラン教会に連れて来た。この男の子の咽喉は、医者がアンギナ(13)と呼んでいる病気で、極端なまでに腫れあがり、如何なる言葉も発せず、食物を飲み込むこともできなかった。その母親がこの病弱な男の子と一緒にこの教会で徹夜で一晩過ごした時、そして次第に呻きと叫び声が消え去り、あたりが静かになった時、先の修道女はこの母親の苦しみに同情し、彼女を自分のところに呼び、「さあ、お母さま。サン・トバン修道院に住む、いと聖なる人ジロー様の食物の残りを持っています。もしよければ、それらをあなたの子供さんに差し上げましょう。そしてもしあなたがこの神の従者に受け入れられる程の信仰を持っているならば、あなたの子供さんは救済されるでしょう。そして子供さんは間違いなく健康を回復するでしょう。」と言った。これに対して、母親は大きな呻き声を発し、自分は信仰を持っていると叫び、この病弱な子供に神の従者の祝福が授けられるように哀願した。こうして信仰の力に希望の力を合わせると、やおら隠修女は恭《うやうや》しく一個の果物の四分の一を、聖なる三位一体の加護の下に、与えた。すると、ここに記せないような驚くべきことが起きた。その病弱者がその救済の果物を口に入れ、それを喉からそれを飲み込むや、彼の咽喉はすべての病気を捨て去った。そして再び、舌の機能が回復すると、その男の子は母を呼び、慰め始めた。そして自分が健康になったことを記念に、サン・ロラン教会の祭壇の上に捧げ物を置いた。そして、こうして元気になった少年は母親と一緒に立ち去った。この後、上記の隠修女はノートル・ダム・ド・ラ・シャリテ修道院(14)内で熱を出していた何人かの修道女にも同じ残りの一部を与えた。彼女たちも皆、神が憐れみ給いて、健康を取り戻した。

18 パン、葡萄酒、その他の食物全部が修道士の一人として聖者に、毎日食堂から一日一日分配されていたのであるが、それらを施物分配長が受け取り、この方が指示した場所に届けていた。他方、トゥルラゼ(15)と呼ばれる集落にオサミナと呼ばれるもう一人の隠修女がいて、ずっと前から永らくこの地で神聖な生活の中、神に仕えていたが、聖ジロー様は毎週一日だけ彼女の元へ前記の愛を送り届けていた。それ故、ある日、その修道女が自分の許に届けられた聖ジロー様のパンと葡萄酒を受け取った時、一人の巡礼者が家の傍に来て、突如施しを求め始めた。そこにはジロー様のパン以外にパンは無かったので、彼女はこの巡礼者に最初は何も与えるつもりはなかった。しかし、彼女は疲れに負けて、その祝福されたパンの半分をその巡礼者に与えた。そして召使に残りの半分を取っておくようにさせた。その日は夕方になるまで一日中いつもの様に断食し、召使が遅くなって知らせることで、食事をとることに決めていた。それ故、祈りが済んで、彼女が哀れな人にその半分を与えていた聖者のパンの残りを自分の許に持ってくるように命じた。召使がそれを運ぼうとした時、言うのも不思議なことであるが、そのパンのすべてが再び現われたのである。突如、叫び声と称賛の声が小教会に満ち、召使は彼女の主人に完全なパンを運んだ。これを見て驚いたその修道女はずっと長い間、神を讃えたままであった。そして、小刀を受け取ると、パンをそれで切り、それを彼女の召使に与えると、そこに赤い血の痕が現われた。砂漠の中で群集に食物を与えるべく、五個のパンを更に増やした、そして私たちがその人の身体を食物と飲み物としてとっている生けるパンがそのパンを祝別したと、勿論、私は信じている。

19　そこで、ピエールと言う名の司祭が呼ばれると、上記の神の婢《はしため》はパンを見せて、事の次第を順序立てて話した。この後、司祭と民衆は神を称賛し、同隠修女は、病弱者に役立つと確信して、このパンの一部を取っておいた。そして、彼女の確信は無駄に終わらなかった。その後、司祭はパンの一片を、慢性の発熱に丸三年も苦しめられていた病人に与えた。すると、その病人は熱から解放され、健康な者になった。また、上記の集落に住む一人の婦人は咽喉が腫れてふくれ上がり、舌の機能を失ってしまう病気に罹っていた。そして、如何なる治療も受けてはいなかった。再び前記の隠修女がこの女性にこのパンを卵に浸して差し出すと、忽ち病気は消え去り、失われていた健康を再び取り戻した。また、騎士を職業とする一人の男が重い病気に苦しめられていた。この男は前記の隠修女のもとにやって来て上記のパンを求め、受け取ってそれを食べると、患っていた病気に今後決して悩まされることがないほど健康な者として帰っていった。更に、その他大勢の女性たちがこのパンによって健康になったことが語り継がれている。

20　かくも多くの奇蹟に一体誰が驚かないであろうか。またこの聖者のこのような徳性について言及されるべきでないと一体誰が判断するのであろうか。もしある聖者が自分に紹介された病人のために、その願いを聞き入れて、主から健康を手に入れてやる時、それは大いなる奇蹟であるが、その聖者が不在で知らないうちに、主がその徳性を介して、病人に健康を授ける時、それがはるかに驚嘆すべき奇蹟であることを、私たちは率直に認めないわけにはいかない。

21　同じ頃、この聖なるジロー様は足の痛みと浮腫でひどく苦しんでいた。主は主が愛する者を捕らえて放さないと確かに書かれているが、主は迎え入れる息子すべてを鞭で叩く。この上なく善良な父親の善良な息子でも例外なく鞭打たれる。ジロー様は公正にそして控え目に進み出て、常に苦しみの中で感謝するように努めていた。そして、病気が重くなり、ある場所から別の場所に移ることが出来ないまでになると、修友たちはこの方を病室に移し、そして聖者のために、干し草で覆われた小さな寝台を作り、この方が席を立っている間に、その寝台をそこに据えた。ジロー様が、少ししてそのことを霊を介して知ると、棒で干し草を叩いて、寝台から取り去った。そして恰も侮辱を受けて激情した如く、すべての干し草をそこから取り出すよう命じた。他方、彼の山羊の毛の布を寝台の手すりの上に置かせ、そして同じ様に大きな石を載せさせた。他方、ジロー様は如何なる医者も自身が横たわっているこの病室に入らせてはならないと命じた。そして、何故そうしたのかと尋ねられると、この方はただ意思によってすべてのものを再建する最高の医者がいることを証明した。

22　三週間もその病気に罹っていたが、聖者は祈りと神への賛美を決して中断しなかったし、しばしば修友から忠告を受けたが、何事にも断食の厳しさを緩めなかった。それ故、ある晩、祈りと涙の後で少し微睡《まどろ》んでいた時、自分の許に尊敬すべき高貴なお方が現われ、右手をあげて、その足の上で十字を切った。その方はジロー様を解き放ち、そして腫れ上がった足の上に十字架の形に裂かれた皮膚が見出されたが、それは恰も自分の意思で何か鉄の道具を使って、そこに十字の傷をつけられたようであった。するとその時、血膿が流れ出て腫れが引き、そして数日後、皮膚が再生し、すべての苦痛から解放された。この時以来、十字の印のついた鉛の塊りを、自身の首に巻いていた鉄の輪から吊り下げ、そして以後全生涯を通じてそれを付けていた。

23 その時からずっと、途方もない禁欲と錘《おもり》や鎖の重さのために不具になり、聖歌隊の一員として立つことができなくなった。しかし、内陣の外にいて、杖にすがり地面に横になるか腰掛けに跪いて、祈りの間は涙も呻き声も出さなかった。他方、修友たちが終課(16)に行き、そしてまず哀れな人々の足が洗われ、そして短い講話が聞かれ、そして罪の告白がなされるまで、聖者は自分の食事を受け取ろうとはしなかった。勿論、断食の開始から十一月一日まで三人の哀れな人々の面倒をみるため、院内の修道士たちが行くことが習慣になっていたのであるが、聖者自身も二人の修友たちと毎日出かけて行った。

24 ジロー様が魂の死から蘇らせた一人の罪人に関する奇蹟を、自身の諸々の奇蹟の中に加えることを私たちは全く相応しいことと考える。何故なら、魂は身体に勝っている如く、魂の復活は身体の復活よりも有益であるから。勿論、永遠の生において魂を与えることは、再び死ぬことになる肉体を生き返らすことよりも有益で貴いことは言うまでもない。ある老人が、長い克己の後で、肉の罪に陥ったのみならず、更に罪を犯すことを常とするようになった。従って、恰も大きな石臼でもって建物の中に閉じ込められたラザロの如く、その老人は悪い慣習によって悪臭を放ち始めた。それ故、ある日、ジロー様は彼が自分の方へやって来るのを見た時、二人の悪魔が右手を挙げて、この男について来るのを知った。その時、この方は、霊を介して、その男が如何なる悪徳に服従しているかを知った。そのうち、自分のところへこっそりと進んできたこの男は自身の罪について、異常なまでの呻きと涙で糾弾し始めた。これ以上何を言うべきであろうか。この祝福された神の下僕の涙に一体誰が動かされないであろうか。この罪人は忽ち涙に濡れ、ジロー様の膝にひれ伏し、自分の罪を謙虚に告白した。そして、その祝福された人によって罰が宣告されると、彼は悔悛の秘蹟を受けた。しかし、聖者はその男のために半分しかしなかった。何故なら、自身のいる前で自分の罪を神に告白した者たちの悔俊に関して、その大部分をしてやるのが彼らにとって習慣であったので。それ故、悪魔から解放され、魂の死んだ状態から蘇り、慰めの教えによって幸せになり、祈りによって浄められたこの男を平和のうちに見送った。他方、同一の奇蹟を同じようにしてより多くの人々にも何度も行なったので、そして私たちが何回も聞いた如く、それを行なう度に死んだ人々を蘇らせる人としてこの方が存在していたことを私たちは完全に証明することができる。読者諸君、これが人々がその徳性と身体を大切にし、そしてその魂を賛美してきたお方の称賛すべき生き方である。

25　シャルトネ(17)と呼ばれる荘園で、至福の殉教者モリーユとその仲間のために一つの教会が創建された。その教会でルノーと言う名の司祭が神と聖なる殉教者のために仕えていたが、重い病気に罹り、三日熱の劫火に焼かれていた。これに対して、いつも熱を追い出すことに使用していた多くの治療を試みたが成功せず、安静を見いだせないままで、食事と飲み物も苦しみながらでないと摂れなかった。彼はこの様に激痛にうなされて、神の下僕ジロー様の許にやってき、そしてまず話しているうちに、求めていた安静を感じた。彼は元気を取り戻すと、ジロー様の食物を、ご自身が分け与えたので、少し受け取った。すると直ぐに、その食物が祝福を伴って口に入れられると、それは大きな効き目を現わした。その場で熱が引き、前記の病人は健康な者としてそこを去り、そしてその大病に罹ることなく長い間生き続けた。

26　ジョフロワと言う青年は、その誠実な生き方のため、修友に愛されていたのであるが、彼は衣服が繕われる部屋に住んでいた。修友の一人がこの青年にある食器を渡し、そして彼が渡された食器をなくしてしまった時、怒りのあまりこの若き修道士は錯乱して悪魔に取りつかれ、三日三晩何も食べたり飲んだりせずに過ごした。そして寝台にも寝ず、踏み台と寝台の下に身を隠した。更に、神も神の聖者たちも認めず、その反対に自分の所に来る人々に冒瀆するようなことを浴びせたり、訳の分からない言葉を吐いたりした。この男の不幸に修友たちはひどく同情し、彼を隠れていた場所から無理矢理引き離し、教会の中の、主の十字架上の人の前に連れて行った。そこで彼は主の像も認めず、食事も摂ろうとはしなかったので、修友たちはジロー様を呼んだ。聖なる人は来ると事情を聞き、自分の部屋から果物を取ってきて、それを祝別して小さく裂いて、その患者に与えた。その病人がそこでそれを食べるや、連れてこられた元の場所に彼が連れ戻されるよう命じた。そして、すべての人がそこから退去すると、この聖者はこっそりと彼の傍に行き祈りを捧げると、彼は悪魔から解き放たれ、これまでの健康な状態に戻った。次の日、修道院の司祭が主の十字架を持って彼の所にやって来て、精神を病み健康を害していたとその司祭に告白し、胸を叩いて十字架を崇め、こうして以後、恰もそれ以前いかなる病気も罹ったことがなかった如く、彼は心身共に健全であり続けた。

27　食堂で修友たちに給仕していたモレルスと言うもう一人の給仕は、医者が炭疽と呼ぶ病気に罹って腕が腫れ、腕を首に結んで運んでいた。しかし、聖者ジローがアンジェの葡萄畑の間に建てられた証聖者ジェルマン様とイレール様の両教会へ向かっていた時、食事の支度をすることができなかったので、その給仕がたまたま同行していた。二人が並んで歩いていた時、神の下僕はこの給仕を見、そして首に吊るされた腕を動かしているのを見て、「お前は腕の中に何を持っているのかい。」と聞いた。これに対して彼は、紐を解いて、罹っている病気をジロー様に見せた。それ故、主の下僕はこの患った腕の上で十字を切り、この病人に対して、明日の早朝自分の所へこっそり来るよう命じた。彼がそうすると、そこでキリストの下僕は祈りを捧げながら、再び彼の腕の上で十字を切った。すると忽ち、炭疽は音をたてて割れ、血膿が流れで、腫れと痛みはおさまり、健康な腕が現われ、そのため直ぐに食堂に戻り、彼のすべての業務を遂行できた程であった。それ故、食堂を取り仕切っていたグァリヌスと言う修道士は彼の姿を認めると、彼の病気が彼を苦しめていたのを見ていたので、「ああ、何と馬鹿なことを。お前は病気なのだから、何故休養していないのか。」と言った。これに対して、給仕は健康を取り戻した腕を見せ、如何にして神の下僕ジロー様を介して健康を取り戻したかを語って聞かせた。

28 従って、以上のことが行なわれ、それらによって、奇蹟を起こす力が聖者ジローに備わっていたこと、そして聖者の人間として持つ好みが如何なることにおいても、些かも徳を減じることのないように、慎重な考えによって人間としての性格を避けることを自身で望んだことが理解されるであろう。他方、私たちがこれまで語った幾つかの行為の中で立証されえた如く、そしてむしろこの後で語られる諸例から明らかなように、この方には預言者としての能力が備わっていることも明々白々である。即ち、今預言者と言われる人々が、目の前に存在しないものや主の秘密を見ることが出来たことから、嘗てイスラエル人の間で「見える人」と呼ばれていたことを、私たちは『列王記』の中で読む。そして教皇グレゴリウス[18]は、『エゼキエル書』に関する『説教集』第一巻の中で、予言の霊は預言者たちの能力を、ある時は過去から、またある時は未来から動かすことを証言している。それ故、過去や未来に関して、モーセ[19]、ダビデ[20]、イザヤ[21]の如く、何も語らず、自分の同時代の諸事を、自ら立ち会わなくとも、サムエル[22]やエリシャ[23]の如く、実際に見、そして告げ知らせていたことから、聖者ジローが予言の霊能を有していなかったと信じることは不敬なことである。

29 次に、イングランド王ヘンリ[24]の息子[25]が海を渡っていて遭難し、大勢の男女と共に死んだ時、その夜神の下僕ジローは海から遠く離れたアンジェの町の自身の独房にいたのであるが、彼らの遭難を霊を介して見て知った。そして次の朝、このことを何人かの修友たちに大きな悲しみを表わしながら報告した。

30　同様に、ル・リオン・ダンジェ(26)と呼ばれる城下町にいた時、ボレルス(27)と渾名される騎士がソミュール(28)と呼ばれる城下町で死んだ時、このキリストの下僕は、同じ時刻、霊を介して、この騎士の苦しみの死を見た。即ち、彼と一緒にいた修友たちは何故にいつもよりも悲しんでいるのか尋ねると、ジロー様は長い間そして殊のほか躊躇した後、やっとのことで、「ソミュールで今、ボレルスとあなた方が渾名していた騎士が死にました。そして、主がお示しになったことで、今私は彼の死を知りました。」と彼らに言った。すべての者が驚き、その日と時刻が知らされると、ソミュールから来た人々に恐る恐る尋ねた。そして、尋ねると、彼らはその時刻に主の下僕が自ら同騎士の死を知ったと語ったその時刻に、ボレルスが他界したことを知った。

31　翌年の五月一日、聖者ジローはル・ション(29)と言う所にいたのであるが、そこには多くの労働者が集まって、サン・トバンの修道士たちが新しく礼拝所を建てていた(30)。それ故、その日、ソミュールで年市が開催されていたのであるが、悪魔に唆《そそのか》されて、貪欲と傲慢から、商人の間で大きな争いが発生した。そしてその争いは流血へと発展した。同ソミュール城から三十マイル(31)離れた所にいた神の下僕ジロー様は直ぐに霊能力によってそれを眺め、そして涙を激しく流し始めた。そして大急ぎで礼拝所の祭壇の前へ走って行き、深い溜め息と心の底からの呻き声を発してうつ伏した。それ故、そこに居合わせた修友と石工たちはこれに驚き、かくもの苦痛とかくもの呻き声のために、恐る恐る聖なる人にその訳を尋ね始めた。ジロー様は直ぐに答えて、「皆さん、ソミュールの年市で、悪霊の教唆と扇動によって、非常に大きな騒動が起きました。そして主の憐憫が救助に来なかったならば、この上なく由々しき殺害と建物の破損は甚大なものとなったでしょう。」と彼らに言った。このように話すと、聖者は自身の領民が敵の攪乱から守られるようにと、涙を流して主の慈悲を祈りながら、全力で祈りに没頭した。これに対して、修友と石工たちはこのことを聞くと、少なからず驚き、単に日にちのみならず時刻をも知っていたので、そしてその後、人々に恐る恐る聞いて、神の下僕が語ったその騒動がその日のその時刻に上記の土地で起こったのを知った。しかし、その騒動は武装した者たちの大きな力と破壊を伴って始まったのであるが、聖者の涙と祈りによって、すべての人々が予想したよりも早くそれは鎮まったと、私たちは信じている。

32　同じく、神の下僕ジロー様は教皇ゲラシウス[32]の逝去も知っていた。そして同教皇が亡くなったクリュニー[33]からその死の伝達者がアンジェに来るずっと以前に、何人かの修友たちにそのことを明かしていたのである。

33　別の時にも、神の下僕は独房の中で、昼頃、戸を閉めて『詩篇』を唱えていた。そしてガリウスと言う修道士がそこにやって来て、ジロー様が一心に『詩篇』を唱えているのを聞き、立ち止まった。そして、自分が聖者の迷惑になるのを恐れて、引き返そうと思った。しかし、私たちが言っている如く、戸が閉ざされていたので、もし誰かが中にいたとしても、その人を外からは決して見ることはできなかったにも拘らず、ジロー様はこれを独房から認め、その修道士の名を呼んで、自分の所に来るよう命じたのである。

34　同様、七月二十二日の夜、ヴェズレー[34]で、そこに安置されている聖なるご遺体が全世界の人々によって求められ崇められている聖女マリア・マグダレナのミサが唱えられていた時、神の裁きによって、この教会が火事で焼けてしまった。この火災で、晩課[35]に集まっていた非常に沢山の男、女、子供が死んだ[36]。従って、神の下僕ジロー様は、アンジェの独房にいたのであるが、それが起きた時刻と如何なる罪によってそれが起きたかを、神の発顕によって知った。その頃、ランベールという名の、ヴェズレー出身の修道士は、誠実な生活のために尊敬されていたことは言うまでもないが、ル・マン地方のサン・マルス・ドゥティエ[37]と言う集落に住んでいた。そしてその時、彼はその荘厳さのためから、ジロー様の修道院へこれまで足を運んだことはなく、上記の集落で自分の形式に従って、祝日を祝した後、三日目に自分の教会のことでアンジェの町に来て、その神の下僕と親しい話し合いを持った。神の下僕ジロー様は直ぐに、「祝日の後、あなたの修道院について何か噂を聞きましたか。」と彼に尋ねた。修道士は「いいえ、何も。何故なら祝日にその地方からここに来る人々は、戻ったとしても、まだその地方に入ることは出来ません。その旅程はまる八日間かかりますので。」と答えた。これに対して、ジロー様は直ぐに、「確かなこととして知るがよい。ヴェズレーの教会が、神の裁きを受けて、焼けました。そして、そこで晩課に集まっていた人々の大勢が死にました。」と付言した。これに驚いた修道士は、「ああ、聖者さま。どうしてあなたはこのことを知ったのですか。」と聞いた。ジロー様は「私は主の発顕によって、これをはっきりと知りました。しかし、そこで死んだ死者のために、主の許しを求めるようあなたの修道院に言うがよい。何故なら、彼らの多くは神の慈悲によって救われるであろうから。」と彼に答えた。以上のことを聞くと、修道士はこの話に茫然とし、自分の独房に戻った。そして、見よ、それから少しして、その地方から祝日のために来ていた巡礼者たちがヴェズレーに戻ると、主の下僕が霊力で見た、そして修道士に話したと全く同じことが起きていたと知らせて来た。

35　それ故、私たちはジロー様を預言者の中に加えようとしたとしても、それを誰も不適切とは思わないであろう。何故なら、ジロー様は霊能力によって預言者、現世の蔑視によって使徒、そして肉欲の破壊によって殉教者、敬虔な信仰によって証者、永遠の純潔によって純潔者のそれぞれの仲間となったことは明らかで、それによって何処へ行くにしても、人々は彼の後について行った。

36　それ故、ジロー様のこれ程までの徳性に関する私たちの主張を締め括るために、この方が他の如何なる著名な聖者よりも勝っているとか劣っているとか言うことは不遜であると同様に、天の栄光の共有者としてすべての聖者の仲間であることを否定することも途方もない狂気の沙汰であると、私たちは自信をもって判断することが出来る。他方、この方について私たちが見たり聞いたりした多くのことを割愛することで、私たちは、そうすべき程までには、この方については決して十分には話していないし、また上品でない言葉が読む人々に重荷にならないように、この後はジロー様に関する唯一の奇蹟に限定し、そしてこのようにし、神が助けてくださることで、その生涯の終わりをこの著作の終わりとすることにする。

37　モントルイユ(38)と言う所領に、悪魔に取りつかれた一人の婦人が七日間何も食物をとらず、正気ではなかった。彼女の親族は本当に悲しみ、彼女をサン・トバン修道院に連れて行き、施物分配長に、神の下僕ジローの食事の残りを求めた。親族の信仰心の篤さを確かめた施物分配長、修道士オドワンはこの哀れな婦人に同情し、キリストの下僕の所へ来て、この悪魔に取りつかれた女性に会ってくださるよう懇願し始めた。主の下僕は困惑した顔をして、直に、「兄弟よ、あなたは何を言っているのですか。一体それが私に係ることなのですか。」と答えた。修友は黙った。しかし、彼は食物の残りを自分に分けてもらえないかと尋ねた。この修友はその残りを手に入れると、それをその婦人に与えた。するとどうか。言うのも不思議なことに、彼女はそれまですべての食物を拒絶していたのであるが、忽ち神の下僕の手によって十字が切られ、食物をがつがつ食べ始めた。それから、神の下僕は、修友たちが去った後、こっそりとこの婦人のもとを訪れ、祝福した水を彼女にかけ、祈りをして十字を切った。すると、彼女は悪魔の力、否それよりも悪魔の嫌がらせから解放され、少し落ち着き始めた。日曜日、教会がすっかり健全な状態に戻ると、親族と友に神を讃え、彼女も神を讃え、そして祝福し、元気な身体で家路についた。しかし、私たちは驚嘆に値するジロー様の事績のすべてを語ることは到底できないのであるが、出来るだけ多くの事績について少しでも話したことで十分であり、そして私たちは少しに止めることで真実を明らかにしたこと、そして多くを述べることによって読者を不快にさせることを回避したことで満足している。多いのを好まない人が少ないこと、そして多いのを好む人が少ないのを不快に感じないことも勿論あるが。

38　こうして、聖者ジローは幸福な老後を送り、三十八年間修道生活の規則を遵守したのみならず、更に称賛すべき完徳に満ち溢れ、見事な闘いを遂行し、長い道程を走り終え、信仰を守り、頭に被せられる正義の冠を公正な裁判官が被せるのを穏やかな気持ちで期待していた。その修道院から出て、小さな馬に乗って、ブロッセイと言う荘園を訪れたのであるが、それは聖者が建てた礼拝堂、そして同じく建てた分院(39)を、その頃反旗を翻していたドゥエと呼ばれる城を、投石機を準備し、戦争用の道具を使って、攻囲しようとしていたアンジュー伯フルク五世の軍隊から守るためであった(40)。そこで二、三日止まり、霊を介して、迫り来る事態、即ちご自身が守るために来ていたその分院の傍を軍隊が決して通過しないこと、そして自分自身が間もなく生涯を終えるに違いないことを知った。そこで大急ぎで修道院に戻った。修道院に戻ったその夜、旅の疲れ、過度の寒さ、枷の重み、徹夜の続行、断食によって身体がひどく打ちのめされ、激しい腹痛、更には下痢に苦しめられ、自分の山羊の毛皮の上に起き上がり、そして三週間の間非常に苦しんだと思われる。勿論、主は自分の戦士を試していたのである。そしてこの人物の中に悪しき言葉や怠慢の痕跡が見出されないかと、窯の中の金の如く、病気の火で聖者を苦しめた。ジロー様はイエス・キリストの身体と血でしばしば元気を取り戻した。その口は、預言者と共に、主の賛美を唱えていた。そして、「来たれ、創造主である精霊よ。汝の英知を見よ。」で始まる精霊への賛美歌を昼夜繰り返した。また、聖母マリア、即ち慈悲の母の名をいつも口の中で唱えていた。

39　他方、聖者の修道院の院長、即ちアムラン[41]殿のジロー様に対する配慮は敬虔なものであった。同院長は、殊のほか愛されていたので、聖者を愛し敬っていた。しかし、同修道院のすべての修友たちは、公然と同時に密に、聖者の死がすぐ訪れることを願っていた。それは、彼ら全員が聖者の苦しみと死を悲しんでいたからである。各修友が聖者のもとに、それぞれ可能な時、それぞれが約束していた如く、急いで駆けつけたが、聖者が死ぬ直前、心は愚考と軽率に関する考えで満ち、人間にある如く、信仰からほんの少しではあるが離れていたある修友がジロー様が横になっていた独房に入り、そして一緒に親しく話し始めた。神の下僕は直ぐ彼に向かい、自分と彼以外にこの独房の中には誰もいないことを知ると、「兄弟よ。行って、あなたの考えている事をあなたの院長殿に告白しなさい。そうすれば、あなたは唆しの毒であなたを既に焚きつけている悪魔をあなたから追い出すことができるでしょう。」と言った。その兄弟はそれを聞くと、良心が咎められ、救われるかどうかと混乱して怯えたが、聖者の祈りに助けられ、聖なる告白という解毒剤でもって悪魔の毒を追い出し、そして精神の解放が達成されるや、神の慈悲に感謝を捧げた。

40　おお、聖霊を介して、かくも多くの予見の光で輝いている、そして更に人間の心の見えない部分がその霊的視覚にはっきりと映っている、本当に祝福され、神に愛された心よ。おお、その徳を前にして悪魔は己の欺瞞を隠すことも、邪悪な企てを実行することもできない、そしてすべてにおいて古代の教父たちと聖者より前に生きた教父たちと較べらるべき同位者よ。聖者の言ったこと及び見たことを譫言《うわごと》、戯言《たわごと》に帰す人々は、今この世を去る者が自分が見たことを、慈悲によって人々に語ったこと、そしてその説教によって立ち直った修友たちが証言してきたことによって、むしろ自分の方が譫言を言っていることを悟ることは明白である。勿論、この最期の言葉が正しいことは、聖者のその他の言葉の明白な証明である。

41　確かに、病気の間に身体につけていた鉄の鎖と石や鉛の錘を、死期が近づくと、さすがに外してしまった。しかし聖者は山羊の毛皮にくるまっていたが、羽毛の上ではなく、別の山羊の毛皮の上に横たわっていて、精神は非常にはっきりとしていた。大勢の聖職者、修道院長、修道士、在俗教会人、俗人が聖者のもとを訪れた。彼らはすべてジロー様の殉教者としての長い生涯に茫然とし、そして競ってその祈りに恭しく与ろうと努めた。これに対して、ジロー様は、恰も自分にされるべき必然として死を認めていた。そして、結婚式から戻られる主の到着を徹夜で待っていた。

42　それ故、十一月四日、光り輝く日曜日、敬虔な告白を殊のほか聖なる塗油、聖体拝領、修友全員の祈りに包まれて、晩課が済むと、ジロー様は横たわっていた独房の戸を開けるよう命じ、そして私たちが前で語った幻影と聖母の約束を思い出し、両手を広げて、「天の女主人、慈悲の泉よ。あなたの下僕をあなたの家の中に迎え入れ、私を主のもとにお連れください。」と言って聖母を呼んだ。このような言葉を発すると、肉の鎖から解放され、天へと昇っていった。そして、その時刻、神の下僕は間違いなく、嘗て主の補助者となることを自身に約束していた信仰の母が、自分を主の許へ導く人として見出したことを喜んだ。

43　他方、少しして、この方の遺体が調べられると、悪魔の傲慢を押さえつけていたその勝利の印がその上にはっきりと現われていた。勿論、その顔はある天使のような飾りで輝いていた。遺体のその他の部分は、極度の断食によって著しく痩せ細り、徹夜、錘や鎖の重圧によって、皮膚の下で一つ一つの骨が数えられるまでに消耗し切っていた。それ故、これらの苦しみの印によって、この方の霊が肉体の中に置かれていた間何を行なったか、この方が何を避けていたか、この方が如何にして肉体を拒絶していたか、如何にして永遠の生命を切望していたかが示されている。

44　聖者ジローの死に、この町の尊敬すべき司教とこのいと壮大な修道院が迎え入れられる限りの、かくも大勢の修道士や在俗教会人、修道女、俗人、老若男女が参集した。この町の人々はジロー様の担架を取り巻き、一つ一つの衣類、山羊の毛皮に触れ、その顔に接吻し、喜びに満ちた顔を覆うのが見られた。他方、聖者の兄弟たちの一部は、ある者は担ぎ、またある者はそれに付き従いながら、涙を流して『詩篇』を唱え、そしてすべての者は同じように主におけるこの方の幸福を予測していた。それ故、主の化肉《かにく》の一一二三年、インディクティオ[42]の第二年、上述の日に、父と聖霊と共に生き、神として永遠に統べる我が主イエス・キリストが統治する時、ジロー様は大いなる敬意をもって、サン・トバン修道院の教会の中に埋葬された。アーメン。

彼の墓碑銘

信仰篤く、神の意思が宿るジロー様がこの世を去った。
言葉は謙虚、服装は無頓着、名誉には無関心、平和の宿、十字架の申し子。
すべての死せるものに全く執着せず、天にあるものを賛美した。
悪徳から胸、欺瞞から口を引き離した。
十年間飲み物をとらずに過ごし、そしていつもパンを食べることを禁じた。

聖者の長き空腹、乾き、寒さ、鎖、涙、間断のない祈りが神を自分のものとした。清く貧しく、苦しみの中に輝き、世俗にあって純潔と正しい信仰を貫き、天国を愛し、今それを獲得する。彼の命日は十一月の第四日、その日にかくの如き父は星へと旅立った。

奇蹟譚

1　聖ジロー様の他界の後、この方の徳を広く永く伝えるために、主はその尊敬すべき墓所で非常に多くの奇蹟を起こされた。この方の徳による行為に関して、我々は多くを何度も聞いている。しかし、多くの行為の中から、我々が目撃した少なくない奇蹟をここに公表することに決めた。

2　例えば、すべての医者から見離されたクリスティアンと名乗るある病人は咽喉を恐ろしく腫らし、咽門が広がり、長期間の病気によって身体の他の部分も痩せ細って血の気をなくし、舌の機能も麻痺していたのであるが、健康を回復したいとの願いから、神の人ジローの墓所で、動かなくなってしまっていた手足を大いに難儀して伸ばし、そこで少し眠って目を覚ますと、自分の前に修道士の服を着た、やさしい顔の男が真っ白いパンを手に持って坐っているのを見た。へつらうようにその男と話し、ここへ来た理由が優しく尋ねられ、そこに遺体が眠っていた神の人に身体の健康を心の底から期待していると答えると、その男は喜びの顔をしてパンの一片を、それが天からのパンであるかの如く、その病人に差し出し、それを食べるよう促した。そうしてその男は、霊であったので、病人の目から消えた。それに対して病人は救済のパンを受け取ると、自分の懐に確かに入れ、聖者の棺の中で死ぬために、頭をそれにもたせかけた。再び眠ると、突然表現できないような明かりが教会を照らし、その病人をこの上ない甘い香りで包んだ。その病人は直ぐに目を覚まし、自分が天の光に包まれているのに驚いた。彼は神聖な光に包まれ、大きな喜びを感じて横になっていた床から立ち上がった。そして喜び、感謝を捧げ、歩みを速めて家路につき、自分の不幸を哀れんでくれたお方について妻に順序よく話した。そして再び椅子に坐ると、妻に水を持ってくるよう頼み、聖者が教会で自分に手渡したパンを懐から取り出し、腹が減っていたので、コップの中に少し砕いて入れて食べた。次の夜聖者がベッドで寝ているこの病人に、大きな光の中で、幻影として再び現われ、その身体全体を上手な手つきで触った。目を覚ました病人は、あまりの輝きのためにその顔を見ることができなかった。しかし聖者が、肉をまとって生きていた時、いつも胸に下げて歩いていた十字架が他の如何なるものよりも光り輝いているのを目撃することができた。従って、朝早く聖者の墓所に戻ると、神のご加護により、やがて全身の健康を取り戻した。

3　同じ頃長い間病気で苦しんでいて、医者のどのような治療も役立たなかったサンベール某がベッドに乗せられて、神の下僕ジローの墓所に運ばれてきた。まず、最も痛みを感じていた膝の周りから多くの汗が出てきた。続いて血管が少し温かくなり、神経が元気を取り戻し、生き返った足を伸ばした。それからあまり時間が経たないうちに、民衆が見ている前で、その人は健康になって立ち上がり、自分の足で、他人の手でそこから運ばれてきた故郷へと戻って行った。

4　同じく、五年間悪霊が取りつき、手足のすべての機能を麻痺させ、教会へ入ることを阻止していた、テスキアと呼ばれる婦人が聖者の家に到着するや、忽ち悪魔から解放され、大勢の人々の感嘆の中、手足の俊敏な動きを直ぐに回復させた。その後他の信者たちと一緒に参詣して捧げるロウソクを用意するために、故郷に戻った彼女はそれを買う金を持っていなかったが、天使の服装をした修道士が教会の境内で彼女に会い、最高のロウソクが買えるお金を渡すと、突如消えた。ドゥニエ銀貨[43]一枚を受け取るとその婦人はそれを両替商に見せて、オボル小銀貨[44]三枚を受け取り、それでロウソクを買い、それを聖者の墓所に戻って捧げた。この婦人はアンジェの町でこれらのことを話すと、大勢の人々が知るところとなった。

5　同じ頃、フジュレ[45]出身の女性アニェスは手足の機能を二年間失い、長い難儀の後聖ジロー様の墓所に着くことができた時、彼女は求めていた健康を直ぐに取り戻した。

6　このように、かくも多くの明らかな奇蹟のために修道士たちが鐘を鳴らし、賛美歌「我々は汝、神を讃える。」を喜びに満ちた声で歌っていた時、アンジェの町のサン・マルタン教会のある聖職者は足に癌腫瘍ができて穴が開いていたのであるが、賛美歌を歌う人たちの声を聞くと、可能な限りの力によって、仲間の介護に支えられ、力を発揮していた奇蹟を確かめるために、サン・トバン修道院の教会に入った。するとたちまち、言うも不思議なことに、これまで祈願していた病気の足の健康を同時に獲得することができた。

7　しかし、オサンナと呼ばれる少女は、両方の手が長い間腫れていて、それらを使うことができなかったのであるが、聖者の助けを心の底から祈願すると、天の右手との交換によって、元の健康な状態に戻された。

8　更に同じ日、ジョフロワと言う名の少年が、三年間膝が縮んだままで、不幸な足を棒で支えていた。彼は聖なる人ジローの奇蹟に励まされて、これまで足の代わりに使用していた杖をサン・トバン修道院の教会に後世の人々の想い出として置くと、人々が見ている前で健康になり、喜んで故郷へ自分の足で帰って行った。

9　これと似た奇蹟も語らずにはいられない。即ち、マリアと言う名の婦人がいた。夫が悪魔に唆されて、剣で彼女の脛骨の筋を切ってしまったため、彼女は歩く機能を無くし、三年間家で病んでいた。彼女は奇蹟のかくもの効力を聞き、杖にすがって、持てる力を振り絞って、聖者の墓所に詣でることを遅らさなかった。墓の横で涙を流しながら長い間横たわっていた。すると不思議なことが起こった。即ち、婦人が祈りを終えると、多くの人たちが見ている前で、筋が繋がり膝が整合されて直ぐに立ち上がり、そして間もなく歩を速めて家路につくと同時に引き返し、家に置かれていた花輪を喜んで持ってきて、聖者の想い出のために喜びと真心をもってそれを捧げた。

10　更に、ある漁師のエディゴーヌは両方の手が曲がり腫れあがっていて、長い間魚釣りの仕事ができなかったが、やがて神の人の墓に心をこめて触ると、周囲の人々が見ている前で腫れがひき、痛みが取り除かれて、誠心誠意願っていた両方の手のひらの健康を実現させた。右手が自由に動くようになると、民衆は全員神を讃えるために叫び、喜びのあまり涙して、自分たちの感情を率直に表現した。

11　以上の奇蹟に負けないほど栄光に満ちた奇蹟も、付け加えられるべきだと信じる。かくの如き奇蹟が触れ役によってあちこちに広められると、聖ジロー様の想い出のために大勢の病人たちが集まってきたが、その中にテオファニーと言う名の不幸な少女がいた。彼女の身体は痩せ細り、加えて麻痺していた。医者によって瘻《ろう》(46)と呼ばれる不治の病気によって肉体が完全に消耗し、かすが多くの穴を通してだらだらと流れ出て、彼女を貧血で貧弱にしていた。それ故、ある時彼女は健康を取り戻したいとの希望に駆り立てられると、病気は去り、たちまちにして聖ジロー様の奇蹟によって身体全体の健康を取り戻した。

12 同じ頃、アランビュルジュと言う乙女が大病の難儀に縛られていた。足の裏が膝の方に反っていて、本来の機能を無くしていた。彼女は足代わりに使用していた二つの木で麻痺した足を括り付け、聖ジロー様の墓所に固い信仰をもって詣でた。その墓を心をこめて抱き締め、涙を流して接吻し、証聖者の名前を唱えると、長い間願ってきた完全な健康を直ぐに回復することができた。

13 オダと言う、卑しい身分の出身でない、多くの人々によく知られた、そして誠実な話し方で愛されていたある婦人は身体全体が病気にかかり、長い間衰弱し、死人と同様の不幸な生活を送っていた。咽喉も麻痺し、食道も縛られたようになっていて、同じように食べる機能と食欲も殆ど失っていた。ついに彼女は有益な助言を受けると、馬の背に乗せられた後、従者たちの親切に導かれて、祈るために聖者の墓の前に腹ばいになった。祈りが捧げられて直ぐに、栄光に満ちた聖なる人ジローの奇蹟によって、身体がすっかり元通りになり、感謝を捧げながら床から立ち上がると、数日後に健康な者として家路についた。

14 同じ日、プリマと言う名の少女が曲がった膝の病気とがさがさした右手の不幸に悲しみ、十八年間不幸な生活を送っていた。従って、キリストは膝を元通りにし、右手を治し、キリストの下僕に奇蹟を起こさせて、その名前の称賛と栄光のために、彼女を健康で喜びに満ちた者として故郷に帰らせた。

15 同じ頃、アレクザンドラと言う女性がいた。彼女が乾燥した足で苦しんでいることは多くの人々によって確認されていた。生きている身体に結合してはいたが、死んだものとして使用することができず重荷となっていて、三年間不幸な者としてその足を杖をついて引きずっていた。否、杖なしには歩けなかったのである。それ故、信仰を強くして、彼女は毎日大勢の病人たちが健康を取り戻している、栄光ある証聖者の墓に詣でた。そして、涙を流して祈りながら床に伏した。すると直ぐに、人々が見ている前で、日曜日であったが、主から完全なる健康を獲得し、翌日喜んで自分の故郷へと戻って行った。

16 同じ日、身体が麻痺し、長い間手足の機能を失っていたもう一人の女性が、聖者の墓までベッドに乗せられて信者によって連れてこられた。キリストは自らの下僕の奇蹟を通して、すべての病気を追い払い、彼女を故郷へ戻れるようにした。

17 更に同じ日、我々は顔を知っているが、名前は知らないある少女が、栄光ある聖なる人ジローの奇蹟によって、キリストの称賛のために、大勢の人々の見守る中、そして喜びのあまり泣きだす中、その病気から解放された。

18 同じ頃、ギィビュルジュと言う名の少女が母の胎内にいた時から視力を失っていたのであるが、証聖者の奇蹟を聞き、その墓に連れて行ってもらうことを心から願った。彼女がそこに連れて行かれると、盲目が完全に追い払われ、長い間願っていた光をたちまち取り戻した。そして彼女は喜び、神に感謝し、次の日故郷へ帰っていった。

19 ブリアンスと言う子供は長い間身体が麻痺する病気に罹っていたが、清い心と誠実な信仰によって聖者の墓に触れると、キリストはご自分の下僕にますます奇蹟を起こさせることで、すべての病気を取り除き、完全な健康を回復させた。そして、同じ日彼は母が待つ故郷へ帰って行った。

20 同じ頃、ジョフロワ・ド・バンキオ――バンキオという言葉は病人を意味するが――は、聖者ジローを介して、神の力による救済を獲得した。彼は七年間も腕が折れ、萎びてその機能を失っていた。そして土曜日の証聖者の祝日の徹夜を他の信者たちと一緒に過ごすために、信仰に満ちて到着した。大きな悲しみと呻きの中で、神が彼に好意を示し、以前の健康を回復することができますようにと祈っていると、長い間曲がっていた自分の腕が神の力によって突然伸びるのを見た。同じ時間にその回復した所から大量の血が流れ、居合わせた人々に異常にして栄光に輝く光景を提供した。その時集まった信者の群衆が如何なる賛美を神にしたか、如何なる称賛で証聖者を讃えたかについては、その判断を読者に委ねることにする。

21　特に、あることが我々のところで行なわれた。それは我々が話したこと以上ではないが、明白で広く知られた奇蹟である。これを見なかったり、または如何なる理由によっても忘れることができないし忘れてはならない奇蹟である。ある農村の老人で、シャロンヌ・シュル・ロワール(47)の村に住むエルベールは、夏の日の正午庭で小麦を脱穀していると、悪魔に襲われ、口から泡を出して嘔吐し、高熱を出して震え、三日間舌の機能を無くした。六日間食物を全く摂らないでいると、聖者ジローの墓所に家族によって連れて行かれた。そうすると、キリストは三つの奇蹟を連続して行なった。霊は決して逃げ出さなかったが、舌のもつれが解かれ、その男はあらゆる苦しみから解放された。続いて感謝の行為として、聖なる人オバンの小箱の所へ連れて行かれ、彼を取り囲む修道士と司祭たちに彼の敵、悪魔が彼の後から付いてこないようにと頼んだ。そこで我々が真実を信頼して簡潔に話したこの奇蹟は、自らが話すことによって、アンジェの市民全体に知られるようになった。

22　もし我々が主が自身の下僕、聖者ジローを介して、この教会で毎日行なっている健康回復の奇蹟を記そうと望むならば、非常に浩瀚な本が必要となるであろう。それ故すべての奇蹟を収集することはできないので、また我々が目撃した奇蹟を次々と書くこともできないので、昔と同じような神の力による奇蹟が今日でも頻繁に起きていること、そしてそれらは多くの人々の意識から消え去ってはいけないので、多くの中から後世の人々に役立つものを少しだけ簡潔に文字の記録に委ねることが望ましいと考えた。

23　それ故、夏に祝われる、最初の殉教者エティエンヌ様の祝日(48)、修道士たちが夜の集会で賛美歌を歌っていた時、ブール村(49)に住む身体が麻痺した人が、何年間も身体のすべての機能を奪われ、その他の非常に多くの人々と共に、聖者の墓所で寝ていると、長い間祈願していた健康を回復した。彼と一緒にいた、貴族で彼の領主であったアレルム・ド・シャランセ(50)とその他大勢の老若男女はそれを見て知り、そこで喜びのあまりどんなに涙を流したか、そしてどんなにイエスに感謝をすべきであったかを述べることは、我々の能力を越えている。

24　別の奇蹟。アンジェの町の近くに住む、よく知られた誠実な両親の間に生まれたピエール少年は、生来ではなくて二年間の病気で背中が曲がり、目も空の方へ向けることができなかった。しかし我々は彼が身体を真っすぐ伸ばし、速足で歩き、そして証聖者の奇蹟を、各地から到着する人々に、健康な自分を見せて、広めているのを目撃した。

25　更に、ル・マンから運ばれてきたもう一人の少年は、ノルマンディ公にしてアンジュー伯のアンリ(51)が養子に迎え、手厚く育てさせていたのであるが、聖者の墓所に触れると、その病気から解放された。

26　同じ頃、ル・プレシ・グラモワール(52)のジョフロワと言う名の少年が長い間手足の病気に罹り、彼の母によって役畜に乗せられて聖者の聖遺物へと連れてこられる途中、アンジェの町から四マイル(53)の所まできた時、神の力による救済が自分になされるのを感じた。彼は乗っていた馬から直ぐに下りて速足で歩き、聖者の教会に健康な者として到着した。そして彼が苦しんできたこれまでの病気と、キリストがその下僕ジローの奇蹟を介して与えた新しい健康な身体について信者に語って聞かせた。

27　ブラン・シュル・ロングネ[54]にエルメンガルドと言う名の婦人がいた。彼女が神の人の聖遺物を訪れようと急いで用意をしていた時、まだ目的地からは遠く離れていたのであるが、聖者が深遠から現われて彼女の許を訪れた。彼女が語った通りを話すと、聖者の徹夜の集会に参加するために彼女は実際に家を出たのであるが、同伴していた人々が驚く前で、彼女は長い間失っていた視力を取り戻した。それから道中の同伴者を必要としなくなり、彼女が憧れていた教会に着いた。そこで涙を流して祈り、感謝の行為と共に供物を恭しくお供えし、次の日健康な身体になって喜び勇んで故郷に戻って行った。

28　同じ頃、名前は我々の記憶から去ってしまったのであるが、二人の不幸な婦人が瘻の病気で長い間苦しんでいた。彼女たちは一週間連続で教会を叫びで満たし、我々の内臓を哀れな泣き声で揺り動かした。そこで慈悲の父であるキリストは彼女たちの哀れさと我々の同情のために、彼女たちに健康を授けて、この状態を終わらせた。

29　同じ頃、別の少女はその長い盲目の期間から、我々の町のすべての人々によって知られていたのであるが、神の下僕の墓所で涙と祈りで徹夜し、数日が過ぎると古い闇が取り払われ、たちまちにして巡礼者は光を取り戻したのである。

30　我々は次のことも忘れてはならないと考えた。それは尊敬すべき人たちの話から知ったことだと思う。キリストの女下僕で、アンジェの町の囲壁の外に位置する、永遠の処女、聖母マリア修道院[55]の院長テオファニー[56]は宗教的贈り物で神の聖者を讃えることを切望していた。何故ならば、この聖者はそれまで在俗聖職者の服で生活しており、聖なる泉でそれを洗濯していた。それ故、彼女が彼に与えるために用意していたロウソクを、いつものように、教会の仕事に忙殺されて、運ぶのが遅れていた時、彼女の下僕で、信頼できるボゾゴンの前に、ある夜聖者ジローが幻視として現われて、「さあ、兄弟よ。立ち上がって、出来るだけ早くお前の主人のところへ行き、彼女が私に与えるべきものとして切望していた贈り物をこれ以上遅らせるなと言いなさい。」と言った。これらのことが言い終わると、ボゾゴンは目を覚まし、修道院長が証聖者に約束していたが、彼女が殆ど忘れていたので、彼女の許へ駆けて行き、聖者が自分に言ったことを涙を流しながら明かした。これに対して、修道院長は物語る人の言葉を聞きくや、自分の約束を思い出し、自分の怠慢を責め、祈願を実行するために急いでやってき、既に証聖者に約束していたロウソクを恭しく心を込めてお供えした。

31　レンヌ地方[57]に住む若者エルヴェは約十年間も萎えた腕を抱え、健康を回復する希望から多くの聖地を回ったが、それまで自分の苦労の成果をまだ受け取ってはいなかった。そして日曜日に当たっていた聖ロランの祝日の前日、他の信者と共に敬虔と誠実な気持ちで、聖なる父ジローの墓所を訪れた。そして聖者が生きている間、信仰のためにそれを自身の肩に付けていた鉄を萎えた腕に心を込めて当てるよう促された。勧められた通りにすると、証聖者の徳によって、すべての人々がキリストを讃えて喝采する中、長い間希求されていた健康をその時獲得した。

32　更に同じ日、一方はシャリニェ村[58]のドロゴ、他方はフロマンティエール村[59]の二人の聾唖の若者が清い信仰心からいと敬虔なる証聖者の墓に接吻すると、自然がそれまで彼らに拒否してきた舌と耳の機能を、聖者の徳によって、同時に回復することができた。同じ日シュヴィレ・ル・ルージュ村[60]のイルドガルドという婦人が、上記の二人の若者と同じ不幸に苦しんでいたのであるが、彼らと一緒にキリストから同じ恩寵を受け取った。

33　同じく、ル・ルルー[61]の若者アンドレは盲目の闇の中で七年間を過ごしたが、母に連れられて証聖者の墓に到着するや、聖者ロランのミサの最中に周りの人々が見ている前で、暗闇が取り除かれ、彼の生みの親の腕に抱かれた状態で、知らなかった光を見ることができた。

34　同じ日、プアンセ[62]という城所在地の婦人アイガは硬直した腕の病気で五年間も苦しんでいたが、いと敬虔な父の徳によって、従前の健康な状態へ戻された。

35　またドムレ[63]の少女、イルドガルドも同じ病気で苦しんでいたのであるが、同じ日、キリストがその下僕ジローの名誉のために、彼女をその病気から解放した。

36　同じ日、サン・クレマン・ド・ラ・プラス村[64]のフルクという名の男の子が長い間病気の足を杖に括りつけて歩いていたが、聖者の墓に触れるや、すべての苦痛がなくなり、そして彼と一緒に、手の機能をなくしていた別の少年も健康を回復し、立ち去った。

37　同じく、ドムレ[65]のジャンと呼ばれる少年は、長い間腕の血管が詰まる病気に苦しめられ、そのため腐敗によって肉がなくなったのみならず、虫によって囓られた骨が中から空洞化していた。数日間彼は聖なる人ジローの墓の傍で寝、そして主イエスに自分を哀れんでくれるよう終日呻吟しながら祈ると、死に至る病気が取り除かれ、聖者の力によって、従前の健康な状態に完全に戻り、人々に大きな喜び、我々に一層大きな喜び、そして家族の者に最高の喜びをもたらした。

38　更に、ここで証聖者の徳が称賛され、広く知られなければならない。この場にいる、即ち彼の墓の傍にいる人々と同様、そこにいない病人、そこから遠くにいる病人も、固い信仰を持っているならば、その方はキリストの恩寵を通して治してやった。このことが確認されるために、一つや二つでなく非常に多くのことが公衆の前に明らかにされている。トゥアルセ(66)の近くにあるフェイ村(67)の少年ガランは癩病と身体全体の病気で苦しんでいた。更に、同じ頃、ラ・ロエ村(68)の少女エルメンガルドも、短気な母の罵りと神の計り知れない裁きによって、手が硬直する罰を受けていた。それ故、これら二人のために彼らの両親と親戚の人々が信仰心から祈願し、二人を聖者の墓に連れていった時、まだ墓からは遠かったが、長い間願っていた健康を聖者ジローを通してキリストから受け取り喜んだ。

39　同じ頃、サブレ(69)の城下に金持ちで広く知られた婦人がいた。しかし彼女の名前は私の記憶から逃げてしまったが、手のひらが硬直する不幸に苦しんでいた。更に彼女は、キリストがその下僕を介して行なう奇蹟の評判を聞くと、ある晩ベッドに横になり、次の日証聖者の徹夜のミサに相応しい供物をもって馳せ参じたいとの願いをたて、直ぐに眠り込んだ。しかし目を覚ますや、恰も彼女が手の中にそれまで如何なる病気も持っていなかったように、かくも敏速に手が元どおりになっているのを発見した。そこで朝になると、願いを果たすべく、聖者の墓を訪れた。そして彼女は涙を流しながら祈りを捧げ、慣例に従って供物を供え、喜びのうちに健康な身体で故郷へ帰って行った。

40　更に、デュルタル(70)城管区内のル・プレシ・フリルー(71)にオサが住んでいた。彼女は長い間全身の病気で苦しんでいた。しかし、彼女は大いなる奇蹟の力に関する評判を聞き、聖者の墓へ、健康の恩寵を授けてもらうために、自分の足では来ることができなかったので、自分のために車を用意させた。彼女がその車に乗ろうとした時、神の力によって救済が訪れたことを感じた。そこで車を残して、早速速足で聖なる人ジローの墓へ供物を持って喜び顔で出かけた。そして神が証聖者の徳によって彼女に授けた健康を、周りの人々に順序正しく話して聞かせた。

41　ラ・ポソニエール村(72)の少年ジョフロワは同じ頃同じ病気に罹っていたが、聖者の執り成しによって、それから即座に解放された。

42　これからお話しすることはこの上なく不思議なことである。それらの偉大で不思議なことは我々の競走相手には信じられないが、信用できないことでも不可能なことでもないと我々は言うであろう。そして特に信仰ある人にとっては、すべては可能なことである。多くの病人は、我々が真に理解しているように、色々な苦しみを持ち、色々な遠い所に住んでいるが、神が聖者ジローを介してお治しになった人々に触れて、確信と戸惑うことなく、それまでの病気が取り除かれ、すべての人々が必要であった健康の恩寵を、聖なる人ジローの奇蹟によって獲得できたことを喜んだ。そこで彼らはこの方の墓へ急行し、祈願をその通り果たし、そして我々が割愛してしまったより多くのことを、相応しい証人を伴って、嫉妬する人や呪われた人に相手を傷つける材料を提供するためではなくて、敬虔な心に基づく誠実な感情から我々に知ってもらおうと努めた。

43　同じ頃、サブレ(73)の城下に住むエルメンガルドと言う女性が腕の骨が折れ、硬直する不幸に五年間苦しんでいたが、聖ジローに奇蹟の題材を提供した。実際一月の間毎晩聖者の墓の傍でさめざめと泣き呻吟しながら徹夜を続けていると、神の恩寵が訪れた。何故なら彼女の腕の骨が再びくっつき、血管は血で満ち、神経が回復し、一月後に元通りになり、使用に際しては他の部分より脆くはなくなり、身体に必要なものを処理した。

44　更に同じ頃、パンセ・シュル・サルト村(74)のある男の子が同じ不幸に遭っていたのであるが、同様の恩寵を神から頂くことができた。

45　しかし、モントルヴォ[75]城下、サン・マルタン・ド・ショドロン[76]小教区に住むメノルドという少女は、夏のある夜、収穫した人たちと一緒に中庭で休息していると、突然最も嫌悪すべき霊が武装した戦士の姿を借りて自分の上を駆け回り、激しく圧迫するのを目撃した。その恐るべき光景に驚き、殆ど意識を失い、同時に話す機能もなくしてしまった。他方三週間程してから、聖者の墓に家族に連れて行ってもらった。キリストを讃えていると、やがてその下僕ジローの口が現われた。それは神の許しを得て、悪魔の恐ろしい姿を封じ込めるためであった。そして我々は、これは神の御業が聖者ジローを介して発現されるために起こったと考える。

46　その他、もし嫉妬深い誰かが悪魔に魅了されるか、修道院の生活に反対して我々に敵対して蜂起し、そしてあってはならないことであるが、神を冒瀆する言葉で喋ることをしたならば、これ程多くの偉大な奇蹟が短期間のうちに、これまで評判が低いかまったくなかった、一人の小さな人間の徳を通じて、行なわれることはありえないことである。主が「わたしを信じる者はわたしが行なう業を行ない、また、もっと大きな業を行なうようになる。」（ヨハネ、14・12）と言っているのを思いだせ。それ故主がその下僕の徳を公にすべく多くの奇蹟を行なうことは信じられないことではない。至福の人は主の信義と恩寵を決して無において受け取ることはなく、栄光に満ちた徳によって確信をもって主を飾り立ててきた。そしてその人は永遠の純潔――それに関して、神の命令を持っていると使徒は決して主張していないかもしれないが――の支持者であって擁護者でもあり、単に身体においてのみならず精神においても死に至るまで、完全で清純であり続けた。更に、「わたしについて来たい者は自分を捨て、自分の十字架を背負って、私に従いなさい。」（マタイ、16・24、ルカ、9・23）という贖《あがな》い主の言葉を勇気を持って実践した。勿論、シモンのように負担としてでなく、キリストのように自分の意思で十字架を担ぎ、許されないものはすべて小さい時から徹底的に排除し、幾つかの許されたものも自らの意思で遠ざけ、正しい道を最後まで進み、キリストから褒賞を頂くまで、主の道程から決して外れなかった。そこで、我々は健康の贈り物へ戻ることにする。

47　二人の少女がいた。一人はスゼイ・シャンピニ村(77)のレトガルド、他の一人はパサヴァン城下(78)の少女であった。すべてを造られたお方は同じ日に、聾唖の二人を自身の下僕の名誉において聞こえ話せるようにさせた。そのため各地から証聖者の墓にやって来ていた人々がどのようにして創造主を讃えたかについて、それを全部語り尽くすことは誰にもできないであろう。

48　同じ日、ブリサック城下(79)に住むギヨームという名の子供は、背骨に歪な瘤《こぶ》ができて背中全体を圧迫していたのであるが、主が哀れんで訪れてやった。何故なら、母の胎内にいる時から全身が曲がっていたのであるが、瘤が取り除かれ、自然がこれまで彼に拒んできた美しい体型をたちまちにして回復したのである。その子が聖者ジローを通して新しく蘇り立ち上がると、人々は喜びのあまり泣き感謝を捧げた。

49　次の日、同じく、ガティヌ村(80)のジャンヌと呼ばれる少女は二年間硬直した身体に苦しめられ、手と膝の機能は足を使って代用されていた。やがて、サン・トバン教会に清い心と真実の信仰をもって入った時、群衆に囲まれた中で、突如長い間願っていた健康の贈り物を聖なる人ジローを通して授けられて大喜びした。

50　同じ日ラ・フレーシュ(81)城下のベルナールという子供が同じ不幸で十年間も苦しんでいたが、神の恩寵により同様の贈り物を授けられて喜んだ。

51　多くの信者が知っていると確信することを割愛すべきでないと、我々は判断した。ある幼児が膀胱の病気で胆石になった。この子は母親によって健康を回復する願いから、聖者の墓へ連れて行かれた。その晩ずっと激しい痛みに襲われて一睡もできなく、ただ死の到来を待っていた。しかし朝になり、排尿する行為が近づいた。母はそれを知ったので、子供の小さなペニスに手を添えた。すると豆のような結石が飛び出した後、尿が続いた。その石を拾いあげ、悲泣を喜びに、涙を賛美にかえ、直ぐに元気になった子供を連れて家路についた。

52　二、三日経ってから、ナント[82]地方にあるアンスニ[83]城下のジュナルガンドと言う少女は揺りかごの時から目の光を奪われていたが、証聖者の墓に接吻した後、古くからの闇が取り除かれ、そこに居合わせた多くの人々の前で、神の加護の下に、この上なく明るい視力をその場で取り戻したのである。

53　更に時が流れ、二人の子供、一人はゲルシュ[84]城下のピエールといい、他の一人はアンジューの小村ソトレ[85]のギヨームと言った。二人とも汚れた霊の敵意によってひどく悩まされ、激しく歯軋りをしていた。そして彼ら自身と二人に近寄る人たちすべてを攻撃して苦しめていた。そのため彼らは綱で縛られて、殆ど正気を失って、聖者の遺体が崇められている場所に大変苦労して連れて行かれた。彼らは数日間そこに止まっていたが、主が哀れみ給い、聖者ジローが仲立ちとなって、悪霊の狂暴から解き放たれ、正気を取り戻し、健康な身体で故郷へ戻って行った。

54　同じ頃、一人はブリアンソン[86]城下のロベール、一人はレ・フルー[87]のジョフロワと呼ばれていたが、これら二人の鍛冶屋はずっと前から腕が萎び手が曲がったため、長い間仕方なく無為の生活を強いられていた。それ故二人は祈りと誓いによって神の人の墓で数日間眠らずに過ごすと、二年間祈願していた健康を同時に取り戻したのである。

55　大勢の人々の前で起こった次のことも、語らないわけにはいかないと判断する。アンジェの町に住むある婦人の娘は火のような高熱にうなされ、そして沸き立つ湯気の高熱が少女の心と身体を非常に消耗させていて、彼女には生きる希望は残っておらず、絶望がその度をまして襲っていた。他に何ができると言うのか。医者の治療は遠ざかり、唯一の悲しみとして母の手許に残されていた。母親はすべての望みを聖者に託し、殆ど死んだも同然の少女の身体を抱き上げた。息絶えた死体のために墓を用意するようにと多くの人々から忠告された時、信仰に満ち、殆ど死んだも同然の娘の手足を神の人の墓の前に涙を流し、嘆きながら運んだ。そこで祈りと供物が捧げられると、忽ち少女からすべての苦痛が逃げ出し、身体全体の健康を、聖者ジローの仲立ちで、直ぐに取り戻したことを喜んだ。

56　これと似た奇蹟も語らないわけにはいかない。同じ日ポン・ド・セ(88)に住む別の婦人が自分の赤ん坊に死の危機が近づいて望みがなくなったことを悲しんでいた。その赤ん坊が孤独な死を待ち、母は聖者の墓について考えていた時、信者から赤ん坊をその墓に捧げるために運んではと忠告された。彼女はそうすると、赤ん坊は健康を取り戻し、母は子供と一緒に喜んで故郷へ戻って行った。

57　我々は我々が見たり聞いたりした奇蹟のなかで多くを割愛したが、それは読者に厭気を起こさせないためであった。しかし我々が書いた奇蹟は、我々がお話ししているこの聖者の尊敬すべき墓の傍で、なんと頻繁に大勢の弱い人々の病気が治されたかと言うことを神の前で証明している。何故なら、生まれた時から目が見えない人にも途中で失明した人にも、盲人に光が取り戻され、耳の聞こえない人の役立たずの耳からは無感覚が逃げ去り、自らの感覚を使用することが許され、病気や障害を受けた手と足は望み通りの機能が取り戻され、麻痺した人は治り、硬直した皮膚は元どおりになり、悪魔に取りつかれた人は悪魔から解放された。しかし何故我々は一つ一つにこだわるのか。それは健康な人を数え上げるのは病気の人を数え上げる余裕がある者で、薬について話すのは病気についての話ができる者たちであるから。もし我々がすべてをそれらがどのようなものであれ、不幸に苦しむ者が信仰に満ちた心でその墓に詣で、〔後欠落〕

58　同じ頃アンジェの市民、ギィ某は悪魔に捕らえられ、ひどく苦しんでいた。彼の不幸に近所の人々と友人たちが同情し、背中の後ろで手をくくり、途中激しく歯軋りをしたり、同行者を攻撃して困らせたりして、やっとのことで聖者ジローの墓の前に連れて行った。数日間彼をそこで捕まえて見張っていると、秋に行なわれていた聖者オバンのミサの最中に、悪魔が逃げていくと同時に、悪魔に取りつかれた男は生気と身体の活動を取り戻した。

59　同じ日、修道士の衣服を洗濯していたイルドガルドはテーブルから立ち上がったとき、無言の悪魔に襲われた。その悪魔は彼女を激しく苦しめ、口がきけなくそして気違いにした。これを見ていた彼女の仲間たちは泣き悲しみ、神の下僕ジローの墓に彼女を供物と共に捧げた。やがてその女性は低い声で救世主の名前を唱え始めた。そしてかろうじて話せる人にできたように、聖ジローの御業をささやくように切望し始めた。そしてその夜彼女は周りの人たちに「私にはジロー様が見える。しかしまだ遠くにおられる。」と言った。次の日、即ち、使徒シモンとユダの徹夜のミサの最中、彼女は悪魔の攻撃から解放され、身体と精神の健康を取り戻し、神の栄光を讃え、その下僕の誉れを高めるための材料をアンジェの町全体に明白な形で見せた。

60　同じ頃、サブレ(89)城下に住む若者ギヨームはずっと以前から腕が硬直し、全くそれを使うことができなかったが、神の力でその腕を治してもらい、証聖者の徳を広く遠くまで宣伝した。

61　ほぼ同じ頃、ル・マン地方[90]のジョフロワは水腫という病気で長い間苦しんでいた。彼は自分の財産のすべてを医者に注ぎ込んだが、何も効果はなかった。そこで耳寄りな情報を得て、篤い信仰心をもって、聖なる人ジローの救済を身を低くして切望し、それを実現した。そしてこの偉大な医者の力をル・マンの周辺に住む人々に喜んで語った。それから時が経ち、サン・ジュアン・ド・マルヌ[91]の修道士アルベールは誠実で信仰の篤い人であったが、腕が硬直する不幸に見舞われた。彼は奇蹟の力の話を聞き、証聖者の墓に詣で、神の人が信仰のために生きている間自分の首に付けていた軽くはない鉄の輪と重しの大きな石が病んだ腕に触れるよう心から頼んだ。それがなされ、腕が聖遺物に触れるや、彼はたちまち救済を得ることができた。

62　更に、アンジェの町の囲壁の近くに位置する、トゥサン律修参事会教会[92]のある参事会員は、栄光に満ちた証聖者の力によって同じ不幸から解放された。

63　聖者ジローの祝祭日にサン・フロラン・ル・ヴィエイユ[93]の若者ピエールが、長い間持っていなかった耳の機能を取り戻すことができた。また同じ聖ジローの祝祭日の時、ル・マン地方のボモン・シュル・サルト城下[94]の婦人、スザンヌは貴族で信仰が篤く、小さい時から耳が聞こえない病気に苦しんでいたが、同じ恩寵を授けられた。

64　ヴェルン村[95]のフロジェは長い間身体麻痺の病気に苦しんでいた。彼は家族の者たちによって聖者の墓に運ばれていく途中、そこからまだ遠く離れた途中で神の恩寵に与り、完全な身体に戻った。それから数日が経ち、上記の父の聖なるミサにおいて、その墓の傍で平伏して信仰に満ちた心で祈っていると、彼の知的な目が開き、その後彼自身が多くの信者に素朴な気持ちで語った如く、彼が平伏していたその墓が開くのを見たのである。彼がその閉じられた場所に入ろうとした時、何回も戸の開いた墓へ入ろうとしたが出来なかった。神の命令に阻まれて、石が邪魔をして入れなかったのである。
65　同じ頃、ノワイヤン(96)のピエールという別の身体麻痺者は身体全体の力が抜けてしまっていて、その城下町を手と足で這い、信者の善意によって支えられていた。彼は、主が自身の下僕ジローを介して行なっている奇蹟の評判を聞きつけ、神への信仰心を強く確信すると、とにかく不幸な手足を締め付ける二本の杖を執ると、ただ信仰を友に、神の人の墓へ行こうと努めた。彼がいた施療院からアンジェの町まで十六の宿泊地があり(97)、他の人々が二日かかって途中大した苦労なく進んでいたのであるが、彼はその道程をはらはらさせながら進み、ついに聖者の墓に予想より少し早く到着した。そしてそこで三晩祈りと誓いを捧げて徹夜していると、不幸が全身から取り除かれ、健康な身体で喜びながら故郷へ歩いて戻った。
66　モントルヴォ(98)出身の男ジャルノゴヴは手と足の機能を長い間失っていたのであるが、三週間敬虔な気持ちでそこで過ごしていると、長い間祈願していた健康を聖者ジローの支援をえて取り戻し、健康な身体で故郷へ帰った。
67　ディナン(99)城下町出身の少年ジョフロワは無事アンジェの町に到着した。しかし、そこで数日間人間としての行動で身体の機能が全く使えないほどの病気に罹り弱り始めた。肉体は死んだも同然で、強い精神でやっと息をしていた。このような病気に罹った人はサン・トバン教会に運ばれたが病状が悪化し、持っていた小銭が自分の墓のために配られた。そして彼の世話をするのを見ていた人たちはただ彼の死を待っていた。その後到着する人々の群れが押し寄せてきて、彼は教会の柱廊玄関に放置された。そしてそこで完全に息絶えたと思われた瞬間、突然思いがけない健康を授けられた。
68　ほぼ同じ頃、主の生誕日前の土曜日、ある婦人がブリオン村(100)の自分の家で仕事をしていた時、神の見えない裁きによって舌にひどい潰瘍ができて倒れた。彼女はそれに激しく苦しめられ、声に出しては言えなかったが、聖者の助けを心から切望した。すると直ぐに聖者に身を捧げ、家を出て誓いを果たそうと急いでいると、死をもたらす病気は逃げ去り、健康を回復し、アンジェの町に来ると、聖者の墓の前で祈っているすべての町の人々に事の次第を順序立てて話した。

69　シャロンヌ・シュル・ロワール村[101]でルノー・ビデルという男が長い間病気で苦しんでいた。彼は他の多くの人々と同様に、健康を回復したいとの願望から、聖者の墓を訪れた。そこで平伏して祈り、自分の頭を石棺の上にそびえていた石の柱の間に純粋な心でのせるや、その墓から非常に心地よい香りが出ているのを感じた。更に、彼は如何なる香りよりも勝った香りのよい煙りの固まりのようなものが墓の中から外に出ているのを目撃した。彼はその芳しい香りを身体に受けるや、聖者の力によって、身体全体の健康と精神の活発さを獲得することができた。そこで自分の家に戻り、自分が見てきたことを司祭に一部始終話すと、その司祭によって激しく非難された。それは彼がこのような栄光ある輝かしい奇蹟をその修道院の修道士たちに話していなかったためである。直ぐに思慮ある人々の叱責によって反省し、聖者の墓に戻って、自分に起こったことを修道士たちと信者に話した。

70　リル・ブシャール[102]にジョフロワ・トレルという信仰篤い老人がいた。彼は祈りをするため、スペインにある聖ヤコブの礼拝堂[103]へ同じ敬虔な大勢の人々と一緒に訪れた。その巡礼をこの上なく敬虔な気持ちで終え、自分の故郷へ戻っていると、彼の二本の腕が酷使と異常な寒さによって非常に固くなってしまった。そのため手を背中にもっていくことも、手で十字を切ることも出来なくなった。彼の不幸に同情した同行者たちは多くの不幸な人々がその慈悲を体験していた聖ジローの助けを、信仰を固めてお願いするよう忠告した。彼は言われたことを涙を流してその通りに実行し、証聖者に心をこめて自分を捧げると、やがて血管が温かくなり、神経が生き返り、両方の腕は長い間失っていた機能を回復した。

71　ナント地方のオラトワール(104)と呼ばれる村にフロジェという若者がいたが、彼はひどい赤痢に罹り一年間回復の希望もなく苦しんでいた。そこで彼は自然の体液が腐敗し、その後激しい痛みを伴ってそれが流出し、死が間近に迫っていた時、主がその下僕ジローの徳を見せるために行なった奇蹟の評判が広く伝わっているのに気を取り直し、アンジェの町に行って、聖者の墓の前で健康を回復するとの確信をもって平伏した。二晩心を砕き、気持ちを卑しくして徹夜した結果、聖者の仲介によって、それまでの健康を取り戻すことができた。

72　次の奇蹟も見落とすことはできない。その時主は主の御公現の八日にその聖者を栄光で讃えることを望まれた。アンジェの町にルノーという一人の聖職者がいた。彼は有名で誠実な両親から生まれたのであるが、重い病気を患ってベッドに倒れた。彼は二年間殆ど食事をとらず、声も感覚もなく、ただ死を待っていた時、彼の母親は認められた医者ジロー様の、多くの人々が既に体験した救済の解毒剤にすべてを託し、信仰のために持って行っていた麻ひもを聖者の墓に巻きつけ、そして好意を得るために、その墓の回りにある埃を集めた。そして半死状態の息子の所へ急いで戻った。彼の口を聖なる埃でこすり、聖者の墓に巻いた麻ひもを彼の首から下げると、忽ちその子供は目を開け、そして鼻から血を流し、舌の拘束も解かれ、傍にいる人たちに話し掛け、涙に濡れた母親をやさしく慰め、食事を用意してくれるよう頼んだ。これ以上何が必要であろうか。直ぐに自分の死の深淵から解かれたように立ち上がり、そして両親と共にその助けによって死の危険を脱することができた時、感謝を捧げるために、証聖者の墓に健康な身体で急いで行き、厳かに供物を捧げると、一層健康に、否最高に健康になって故郷へ帰って行った。

註

（1）Château-Gontier, dép. Mayenne, ch.-l. de l'ar.
（2）サン・トバン修道院長、在位一〇八一－一一〇九年。
（3）モントルイユ・ベレイ城主を指す。
（4）Brossay, dép. Maine-et-Loire, ar. Saumur, cant. Montreuil-Bellay,
（5）一〇九七年の出来事。Cf. B. de Broussillon et E. Lelong, *Cartulaire de l'abbaye de Saint-Aubin d'Angers*, 3 vol., Angers, 1903, 1, p. 168-169 (n° 140).
（6）cilicium. 山羊の毛で作られた織物。
（7）午前六時。
（8）tunica. 古代ローマ・ギリシアの袖つき、または袖なしの長い下着。
（9）Doué, dép. Maine-et-Loire, ar. Saumur, ch.-l. de cant.
（10）モントルイユ・ベレイ城主を指す。
（11）Sermaise, dép. Maine-et-Loire, ar. Angers, cant. Seiches-sur-Loir.
（12）Saint-Laurent. 詳細不詳。
（13）口峡炎。
（14）Notre-Dame de la Charité ou le Ronceray.
（15）Trelazé, dép. Maine-et-Loire, ar. Angers.
（16）日没後の聖務。
（17）Chartrené, dép. Maine-et-Loire, ar. Saumur, cant. Baugé.

(18) Gregorius. 一世（大教皇、聖者）、在位五九〇－六〇四年。
(19) 『旧約聖書』などに登場する古代イスラエルの預言者、民族指導者。
(20) 古代イスラエルの王（在位 前一〇〇〇年－前九六一年頃）。
(21) 『旧約聖書』に登場する預言者、民族指導者。
(22) 『旧約聖書』に登場する預言者、民族指導者。
(23) 『旧約聖書』に登場する預言者、民族指導者。
(24) Henry. 一世、在位一一〇〇－一一三五年。
(25) 最初の妃マティルダとの間にできたウィリアム二世のことで、一一二〇年ホワイトシップでの船の遭難事故で亡くなっている。
(26) Le Lion-d'Angers, dép. Maine-et-Loire, ar. Segré, ch.-l. de cant.
(27) Borrellus. この語には馬の胸鞅《むながい》、馬具職人、死刑執行人などの意味がある。
(28) Saumur, dép. Maine-et-Loire, ch.-l. de l'ar.
(29) Le Chillon, dép. Maine-et-Loire, ar. Angers, cant. et cne Louroux-Béconnaise.
(30) 一一二一年の出来事。
(31) 約四十五キロ。
(32) Gelasius. 二世、在位一一一八－一一一九年。
(33) Cluny. 九一〇年にアキテーヌ公ギヨーム一世によって南フランスに建立。中世盛期に本院だけで三百人以上の修道士を抱え、ヨーロッパ全土に千二百を超える支院を有した超大修道院。
(34) Vézelay, dép. Yonne, ar. Avallon, ch.-l. de cant. フランス中部の都市で、キリスト教の三大聖地の一つ、スペイン北西端のサンティアゴ・デ・コンポステーラへの巡礼路の起点となっていた。
(35) 日没時の聖務。
(36) 一一二〇年七月二十五日に千百二十七人の犠牲者を出した大火災のこと。
(37) Saint-Mars d'Outillé, dép. Sarthe, ar. Le Mans, cant. Ecomoy.

（38） 上記のモントルイユ・ベレイ、または Montreuil-sur-Maine, dép. Maine-et-Loire, ar. Segré, cant. Le Lion d'Angers を指す。
（39） 一一〇九年の出来事。
（40） 一一二三年の出来事。
（41） Hamelin. 在位一一一八－一一二七年。
（42） Indictio. 十五年を単位とする会計年度。ローマ皇帝コンスタンティヌスによって三一三年から年表記の一つとして用いられるようになり、この慣習は今日でもローマ教皇教書において見ることができる。
（43） 本書第三話、奇蹟譚2、註（83）参照。
（44） obolus. 通常は、一デナリウスの半額。
（45） Fougeré, dép. Maine-et-Loire, ar. Saumur, cant. Baugé.
（46） 癩病の類。
（47） Chalonnes-sur-Loire, dép. Maine-et-Loire, ar. Angers, ch.-l. de cant.
（48） この聖者の祝祭日には十二月二十六日と、その遺骸奉遷を記念した八月二日の二つがあるが、ここでは後者を指している。
（49） Bourg, dép. Maine-et-Loire, ar. Angers, cant. Tiercé, cne Briollay.
（50） Charancé, dép. Maine-et-Loire, ar. Angers, cant. Tiercé, cne Soulaire-et-Bourg.
（51） Henri. 二世（一一三三－一一八九年）。メーヌ伯でもあり、一一五四年からはイングランド王になる。
（52） Le Plessis-Grammoire, dép. Maine-et-Loire, ar. Angers, cant. Angers 2e.
（53） mille. 一ローマ・マイルは千四百七十二メートル。
（54） Brain-sur-Longuenée, dép. Maine-et-Loire, ar. Segré, cant. Le Lion d'Angers.
（55） ノートル・ダム・ド・ラ・シャリテ Notre-Dame de la Charité 修道院、後にル・ロンスレイ Le Ronceray 修道院と呼ばれるようになる。
（56） Théophanie. 編者は彼女の在職年を一一三二－一一四二年としているが、それは正しくない。この修道院の文書集からは、少なくとも一一五〇－一一五四年の在職を確認することができる。因みに、彼女の前任者は一一四五年の文書、後任者は一一六〇年の文書に登場している。

（57）Rennes. フランス北西部、イル・エ・ヴィレンヌ Ille-et-Vilaine 県の県庁所在地。

（58）Chaligné, dép. Maine-et-Loire, ar. Saumur, cant. Vihiers, cne Aubigné.

（59）Fromentières, dép. Mainee-et-Loire, ar. Angers, cant. Seiches-sur-le Loir, cne Bauné.

（60）Cheviré-le-Rouge, dép. Maine-et-Loire, ar. Saumur, cant. Baugé.

（61）Le Louroux, dép. Maine-et-Loire, ar. Saumur, cant. Longué-Jumelles, cne Vernantes.

（62）Pouancé, dép. Maine-et-Loire, ar. Saumur, ch.-l. de cant.

（63）Daumeray, dép. Maine-et-Loire, ar. Angers, cant. Durtal.

（64）Saint-Clément-de-la-Place, dép. Maine-et-Loire, ar. Angers, cant. Le Louroux-Béconnais.

（65）前出註（63）参照。

（66）Thouarcé, dép. Maine-et-Loire, ar. Angers, ch.-l. cant. 前出註（59）参照。

（67）Faye, dép. Maine-et-Loire, ar. Angers, cant. Thouarcé.

（68）La Roë, dép. Maine-et-Loire, ar. Angers, cant. Angers, cne Seiche-sur-Loir.

（69）Sablé-sur-Sarthe, dép. Sarthe, ar. La Flèche, ch.-l. cant.

（70）Durtal, dép. Maine-et-Loire, ar. Angers, ch.-l. cant.

（71）Le Plessis-Friloux, dép. Maine-et-Loire, ar. Segré, cant. Segré, cne Sainte Gemmes-d’Andigne.

（72）La Possonnière, dép. Maine-et-Loire, ar. Angers, cant. Saint-Georges-sur-Loire.

（73）前出註（69）参照。

（74）Pincé-sur-Sarthe, dép. Sarthe, ar. La Flèche, cant. Sablé-sur-Sarthe.

（75）Montrevault, dép. Maine-et-Loire, ar. Cholet, ch.-l. cant.

（76）Chaudron-en-Mauges, dép. Maine-et-Loire, ar. Cholet, cant. Montrevault.

（77）Souzay-Champigny, dép. Maine-et-Loire, ar. Saumur, cant. Saumur-sud.

（78）Passavant, dép. Maine-et-Loire, ar. Saumur, cant. Vihiers.
（79）Brissac-Quincé, dép. Maine-et-Loire, ar. Angers, cant. Thouarcé.
（80）Gâtines, dép. Maine-et-Loire, ar. Angers, cant. Thouarcé, cne Faye.
（81）La Flèche, dép. Sarthe, ch.-l. ar.
（82）Nantes. ロワール・アトランティク県の県庁所在地。ロワール川の河口に位置する大都市。
（83）Ancenis, dép. Loire-Atlantique, ch.-l. ar.
（84）Guerche, dép. Maine-et-Loire, ar. Angers, cant. Chalonnes-sur-Loire, cne Chaudefonds-sur-Layon.
（85）Sautré, dép. Maine-et-Loire, ar. Angers, cant. Tiercé, cne Feneu.
（86）Briançon, dép. Maine-et-Loire, ar. Angers, cant Seiches-sur-le-Loir, cne Bauné.
（87）Les Fourneaux, dép. Maine-et-Loire, ar. Saumur, cant Doué-la-Fontaine, cne Doué-la-Fontaine.
（88）Les Ponts-de-Cé, dép. Maine-et-Loire, ar. Angers, ch.-l. cant.
（89）Sablé-sur-Sarthe, dép. Sarthe, ar. La Flèche, ch.-l. cant.
（90）Le Mans. フランス西部の都市、サルト県の県庁所在地。
（91）Saint-Jouin-de-Marnes, dép. Deux-Sèvres, ar. Parthenay, cant. Airvault.
（92）Toussaints. 古代市壁の東側に一〇二八年頃創建された教会に起源をもち、一一〇三年頃からは律修参事会教会として再出発する。
（93）Saint-Florent-le Vieil, dép. Maine-et-Loire, ar. Cholet, ch.-l. cant.
（94）Beaumont-sur-Sarthe, dép. Sarthe, ar. Mamers, ch.-l. ar.
（95）Vern-d'Anjou, dép. Maine-et-Loire, ar. Segré, cant. Le Lion-d'Angers.
（96）Noyant-la-Gravoyère, dép. Maine-et-Loire, ar. Segré, cant. Segré.
（97）アンジェからノワイアンまでは約四十四キロなので、三キロ弱に一つの割合で宿泊地があったことになる。しかし、続く文章ではこの距離を二日かけて歩いていたとあり、当時の人々は一日約二十二キロ移動していたことになる。因みに、我が国の江戸時代における宿駅間の最長距離は十九キロであるが、平均すると東海道は九キロ強、中山道は八キロ、日光街道は七キロ、長崎街道は九キロ、奥州街道は十三キロに一つの割合で宿場町が並んでいたことになる。

（98）前出註（75）参照。

（99）Dinan, dép. Côtes-du-Nord, ch.-l. ar.

（100）Brion, dép. Maine-et-Loire, ar. Angers, cant. Beaufort-en-Vallée.

（101）前出註（47）参照。

（102）L'Ile-Bouchard, dép. Indre-et-Loire, ar. Chinon, ch.-l. cant.

（103）スペインの西北端に位置する、キリスト教徒の三大聖地の一つ、サンティアゴ・デ・コンポステーラのこと。

（104）Oratorium. 詳細不詳。

おわりに

信仰は個人の問題であります。また訳者は宗教家でも宗教研究者でもないし、この問題に入るに十分な資格も能力も持ち合わせていません。ここでは話を訳者の専門に限定することにします。さらに、「聖者たちと」という表題にあるように、中世の一般庶民に焦点が当てられていることを再確認していただきます。

少し長かった一連の聖者文学を読んで、どのような感想を持ったでしょうか。伝記を読んで、聖者の生き方とそれを見て生活していた庶民の受けとめ方を知ることができたのではないでしょうか。他方、奇蹟譚を読んでの感想は如何でしたか。まず、奇蹟を信じる人とそうでない人で意見は大きく分かれるでしょう。ここで語られている奇蹟自体は、理解の範囲を超えるものではありません。生まれた時からなかった身体の一部が作りだされるといった奇蹟は一例のみで、他はすべて再生に関するもので、しかもそれらは、今日でも耳にすることができる話でもあります。

本書冒頭で、訳者は解説に関して、聖者文学を味わおうとする読者にとっては余分なものでしかないと言っています。しかし、このような読者を含め、聖者伝作家がどのような目的で執筆を決意したかを知ることとは無益なことではありません。とくに、研究のためにそれを使用しようと考えている若き歴史家たちにとっては、実際に聖者文学を読むことによって、解説で述べられた研究成果を一つ一つ確認することができたと思います。

聖者文学の目的が聖者の行為や言葉を介して、神を称賛することにあったことは言うまでもありません。

ここで対象となっている中世盛期以前において、聖者の資格はまだそれぞれの奇蹟力に求められていました。中世前期における聖者は五名とも貴族の出身でしたが、後期に入ると庶民の出身者が加わるようになり、社会構成に新たな動きが起きています。他方、奇蹟譚の形式上の変化に目を転じると、奇蹟によって健康を回復したという、一、二行の文章ですむ単純な出来事が巧みな想像力を用いて、一つの物語へと発展するのに立ち会うことができました。更に、聖者文学に登場する地名は中世人の世界観、地域観を垣間見せてくれます。ロワール川流域の人々の関心は隣接地域に限定されていた一方で、中世盛期に至るまで彼らの顔はイギリス、北フランス、ドイツよりもまだ南の地中海地域に向いていたように思われます。

聖者文学の編纂に際して、旧版の作家の選択基準が批判されていることが起きています。作者間の見解の相違として片づけることもできますが、読者の好みが変化していたと見ることも出来るでしょう。また、伝記であれ奇蹟譚であれ、上述の如く、奇蹟の話が重要な役割を果たしていました。起こっていた奇蹟は可能な限り記録されて保管されていました。採録の基準は特定できませんが、それらの中から、作者が選択して、題材を決めていました。新しく起きていた奇蹟もメモされて保管され、新しい版を執筆する際に使用されていたと考えられます。しかし、すべての聖者の奇蹟譚が更新されている訳ではなく、宗教組織間に関心の差が認められるし、聖者の奇蹟力にも有効期限があったと考えられます。奇蹟体験者が患っていた代表的な病気は、通説通り、視覚障害、聴覚障害、身体障害の三つです。癩病患者は思っていたほどには多くないが、この事実と一般的印象との乖離はどこから生まれたのでしょうか。また、奇蹟体験者の出身地も地域内に限定されており、地域の生成または地域結束の強化に貢献したであろうことは容易に想像されます。

＊

本書の出版計画は私の頭には随分前からありました。訳業の最も早いものは聖ジローの奇蹟譚で、フロッピーディスクには一九九〇年十二月二十二日終了とあり、最も遅いヴェルトゥのマルタンの奇蹟譚は一九九四年四月十二日に訳了となっています。本書に収められた聖者文学作品すべての翻訳は、二十年程前にほぼ完了していたことになります。

中世史研究に使用される史料の類型は多岐にわたっています。しかし、それらには共時的と通時的な制約があります。これを最小限に留めているのが唯一聖者文学で、両方の側面において十分すぎる分量で伝存しています。そしてそこではすべての社会階層が問題になっています。もちろん、聖職者の視点でしか提供されていないという欠点があります。史実としての検証という難題も常についてまわります。しかし、これらは何れも克服できないものではありません。

聖者文学は聖者を冠した作品ではありますが、聖者が対象としている信者に関する史料でもあると捉えた場合、その史料価値は無限に広がることでしょう。今回ここに邦訳して出版するのもこのことを知ってもらうためでもありました。効率から考えれば、一つの文書集を読めば、言語上の障害も殆どなく、社会経済史の論文であれば、二、三本は書けるでしょう。これに対して、一、二編の聖者文学作品を読んでも、論文にはならないことは言うまでもありません。しかし、貴重なヒントが隠されていることは間違いありません。昔、プロ野球の南海ホークスに鶴岡一人という名物監督がいましたが、彼の口癖は「ゼニ（銭）はグラウンドに落ちとる。」でした。これを中世史研究に当てはめると、ゼニは史料の中に落ちとる。」となるでしょう。

また、フランスの中世史の大家たちは退職後も文書館に通って、古文書を閲覧し続けていると聞いています。

*

私事ながら、本書を含めると、九州大学出版会からは三冊出版したことになります。最初はすでにワープロ時代に入っており、癖のある字で埋め尽くされた原稿で編集部を困らせることは幸いにしてありませんでした。いつものことですが、校正を重ねながら、表紙を飾る挿絵が選定され、レイアウトが決められ、大学出版会風の本に仕上がってくるのを眼にして、気分が少しずつ高揚してくるのを感じてきました。

本書の出版では校正を担当された尾石理恵さんに大変お世話になりました。出版までの間、出版会とは長い付き合いなので、その将来について誠に勝手なことを言ってしまいました。しかし、大学もグローバル化し、世界大学ランキングなるものが毎年発表されています。九州大学出版会はこの業界では老舗と聞いています。時代を先取りするグランドデザインのもとにセミ・アカデミックなものも含む独自シリーズを企画したり、執筆者を開拓したり、読者層を拡大することなどによって、世界有数の大学出版会に発展することを心から願っています。

*

話は変わりますが、今から一年半前、この本の原稿を仕上げていた時、私の不注意から当時九十四歳の母が家でこけて、大腿部を骨折してしまいました。人工関節を付け入院したため、二月のリハビリの間病院通いをしなければなりませんでした。少し、記憶力が衰え始めていたので、この間昼食と夕食のために毎日二回病院に通いました。母と濃密な時間が持てましたし、仕事も心配していたほど滞ることはありませんでした。母は車椅子の生活になりましたが、デイサービスに通いながら、楽しく毎日を送っています。限界集落状態の家族に介護の負担が加わることになりましたが、母の存在は、これまでと変わりなく、活力を与えてくれています。人間は科学的には百五十歳まで生きられると本人が言っていましたので、そうなるようにこれからも寄り添うつもりです。

二〇一六年十一月

宮松浩憲

索　引

地名索引

地名は現地語，それ以外はフランス語で表記した。

ア行

アイルランド Irlande　8, 25
アキテーヌ Aquitaine　27, 100, 159, 232
アフリカ Afrique　5, 12
アペニン山脈 les Apennins　231
アルプス山脈 les Alpes　128
アルブリセル Arbrissel　iii, 245-247, 252, 253
アルル Arles　96, 108
アレクサンドリア Alexandria　5
アンジェ Angers　iii, 7, 21, 22, 24, 40-43, 45, 47, 48, 56, 57, 60, 65, 68, 69, 71, 73, 79, 82, 86, 96, 103, 104, 106, 111, 112, 114, 119, 120, 176, 178, 184, 201, 211, 214, 217-219, 221, 231, 232, 241, 246, 256, 258, 259, 272, 274, 290, 299, 308, 312, 323-326
アンジュー Anjou　16, 22, 24, 26, 27, 59, 69, 84, 109, 112, 133, 176, 183, 199, 216, 242, 273, 274, 279, 302, 313, 321
アンスニ Ancenis　321
イギリス Grande-Bretagne　7, 11, 336
イタリア Italie　6, 8, 9, 21, 40, 56
イベリア半島 Péninsule ibérique　5, 8
イングランド Angleterre　20, 26, 27, 297
ヴァンヌ Vannes　96, 101, 106, 117
ヴィエンヌ川 la Vienne　18, 141, 157
ヴェズレー Vézelay　299, 300
ヴェネツィア Venetia　5
ヴェルトゥ Vertou　iii, 24, 123, 124, 126, 128-130, 134, 136, 139, 142, 150-152, 154, 157-159, 337
ヴェルン Vern　324
エルサレム Jérusalem　5
エンシオン Ension　142, 143, 159, 160
オヴェルニュ Auvergne　143, 159
オタン Autun　21
オラトワール Oratoire　327
オルサン Orsan　246, 268
オルレアン Orléans　21, 96

カ行

ガティヌ Gâtines　320
カンシュ川 la Canche　19
カンド Cande　260
カントヴィク Quentovic　19, 20
ギリシア Grèce　20
クラン Craon　110, 246
クリシー Clichy　215
クリュニー Cluny　24, 299
ゲランド Guérande　97, 117
ゲルシュ la Guerche　246,321
ゴール（ガリア）la Gaule　22, 41, 56, 69, 97, 100, 126, 203, 215, 231, 258
コルドバ Córdoba　15

サ行

サブレ・シュル・サルト Sablé-sur-Sarthe　317, 318, 323
サラゴサ Zaragoza　15
サン・クレマン・ド・ラ・プラス Saint-Clément-de-la-Place　316
サン・ジュアン・ド・マルヌ Saint-Jouin-de-Marne　124, 324
サンティアゴ・デ・コンポステーラ Santiago de Compostela　10, 25, 329, 333
サン・トバン・ド・ムラン Saint-Aubin-de-Mœslain　96
サン・フロラン・ド・ヴィエイユ Saint-Florent-de-Vieil　324
サン・マルス・ルティエ Saint-Mars-l'Outillé　300
シャトー・ゴンティエ Château-Gonthier　277
シャランセ Charencé　313
シャリニェ Chaligné　315
ジャルゼ Jarzé　235, 272
シャルトル Chartres　96
シャルトルネ Chartrené　295
シャロンヌ・シュル・ロワール Chalonnes-sur-Loire　40, 43-45, 47, 60-62, 64, 65, 218, 312, 326
シュヴィレ・ル・ルージュ Cheviré-le-Rouge　315
シュミエ Chemillé　119
ショドロン Chaudron　319
スイス Suisse　9, 13, 24
ストリ Sutri　132, 147
スペイン Espagne　13, 15, 61, 326
セーヴル川 la Sèvre　18, 124, 129, 163
セーヌ川 la Seine　19
セルメズ Sermaise　285
ソトレ Sautré　321
ソミュール Saumur　26, 96, 274, 298

タ行

大西洋 l'Atlantique　21, 69, 101
ダラム Dalum　20
地中海 la Méditerranée　18, 20
中央高地 Massif central　21
チュニス Tunis　12
ディヴ川 la Dive　166
ディナン Dinan　274, 325
デュラン Durin　126, 129, 130, 156
デュルタル Durtal　317
ドイツ Allemagne　5, 8, 9, 13, 336
トゥアル Thouars　131, 163
トゥアルセ Thouarcé　119, 317
トゥール Tours　3, 4, 13, 21, 22, 40, 43, 47, 56, 59, 65, 138, 150, 176, 230
トゥールーズ Toulouse　138, 149, 237
ドゥエ Doué　284, 302
トゥルラゼ Trelazé　291
トゥレーヌ Touraine　26
ドムレ Daumeray　316
トリール Trier　132, 147
トルコ Turquie　5

ナ行

ナント Nantes　21, 22, 58, 124, 126, 140, 141, 157, 321, 327
ヌストリ Neustrie　26, 126, 128
ノルチーア Norcia　14
ノルマンディ Normandie　24, 26, 27, 313
ノワイヤン Noyant　325

ハ行

パサヴァン Passavant　320
バズージュ Bazouges　272
パリ Paris　4, 8, 21, 26, 105, 221, 254

パンセ・シュル・サルト Pincé-sur-Sarthe　318
プアンセ Pouancé　316
フィンチェル Finchale　20
ブール Bourg　313
フェイ Faye　317
フォス Fos　20
フォントヴロー Fontevraud　24, 246, 247, 249, 253, 259, 264, 266, 268
フジュレ Fougeré　308
フランキア Francia　145, 159
ブランサト Bransat　143, 159
ブラン・シュル・ロングネ Brain-sur-Longuené　314
フランス France　i, iv, 5, 7-13, 15, 16, 18, 19, 21, 22, 24, 27, 40, 41, 96, 176, 215, 246, 247, 254, 272, 274, 336, 338
ブリアンソン Briançon　321
ブリオン Brion　325
ブリサック Brissac　320
ブルターニュ Bretagne　16, 69, 96, 101, 110, 137, 140, 149, 157, 246-248, 253, 255
ブロッセイ Brossay　272, 281, 302
フロマンティエール Fromentières 315
ベルギー Belgique　7, 8, 21
ヘルバディラ Herbadilla　124, 126, 155
ポセ Pocé　43, 58
ボモン・シュル・サルト Beaumont-sur-Sarthe　324
ボルドー Bordeaux　230
ポワティエ Poitiers　4, 5, 9, 96, 124, 142, 226, 246, 260
ポワトゥ Poitou　16, 124, 143, 159
ポン・ド・セ Pont-de-Cé　322

マ行

マイエンヌ川 la Mayenne　18, 52, 76
マルセイユ Marseille　20
ミラノ Milano　22, 40, 42, 56
メーヌ Maine　16, 26, 27
メーヌ川 la Maine　22, 26
モントルイユ・ベレイ Montreuil-Bellay　301
モントルヴォ Montrevault　319, 325

ヤ行

ヨーロッパ Europe　10, 14, 16, 17, 19, 21, 22, 24, 69, 78

ラ行

ラ・フレーシュ La Flèche　320
ラ・プレシ・グラモワール la Plessis-Grammoire　313
ラ・ポソニエール La Possonnière 318
ラ・ロエ La Roë　117
ラン Laon　24
ランス Reims　7, 8, 215
リル・ブシャール L'Ile-Bouchard 326
ル・シヨン Le Chillon　298
ルッカ Lucca　113
ル・プレシ・フリルー Le Plessis-Friloux 317
ル・マン Le Mans　9, 51, 74, 110, 145, 168, 186, 241, 272, 300, 313, 324
ル・リオン・ダンジェ Le Lion d'Angers 124, 298
ル・ルルー Le Louroux　316
レオン Leon　13
レ・フルノ Les Fourneaux　321
レンヌ Rennes　176, 214, 246, 253-255, 315

ローマ Roma　5, 8-10, 14, 17, 20-22, 41, 100, 113, 132, 133, 147, 148, 214-218, 231, 246, 249, 254, 258, 268, 272
ロワール川 la Loire　iv, 17, 18, 20-22, 40, 41, 43, 46, 57, 62, 76, 97, 111, 126, 140, 141, 157, 217, 336
ロワル川 le Loir　18, 51, 75

人名索引

ア行

アウグスティヌス Augustinus，聖者　4
アラン Alain，ブルターニュ王　137, 149
アリエス Ariès, Ph.，歴史家　5
アリエノール・ダキテーヌ Aliénor d'Aquitaine，アキテーヌ侯，後にイングランド王妃　27
アルシャナル Archanal，助祭　40, 41
アルドリク Ardric，ル・マン司教　9
アルメール Harmer，作家　40
アレクシス Aléxis，聖者　11
アンジュルジェール Ingelger，アンジュー副伯　26
アンドレ André，フォントヴロー修道院の修道士　247
アンブロワズ Ambroise，ミラノ司教，聖者　56
アンリ Henri（ヘンリ 2 世 Henry II），アンジュー伯，後にイングランド王　27, 313
アンリ 1 世 Henri I，フランス国王　254
イルドワン Hildoin，サン・ドゥニ修道院長　8, 9
ヴィタル Vital，サヴィニィ修道院の創建者　246
ヴィルギリウス Virgilius，古代ローマの詩人　251
ウルバヌス 2 世 Urbanus，ローマ教皇　246, 258
エジナール（アインハルト）Eginhard，フランク王国の高級廷臣　9
エティエンヌ Etienne（スティーブン Steven），モルタン・ブローニュ伯，後にイングランド王　26, 27
エティエンヌ Etienne（ステファーノ Stefano），聖者　4
エリオット Eliot, T.S.，イギリスの詩人，劇作家　11
エロワ Éloi，聖者　7, 8
オドヴェ Audovée，アンジェ司教　176, 201
オバン Aubin，聖者，ヴァンヌ司教，後にアンジェ司教　iii, 95, 96, 98, 99, 101, 102, 106, 107, 109-111, 115, 117-120, 231

カ行

カエサル，ジュリウス Julius Caesar，古代ローマの軍人，政治家　22, 182
キケロ Cicero，古代ローマの文筆家，政治家　100, 215
グレゴリウス 1 世 Gregorius I，ローマ教皇　68, 297
グレゴリウス 7 世 Gregorius VII，ローマ教皇　254
グレゴワール Grégoire，トゥール司

教　3, 4, 13, 155
クローヴィス Clovis，フランク王国のメロヴィング王朝の開祖　4
クロテール 1 世 Chlothaire I，メロヴィング朝の王　4, 5, 42
ゲラシウス Gelasius，ローマ教皇　299
ゴアール Gohard，聖者，トリール司教　141, 157
ゴドリク Godric，聖者　26
コンスタンティヌス帝 Constantinus，ローマ皇帝　21

サ行

サテュルナン Saturnin，聖者，トゥールーズの初代司教　237
サルスティウス Sallustius，古代ローマの歴史家　251
ジェルマン Germain，聖者，パリ司教　4, 108
シガル Sigal, P.-A.，フランスの中世史家　10, 274
ジブリアン Gibrian，聖者　7, 8
シャルルマーニュ帝 Charlemagne，カロリング朝の王　9
ジュリアン Julien，聖者，ル・マン司教　110
ジョフロワ 2 世・マルテル Geoffroy Martel，アンジュー伯　26
ジョフロワ 3 世 Geoffroy III，アンジュー伯　26
ジョフロワ 4 世 Geoffroy IV，アンジュー伯，ノルマンディー公　26, 27
シルヴェストル・ド・ラ・ゲルシュ Silvestre de la Guérche，レンヌ司教　246, 254
シルドベール Childebert，メロヴィング朝の王　105
シルペリク Chilpéric，メロヴィング朝の王　42, 96, 216
ジロー Giraud，聖者　iii, 7, 271, 272, 276, 277, 279-281, 284, 288-291, 293-304, 306-313, 315, 318, 320-325, 337
セゼール Césaire，聖者，アルル司教　96, 108

タ行

ダゴベール 2 世 Dagobert II，メロヴィング朝の王　138, 150, 219, 221
ディオクレティアヌス帝 Diocretianus，ローマ皇帝　3
テオドベール Théodbert，オストラジー王　216
テオドリク Théodoric，ブルゴーニュ王　216
テオファニー Théophanie，ル・ロンスレイ修道院の院長　314, 330
デキウス帝 Decius，ローマ皇帝　3
テニスン Tennyson, A.，イギリスの詩人　11
ドーント Dhondt, J.，ベルギーの歴史家　19
トマス・ベケット Thomas Becket，聖者，カンタベリ大司教　7, 11
ドミティアン Domitian，アンジェ司教　98
トロン Trond，聖者　7

ハ行

パスカリス 2 世 Paschalis II，ローマ教皇　249, 268
フィリップ 1 世 Philippe I，フランス国王　254
フェリクス Félix，聖者，ナント司教　126
フォルテュナ Fortunat，ポワティエ司

教　40, 60, 67, 72, 96-98
ブノワ Benoît（ベネディクトゥス Benedictus），聖者　14, 155
フルク1世 Foulque I，アンジュー伯　26
フルク2世 Fgoulque II（ネラ Nerra）　26
フルク4世 Foulque IV，アンジュー伯　26
フルク5世 Foulque V，アンジュー伯，メーヌ伯　26, 302
ペトロニル Pétronille，フォントヴロー修道院長　247, 249, 250, 263
ペパン2世 Pépin II，アキテーヌ王　142, 143, 159
ベルトラン Bertrand，聖者，ル・マン司教　186
ベルナール Bernard，ティロン修道院の創建者　246
ヘンリ1世 Henry I，イングランド王　26, 197
ヘンリ2世 Henry II，イングランド王　11, 27
ボドリ・ド・ブルグイユ Baudri de Bourgueil，ドル司教　247, 249

マ行

マキシマン Maximin，聖者，トリール司教　132, 147
マティルド Mathilde，イングランド王ヘンリ1世の唯一の相続者　26, 27
マルスラン Marcelin，聖者　9
マルタン Martin de Vertou，聖者，ヴェルトゥ修道院長　iii, 123, 124, 126-130, 132-134, 136, 138, 140, 143-148, 150-157, 160, 164, 165, 168, 169, 337
マルタン Martin de Tours，聖者，トゥール司教　4, 11, 13, 40, 47, 48, 56, 64, 85, 112, 129, 138, 150, 166
マルボド Marbode，レンヌ司教　176, 211, 214
マンブゥフ Mainbœuf，聖者，アンジェ司教　iii, 40, 42, 213, 214, 216, 218-222, 225, 228, 230-232, 234, 235, 242
モリーユ Maurille，聖者，アンジェ司教　ii, 39-46, 48-53, 55-58, 60, 62-64, 66-70, 73, 74, 76-80, 82-85, 87-89, 97, 107, 125

ヤ行

ユスティヌス帝 Justinus，東ローマ皇帝　5
ユリアヌス帝 Julianus，ローマ皇帝　42, 56

ラ行

ラドゴンド Radegonde，聖者　5
ラバン・モール Raban Maure，フルダ修道院長　9
リエトー Liétaud，ミシィ修道院の修道士，伝記作家　124
リュバン Lubin，聖者，シャルトル司教　96
ルイ6世 Louis VI，フランス国王　268
ルイ9世 Louis IX（聖ルイ Saint Louis），フランス国王　12
ル・ゴフ Le Goff, J.，フランスの中世史家　272
ルナール Renard，修道院長　142
ルノー Renaud，アンジュー副伯　133, 148
ルノー Renaud，フランキアの公　145, 168
レザン Lezin，聖者，アンジェ司教　iii, 87, 175, 176, 178-181, 183-187,

ワ行

事項索引

ア行

カ行

サ行

タ行

ナ行

ハ行

マ行

ヤ行

ラ行

参考文献

欧文（主要なもののみ）

Aigrain, R., *L'Hagiographie. Ses sources, ses méthodes, son histoire*, Paris, 1953.

Ariès, Ph., *L'homme devant la mort*, Paris, 1977（成瀬駒男訳『死を前にしての人間』みすず書房，1992 年）.

Avril, J., *Le gouvernement des évêques et la vie religieuse dans le diocèse d'Angers (1148-1240)*, 2 vol., Paris, 1984.

Bachrach, B. S., The Angevin Strategy of Castle Building in the Reign of Fulk Nerra, 987-1040, *The American Historical Review*, 88(3), 1983, p. 533-560.

Id., Some Observations on the Origins of the Angevin Dynasty, *Medieval Prosopography*, 10, 1989, p. 1-23.

Bairoch, P., Batou, J. et Chèvre, P., *La population des villes européennes*, Genève, 1988.

Batou, B. J. et Besse, J.-M., *Province ecclésiastique de Tours*, dans Dom Beaunier, *Abbayes et prieurés de l'ancienne France*, t. 8, Chevetogne et Paris, 1920.

Baudonivia, *Vita s. Radegundis, reginae Franciae*, *MGH.SSRM*, 2, p. 377-395.

Baudri de Bourgueil, *Oeuvres en prose*, traduit par A. Le Huërou, Paris, 2013.

Bénédictins de Ramsgate (Les), *Dix mille saints. Dictionnaire hagiographique*, Turnhout, 1991.

Bienvenu, J.-M., *L'étonnant fondateur de Fontevraud. Robert d'Arbrissel*, Paris, 1981.

Bischoff, B., *Paläographie des römischen Altertums und des abendländischen Mittelalters*, Berlin, 2009（仏訳 *Paléographie de l'Antiqité romaine et du Moyen Âge occidental*, trad. par Atsma, H. et Vezin, J., Paris, 1993）.

Boussard, J., *Le comté d'Anjou sous Henri Plantagenêt et ses fils (1151-1204)*, Paris, 1938.

Id., *Le gouvernement d'Henri II Plantagenêt*, Paris, 1956.

Id, Les évêques en Neustrie avant la Réforme grégorienne (950-1050), *Journal des savants*, 1970, p. 161-196.

Id., compte rendu de O. Guillot, *Le comte d'Anjou et son entourage au XIe siècle, Journal des savants*, 1975, p. 133-140.

Id., *Nouvelle histoire de Paris de la fin du siège de 885-886 à la mort de Philippe Auguste*, Paris, 1976.

Broussillon, B. de et Lelong, E., *Cartulaire de l'abbaye de Saint-Aubin d'Angers*, 3 vol., Angers, 1903.

Brown, P., *The Cult of the Saints: Its Rise and Function in Latin Christianity*, Chicago, 1981.

Bruand, O., Pénetration et circulation du sel de l'Atlantique en France septentrionale (VIIIe-XIe siècles), *Annales de Bretagne*, 115(3), 2008, p. 7-32.

Brühl, C., *Palatium und Civitas*, 1: *Gallien*, Köln, 1975.

Charles, R. et Froger, L., *Gesta domni Aldrici, Cenomannis urbis episcopi a discipulis suis*, Mamers, 1889.

Chartrou, J., *L'Anjou de 1109 à 1151*, Paris, 1928.

Chevalier, R., *Les voies romaines*, Paris, 1972.

Dalarun, J., *L'impossible sainteté. La vie retrouvée de Robert d'Arbrissel (v. 1045-1116), fondateur de Fontevraud*, Paris, 1985.

Devroey, J.-P., Un monastère dans l'économie d'échanges: les services de transport à l'abbaye de Saint-Germain-des-Prés au IXe siècle, *Annales, Economes, Sociétés, Civilisations*, 3, 1984, p. 570-589.

Dhondt, J., Les problèmes de Quentovic, *Studie in onore di Amintore Eanfani*, vol. 1: *Antichita et alto medioevo*, 1962, p. 183-248.

Dion, R., *Histoire de la vigne et du vin en France des origines au XIXe siècle*, Paris, 1977（福田育弘・三宅京子・小倉博行訳『フランスワイン文化史全書――ブドウ畑とワインの歴史――』国書刊行会，2001 年）.

Doehaerd, R., Ce qu'on vendait et comment on le vendait dans le bassin parisien, *Annales・économie・sociétés・civilisations*, 2e année (n° 3), 1947, p. 268-280.

Dubois, J. et Lemaitre, J.-L., *Sources et méthodes de l'hagiographie médievale*, Paris, 1993.

Duby, G., Le budget de l'abbaye de Cluny entre 1080 et 1155. Économie domaniale et économie monétaire, dans Id., *Hommes et structures du Moyen Age*, Paris, 1973, p. 60-82.

Id., France rurale, France urbaine: une confrontation, dans Id., *Histoire de la Frnce urbaine*, I, Paris, 1980, p. 9-35（宮松浩憲訳「フランス史における都市的なものと農村的なもの――対比の試み――」森本芳樹編『西欧中世における都市と農村』九州大学出版会，1987 年，1-40 頁）.

Durliat, J., La vigne et le vin dans la région parisienne au début du IXe siècle d'après le Polyptyque d'Irminon, *Le Moyen Age*, 74, 1968, p. 387-419.

Fortunat, Venance, *La Vie de sainte Radegonde*, traduit par Chauvin, Y., Favreau, R., Labande-Mailfert Y., et Pon, G., Paris, 1995.

Id., *Vita s. Germani*, *MGH.AA*, 4(2), p. 11-27.

Forville, R., Les *Miracula s. Thomae Cantuariensis*, dans *Actes du 97e Congrès des Sociétés savantes (*Nantes 1972*)*, Paris, 1979.

Gaier, G., Le rôle militaire des reliques et de l'étendard de saint Lambert dans la principauté de Liège, *Le Moyen Age*, 72, 1966, p. 235-249.

Gaiffier, B. de, La lecture des actes des martyrs dans la prière liturgique en Occident. À propos du passionnaire hispanique, *Analecta Bollandiana*, 72, 1954, p. 134-166.

Ganshof, F.-L., *Histoire du Moyen Age* de G. Glotz, 1.

Id., Les bureaux de tonlieu de Marseille et de Fos, dans *Etudes historiques à la mémoire de Noël Didier*, Paris, 1960, p. 125-133.

Geary, P. J., *Furta sacra. Thefts of Relics in the Central Middle Ages*, Princeton, 1990, p. 45-49.

Godelier, M., *L'énigme du don*, Paris, 1996（山内昶訳『贈与の謎』法政大学出版局，2014 年）.

Gothofredus, I., *Codex Theodosianus cum perpetuis commentariis* 3, Leipzig, 1738.

Goullet, M. et Heinzelmann, M., *La réécriture hagiographique dans l'Occcident médiéval. Transformation formelles et idéologiques*, Ostfildern, 2003.

Grégoire de Tours, *Libri historiarum X, MGH.SSRM*, 1-1, p. 1-537 (*Histoire des Francs*, 2 vol., traduit par Latouche, R., Paris, 1975-1979).

Id., *Liber in Gloria martyrum, ibid.*, 1-2, p. 34-111 (*Glory of the Martyrs*, transl. by Van Dam, R., Liverpool, 1988).

Id., *Liber de passione et virtutibus sancti Iuliani martyris*, *ibid.*, p. 112-134.

Id., *Libri I-IV de virtutibus sancti Martini episcopi*, *ibid.*, p. 134-211.

Id., *Liber vitae patrum*, *ibid.*, p. 211-294 (*Life of the Fathers*, transl. by James, E., Liverpool, 1986).

Id., *Liber in gloria confessorum, ibid.*, p. 294-370 (*Glory of the Confessors*, transl. by Van Dam, R., Liverpool, 1988).

Guillot, O., *Le comte d'Anjou et son entourage au XIe siècle*, 2 vol., Paris, 1972.

Halphen, L., *Le comté d'Anjou au XIe siècle*, Paris, 1906.

Head, T., *Hagiography and the Cult of Saints. The Diocese of Orleans, 800-1200*, Cambridge, 1990.

Id., *Medieval Hagiography. An Anthology*, New York and London, 2000.

Herrmann-Mascard, N., *Les reliques des saints. Formation coutumière d'un droit*, Paris, 1975.

Higounet, Ch., Les forêts de l'Europe occidentale du Ve au XIe siècle, *Settimane di studio del Centro italiano di studi sull'alto medioevo*, 13, Spoletto, 1966, p. 343-398.

Id., Marquette, J.-B. et Wollf, Ph., *Atlas historique des villes de France*, Paris, 1982-.

Imbert, J., *Les hôpitaux en droit canonique*, Paris, 1947.

Id., *Histoire des hôpitaux en France*, Toulouse, 1982.

Inventio reliquiarum S. Eligii facta anno 1183 et a teste coaevo descripta, Analecta Bollandiana, 9, 1890, p. 423-425.

Lebrun, F., *Histoire d'Angers*, Toulouse, 1973.

Le Goff, J., *La civilisation de l'Occident médiéval*, Paris, 1964（桐村泰次訳『中世西欧文明』論創社，2007 年）.

Id., *Saint Louis*, Paris, 1996（岡崎敦・森本英夫・堀田郷弘訳『聖ルイ王——

国際協力と子どもたちの未来──』新評論，2001年）.
Levillain, L., *Recueil des actes de Pépin Ier et de Pépin II*, Paris, 1926.
Lopez, R. S., The Evolution of Land Transport in the Middle Ages, *Past and Present*, 9, 1956, p. 17-29.
Id., *The Commercial Revolution of the Middle Ages, 950-1350*, Cambridge, 1971（宮松浩憲訳『中世の商業革命』法政大学出版局，2007年）.
Lot, F., *Recherches sur la population et la superficie des cités remontant à la période gallo-romaine*, 2 vol., Paris, 1969-1970.
Manselli, R., *La religion populaire au Moyen Age. Problèmes de méthode et d'histoire*, Monréal et Paris, 1975.
Mauss, M., *Essai sur le don*, Paris, 1924（森山工訳『贈与論 他二篇』岩波書店，2014年）.
McCormick, M., *Origins of the European Economy. Communications and Commerce, A. D. 300-900*, Cambridge, 2001.
Merlet, R., *La chronique de Nantes*, Paris, 1896.
Miracle sancti Gibriani, *AASS*, mai 7, p. 619-651.
Miyamatsu, H., *Le Polyptyque d'Irminon. La terre et le commerce dans le monde franc*, Bécherel, 2015.
Molinier, A., *Les sources de l'histoire de France des origines aux guerre d'Italie (1494)*, 6 vol., Paris, 1901-1906.
Monsabert, P. de, *Chartes et documents pour servir à l'histoire de l'abbaye de Charroux*, Poitiers, 1910 (*Archives historiques du Poitou*, 34), p. 41-45.
Moreau, E. de, *Histoire de l'église en Belgique*, Bruxelles, 1945.
Moreau, J., *Dictionnaire de géographie historique de la Gaule et de la France*, Paris, 1972.
Panégyriques latins, 3 vol., éd. et traduit par Galletier, E., Paris, 1952, 2.
Philippart, G., *Les légendiers latins et autres manuscrits hagiographiques*, Turnhout, 1977, dans Genicot, L. (ed.), *Typologie des sources du Moyen Âge occidental*, fasc. 24-25, p. 37-48.
Port, C., *Dictionnaire historique, géographique et biographique de Maine-et-Loire*, 3 vol., 1876-1878, Paris.
Provost, M., *Angers gallo-romain. Naissance d'une Cité*, Angers, 1978.
Redet, L., *Dictionaire topographique du département de la Vienne*, Paris, 1881.
Reginald of Durham, *Libellus de vita et miraculis S. Godrici, heremitae de Finchale*, ed. Stevenson, J., 1847 (The publications of the Surtees Society), p. 21-332; *AASS*, Maji, 5, p. 70-85.
Richard, J., *Saint Louis, roi d'une France féodale, soutien de la Terre Sainte*, Paris, 1983.
Riché, P., *Éducation et culture dans l'Occident barbare, VIe-VIIIe siècle*, Paris,

1995(1962).（岩村清太訳『中世における教育・文化』東洋館出版社，1988年）.
Rouche, M., *L'Aquitaine des Wisigoths aux Arabes. Naisssance d'une région*, Paris, 1979.
Saint-Denis, A., *L'Hôtel-Dieu de Laon, 1150-1300*, Nancy, 1983.
Sigal, P.-A., *L'homme et le miracle dans la France médiévale (XIe - XIIe siècle)*, Paris, 1985.
Sivéry, G., *Saint-Louis: Le roi Louis IX*, Paris, 2007.
Société (La) des Bollandistes, *Bibliotheca hagiographica latina antiquae et mediae aetatis*, 2 vol., Bruxelles, 1898-1899.
Taffin, A., Comment on rêvait dans les temples d'Esculape, dans *Bulletin de l'Association Guillaume Budé*, 1960 (n° 3), p. 325-366.
Teulet, J.-B.-A.-T., *Les oeuvres d'Éginhard*, Paris, 1856.
Translatio ss. Marcelii et Petri, dans *MGH.SS*, 15, p. 238-264.
Van Dam, R., *Saints and their Miracles in late Antique Gaul*, Princeton, 1993.
Van Uytfanghe, M., L'hagiographie et son public à l'époque mérovingienne, dans Papers presented to the Seventh International Conference on Patristic Studies held in Oxford 1975, *Studia patristica*, 16, 1985, p. 54-62.
Vauchez, A., *La sainteté en Occident aux derniers siècles du Moyen Âge (1198-1431)*, Rome, 1981.
Vercauteren, F., *Étude sur les civitates de la Belgique seconde*, Bruxelles, 1934.
Vezin, J., Les *scriptoria* de Neustrie, 650-850, dans Atsma, M. (ed.), *La Neustrie. Les pays au nord de la Loire de 650-850*, 2. p. 307-318.
Vita sancti Alexii confessoris, *AASS*, Jul., 4, p. 252-253.
Voguë, A. de et Neufville, J., *La Règle de saint Benoît*, 6 vol., Paris, 1971-1977 (*SC*, 181-187)（ファン・ストラーレン訳『聖ベネディクトの修道戒律』エンデルレ書店，1958年；古田暁訳「戒律」『中世思想原典集成』5巻，1993年，245-328頁）.
Wallace-Hadrill, J. M., *The Frankish Church*, Oxford, 1983.
Weinstein, D. and Bell, R. M., *Saints and Society*, Chicago, 1982.
Werner, K. F., Untersuchungen zur Frühzeit des französischen Fürstentums (9.-10. Jahrhundert), dans *Die Welt als Geschichte*, 18, 1958, p. 256-289.

邦文（主要なもののみ）

合阪學『エウギッピウス『聖セウェリーヌス伝』の研究』(『大阪大学文学部紀要』30，1990年)。

アウグスティヌス『神の国』(『アウグスティヌス著作集』15巻，教文館，1994年)。

青山吉信編『イギリス史』1（山川出版社，1991年)。

青山吉信『聖遺物の世界――中世ヨーロッパの心象風景――』山川出版社，1999年。

網代敦「エルフリックの『聖人伝』――翻訳と注解――（1）-（8）」（『大東文化大学紀要・人文科学』34（1996年），349-365頁；35（1997年），145-153頁；36（1998年），65-83頁；37（1999年），75-92頁；38（2000年），303-317頁；39（2001年），351-359頁；40（2002年），181-198頁；41（2003年），113-120頁。

デ・ウォラギネ，J.『黄金伝説』（前田敬作・今村孝訳，平凡社，2006年）。

小野賢一「聖レオナール崇敬の創出と奇蹟」（『歴史評論』730，2011年），64-77頁。

佐々木克巳「『聖ゴドリクス伝』部分国訳嘗試」（『成蹊大学経済学部論集』38（2），2008年），293-324頁。

杉崎泰一郎「聖人伝の作成，伝承，解釈とその背景――ロベール・ダルブリッセルの伝記を例に――」（『上智史学』46，2001年），25-29頁。

高橋理「フィンチャルの聖ゴドリクスとその時代」（『立正史学』93，2003年），9-26頁。

田中真理「中世初期アイルランド聖人伝にみられる奇蹟の型」（『社会文化史学』40，1999年），72-89頁。

田中美穂「7世紀アイルランドの聖人伝研究――主張・プロパガンダの記述の解釈をめぐって――」（『西洋史学』199，2000年），61-74頁。

丹下栄「「共生」空間としての修道院――九世紀コルビー修道院の場合――」（森原隆編『ヨーロッパ・「共生」の政治文化史』成文堂，2013年），177-192頁。

ドナルド，A.，キャサリン・レイチェル，J.『聖人事典』（山岡健訳，三交社，1999年）。

新倉俊一・神沢栄三・天沢退二郎訳『信仰と愛と』（『フランス中世文学』1）（白水社，1990年），8-28頁。

早川良弥「中世初期のフルダ修道士共同体」（『梅花女子大学文学部紀要（人文・社会・自然科学編）』25号，1990年），1-54頁。

宮松浩憲「中世盛期アンジューのブール――西フランスにおける都市化の様相――」（森本芳樹編著『西欧中世における都市＝農村関係の研究』九州大学出版会，1988年），151-205頁。

同上「中世フランスの文書庫，文書集，文書――中世人の文書観――」（『産業経済研究〈久留米大学〉』30の2，1989年），1-86頁。

同上「中世盛期アンジェの市民共同体とコミューヌ」（『久留米大学比較文化研究科紀要』1，1990年），208-209頁（仏語版 H. Miyamatsu, A-t-il existé une commune à Angers au XIIe siècle, *Journal de Medieval History*, 21, 1995, p. 117-152）。

同上「中世盛期西フランス人の渾名から何が見えるか――ブルジュワ像の

復元に向けて――」（『産業経済研究〈久留米大学〉』32 の 1，1991 年），21-68 頁。

同上「マルムティエ修道院の『セルヴスの書』――コリベルトゥスの研究（1）――」（『産業経済研究〈久留米大学〉』45 の 1，2004 年），129-162 頁。

同上『金持ちの誕生――中世ヨーロッパの人と心性――』（刀水書房，2004 年）（仏語版 H. Miyamatsu, *La naissance du riche dans l'Europe médiévale*, Bécherel, 2008）。

同上「鉄とその象徴性――歴史人名学からの問いかけ――」（『産業経済研究〈久留米大学〉』45 の 1，2004 年），205-220 頁。

同上「セーヌ川を飲み干す――中世フランスの人名と心思――（1）」（『産業経済研究〈久留米大学〉』46 の 2，2005 年），125-161 頁；「セーヌ川を飲み干す――中世フランスの人名と心思――（2）」（『産業経済研究〈久留米大学〉』48 の 1，2007 年），47-93 頁。

同上「11・12 世紀西フランスにおける重量犂と小経営」（『産業経済研究〈久留米大学〉』47 の 3，2006 年），21-34 頁。

同上「古典荘園制地域とはどこですか――犂と繋駕法からの疑問――」（『産業経済研究〈久留米大学〉』47 の 3，2006 年），89-109 頁。

同上「カロリング王権と地方統治――ポワトゥの管区制度――」（『産業経済研究〈久留米大学〉』47 の 1，2006 年），197-300 頁。

同上「歴史のなかの古層――コンディタとファクトゥス――」（『産業経済研究〈久留米大学〉』47 の 1，2006 年），301-328 頁。

同上「古典荘園はロワール川を超えていた…。――王権か伝統か――」（『産業経済研究〈久留米大学〉』51 の 2，2010 年），102-103 頁。

同上「中世前期西ヨーロッパにおける交換経済――人とモノの移動を中心に――」（『産業経済研究〈久留米大学〉』52 の 3，2011 年），53-62 頁。

同上「所在表記書式から見た，フランク王国の地方統治」（『経済社会研究〈久留米大学〉』53 の 4，2013 年），31-135 頁。

同上「西フランス都市史におけるベネディクトスの時代――分院制度を中心に――」（『久留米大学商学部 40 周年記念論文』2014 年），255-318 頁。

同上「聖ギラルドゥス伝」（『久留米大学比較文化研究所紀要』9，2015 年），49-77 頁。

吉田暁『聖ベネディクトの戒律』（すえもりブックス，2000 年）。

ル・ゴフ，J.「教会の時間と商人の時間」（朝倉俊一訳『思想』663，1979 年），60-60 頁。

渡辺昌美『中世の奇蹟と幻想』（岩波書店，1989 年）。

訳者略歴

宮松浩憲（みやまつ ひろのり）

1945年中国，大連で生まれる。九州大学大学院文学研究科博士課程（西洋史）修了。レンヌ（仏）大学第3期博士。久留米大学経済学部名誉教授。著書：『西欧ブルジュワジーの源流』（九州大学出版会，1993年），『金持ちの誕生』（刀水書房，2004年）。*La naissance du riche dans l'Europe médiévale* (Les Perséides, 2008)，*La royauté carolingienne et son administration régionale* (ibid., 2014)，*Le polyptyque d'Irminon* (ibid., 2015). 訳書：J. マビヨン『ヨーロッパ中世古文書学』（九州大学出版会，2000年），J. リシャール『十字軍の精神』（法政大学出版局，2004年），R. S. ロペス『中世の商業革命』（法政大学出版局，2007年）。

中世《ちゅうせい》，ロワール川《がわ》のほとりで聖者《せいじゃ》たちと。

2017年3月10日　初版発行

訳　者　宮　松　浩　憲

発行者　五十川　直　行

発行所　一般財団法人 九州大学出版会

〒814-0001　福岡市早良区百道浜3-8-34
九州大学産学官連携イノベーションプラザ305
電話　092-833-9150
URL　http://kup.or.jp

印刷／城島印刷㈱　製本／篠原製本㈱

 ISBN 978-4-7985-0199-4